TIMO BAUDZUS

UNSERE FETTEN JAHRE SIND VORBEI

Wie Politiker, Banker und Manager Deutschlands Wohlstand verspielen

FBV

Bibliografische Information der Deutschen Nationalbibliothek:
Die Deutsche Nationalbibliothek verzeichnet diese Publikation in der Deutschen Nationalbibliografie. Detaillierte bibliografische Daten sind im Internet über http://dnb.d-nb.de abrufbar.

Für Fragen und Anregungen:
info@finanzbuchverlag.de

Originalausgabe, 1. Auflage 2019

© 2019 by FinanzBuch Verlag, ein Imprint der Münchner Verlagsgruppe GmbH
Nymphenburger Straße 86
D-80636 München
Tel.: 089 651285-0
Fax: 089 652096

Alle Rechte, insbesondere das Recht der Vervielfältigung und Verbreitung sowie der Übersetzung, vorbehalten. Kein Teil des Werkes darf in irgendeiner Form (durch Fotokopie, Mikrofilm oder ein anderes Verfahren) ohne schriftliche Genehmigung des Verlages reproduziert oder unter Verwendung elektronischer Systeme gespeichert, verarbeitet, vervielfältigt oder verbreitet werden.

Redaktion: Daniel Bussenius
Korrektorat: Maike Specht
Umschlaggestaltung: Marc-Torben Fischer
Satz: Daniel Förster, Belgern
Druck: GGP Media GmbH, Pößneck
Printed in Germany

ISBN Print 978-3-95972-185-1
ISBN E-Book (PDF) 978-3-96092-338-1
ISBN E-Book (EPUB, Mobi) 978-3-96092-339-8

Weitere Informationen zum Verlag finden Sie unter:
www.finanzbuchverlag.de
Beachten Sie auch unsere weiteren Verlage unter www.m-vg.de.

Für meinen Vater
(*1944, † 2015)
und meine noch ungeborenen Kinder

INHALT

Angst 9

Kapitel 1
Digitalisierung – wir verspielen die Zukunft unserer Wirtschaft 21

Die Macht des Plattform-Kapitalismus und der digitale Schlafwagen 21

Wird unsere Schlüsselindustrie zum Verlierer der neuen Mobilitätswelt? 29

Über Popcorn und Schach zu Big Data und Künstlicher Intelligenz 37

Schlaue Algorithmen – Game Changer der Wirtschaft 4.0 40

Sieben Gründe, warum Politik und Wirtschaft Deutschlands digitale Zukunft verspielen 46

    1. *Die Versäumnisse der Politik* 47
    2. *Sattheit und ängstliche Abwehrreflexe* 51
    3. *Kaputte Anreizsysteme und Risikoaversion* 55
    4. *Fehlende Paranoia und Besitzstandswahrung* 58
    5. *Null-Fehler-Kultur* 61
    6. *Vorgetäuschte Digitalkultur* 63
    7. *Zu wenig digitales Know-how* 66

Strukturelle Arbeitslosigkeit – entsteht eine nutzlose
Klasse in Deutschland? 68
Zwischenfazit 77

Kapitel 2
Schuldenexzesse, Zombiebanken, Eurokrise – die Finanzrisiken der 2020er-Jahre 81

Der globale Schuldenboom und die ökonomische
Abwärtsspirale 81
Krisenerzählung 1: die Entfesselung der Finanzmärkte 85
Krisenerzählung 2: die Abschaffung der Marktwirtschaft 91
Vom wahren Wesen der Eurokrise 94
Der Krisen-Cocktail der Industrienationen 105
Der verlorene Zins und die Zombies 110
Warum die Geldpolitik der EZB ein großes
Umverteilungsprogramm ist 117
Jedes Euro-Szenario führt zu Verlusten 125
   1. *Die Schulden- und Transferunion – Geldpipelines
      von Nord nach Süd* 126
   2. *Die Auflösung des Euro oder Austritte einzelner
      Länder* 133
   3. *Schuldenschnitte für Krisenstaaten* 136
   4. *Inflation und Abschreibung von Schulden über
      die EZB-Bilanz* 137
Zwischenfazit 141

Kapitel 3
Willkommen im Ungleichland der scheiternden Eliten 143

Auf der Rolltreppe nach unten – der Abstiegsdruck
der Mittelschicht 143

Die polarisierte Gesellschaft und der schwierige Elite-Begriff	156
Die gefährliche Uniformität unserer Wirtschaftseliten	165
Angela Merkel und das Versagen der politischen Klasse	176
Die Angst vor der Volatilität – das deutsche Mentalitätsproblem	191

Kapitel 4
Game Over? Nein, Aufbruch! Was wir tun können — 199

Deutschland 2019 – ein Land voller Widersprüche	199
Sieben Ideen für die Zukunft	212
1. Ein »New Deal« für die 2020er-Jahre	212
2. Die radikale Erneuerung des Euro	216
3. Kooperationen, Kapital und Krisenpläne – ein Superministerium für die Digitalisierung	222
4. Das bedingungslose Grundeinkommen als umfassende Steuer- und Sozialreform	227
5. Zuwanderung – Grenzschutz und Verteilungsquoten	235
6. Bildung – Interdisziplinarität und digitale Mündigkeit	239
7. Steuerfreiheit für die private Altersvorsorge	242

Nachwort – ein kurzer Brief an meine Kinder	249
Danksagung	251
Anmerkungen	253
Über den Autor	269

ANGST

Hand aufs Herz: Was sehen Sie vor Ihrem geistigen Auge, wenn Sie sich Ihre Zukunft vorstellen? Blicken Sie grundoptimistisch und gänzlich sorgenfrei nach vorn? In der festen Überzeugung, dass Sie und Ihre Familie ein glückliches und zufriedenes Dasein in Frieden, Freiheit und materieller Sicherheit führen werden? Mit einem auskömmlichen Einkommen und ausreichenden Besitztümern, die es Ihnen ermöglichen, Ihren Wohlstand ein wenig auszukosten? Und das in einem Land, in dem auch Ihre Kinder und Enkel noch in 10, 20 oder 30 Jahren gut und gerne leben?

Oder beschleicht Sie manchmal das dumpfe Gefühl, dass die Aussichten doch nicht so rosig sind? Wittern Sie, dass sich am Horizont etwas zusammenbraut? Spüren Sie die elektrische Ladung, die in der Luft liegt, wie wenn sich ein schweres Gewitter ankündigt? Und werden Sie die dunkle Ahnung nicht los, dass das aufziehende Unwetter vieles von dem zunichtemachen könnte, was Sie und Ihre Vorfahren aufgebaut haben?

Wenn Letzteres der Fall ist, dann kann ich Ihnen eines versichern: Sie sind nicht allein! Langzeitstudien von Trendforschern belegen: Die kollektive Gemütslage unseres Landes ist bedrückend. In weiten Teilen der Bevölkerung herrscht Unzufriedenheit. Das Klima ist geprägt von Ohnmachtsgefühlen, Überforderung, Orientierungslosigkeit und Ängsten vor dem sozialen Abstieg. Der Politikverdruss wächst, das Vertrauen in die sogenannten Eliten ist ramponiert, unser demokratisches System verliert zunehmend an Legitimation, während Populismus, Hate Speech und Verschwörungstheorien Hochkonjunktur haben. Fast 90 Prozent sehen eine grundlegende gesellschaftliche Neuorientierung als notwendig an. Denn unser System – so die Einschätzung vieler Bürger – ist erkrankt und durch reine Optimierung kaum zu retten.[1]

Nun könnte man die Ursache für diesen Gemütszustand leicht damit abtun, er sei eine typisch deutsche Erscheinung. In den internationalen Medien hat sich dafür der Begriff »German Angst« etabliert. Dort wird Deutschland oftmals als zögerliche und angstbesetzte Nation beschrieben, die neuen gesellschaftlichen, politischen und technologischen Entwicklungen mit großen Bedenken gegenüberstehe. Charakteristisch für die Deutschen sei die Sorge, dass sich alles zum Schlechten wende. Diese Furcht ist jedoch längst kein deutsches Phänomen mehr, sie breitet sich rund um den Globus aus. Forschungen des US-amerikanischen Thinktanks National Intelligence Council zeigen, dass weltweit Angst- und Ohnmachtsgefühle, gesellschaftliche Spannungen und politische Instabilitäten auf breiter Front auf dem Vormarsch sind.[2] Statt German Angst herrscht Global Angst.

Doch woher rühren diese Ängste, speziell hierzulande? Wie kommt es, dass sich eine auf den ersten Blick gut situierte Nation wie Deutschland permanent im Krisenmodus befindet? Warum ist die Stimmung in den Kommentarspalten der großen Online-Medien und den sozialen Netzwerken so überreizt, der Tonfall so rüde? Warum sind die Menschen so frustriert? Und warum blickt ein Großteil der Bevölkerung so pessimistisch in die Zukunft?

Die Antwort ist einfacher, als man denkt. Im Kern unserer Ängste geht es um die Bedrohung dessen, was unsere

Angst

Gesellschaft zusammenhält, was unsere Demokratie, unsere freiheitliche Ordnung sowie unsere soziale Marktwirtschaft legitimiert – und das ist unser Wohlstand. Es mag zynisch klingen, doch im Grunde ist es nur eine nüchterne Feststellung: Unser System wird beherrscht von dem Primat des Geldes. Geld ist nicht nur der wichtigste Gradmesser für unseren Lebensstandard, es bildet auch den Kitt unserer einigermaßen friedlichen Koexistenz in der westlichen Lebenswelt. Es ist die Basis zur Erfüllung unserer elementaren Grundbedürfnisse und die Voraussetzung für weitere sinnstiftende Elemente in unserem Leben. Erst wenn wir genug zu essen, zu trinken, warme Kleidung und ein Dach über dem Kopf haben, wenden wir uns nachgelagerten Bedürfnissen wie sozialen Beziehungen, Anerkennung, Selbstverwirklichung und gemeinsamen Werten zu. Oder wie Bertolt Brecht es einst formulierte: Erst kommt das Fressen, dann die Moral! Umgekehrt bedeutet das aber auch: Bricht diese Basis weg, drohen Verwerfungen wie Unruhen, Bürgerkriege und Anarchie.

Nun kann man einwenden, dass ein vermögendes Land wie Deutschland jedem Menschen seine grundlegenden Existenzbedürfnisse garantiert und wir von Meutereien und Chaos weit entfernt sind. Das ist richtig, greift aber zu kurz. Ein Blick in den Rückspiegel der Geschichte verdeutlicht, warum wir Deutschen so sensibel für drohende Erschütterungen unserer Lebensgrundlage sind. Im 20. Jahrhundert haben wir drei tief greifende Traumata erlitten, die bis heute nachwirken. Die Niederlage des Ersten Weltkriegs, die Hyperinflation im Jahr 1923, in der ein Brotlaib zeitweilig 105 Millionen Reichsmark kostete, sowie den Zweiten Weltkrieg – die größten biografischen Katastrophen unseres Landes. Das Regime der Nationalsozialisten verübte unzählige

Verbrechen gegen die Menschlichkeit, schickte Millionen Menschen in den Tod und legte ganz Europa in Schutt und Asche. 1945 standen unsere Vorfahren buchstäblich vor den Trümmern unseres Landes.

Im Zuge des deutschen Wirtschaftswunders erlebten wir ein sagenhaftes Comeback und bauten uns ein sehr beachtliches Wohlstandsniveau auf. Deutschland avancierte zu einem international angesehenen Partner auf dem politischen Parkett und zu einer der wirtschaftlich erfolgreichsten Nationen der Welt. Diesen Erfolg und den damit verbundenen Lebensstandard gilt es zu bewahren für die nachfolgenden Generationen. Das war und ist für viele Menschen eine wichtige Triebfeder. Die Fallhöhe dabei hat jedoch zugenommen. Zum ersten Mal seit 250 Jahren hat die Elterngeneration den Glauben verloren, dass es ihren Kindern und Enkeln einmal besser gehen wird als ihr selbst. Sie hofft vielmehr, dass es ihnen nicht schlechter gehen wird, dass die künftigen Krisen nicht ganz so schlimm werden. Wir laufen nicht mehr auf ein verheißungsvolles Ziel vor uns zu, sondern auf einen riesigen Abgrund – so beschreibt der Soziologe Hartmut Rosa die kollektive Gefühlslage in unserem Land.[3]

Diese Befürchtung ist durchaus berechtigt angesichts der gewaltigen Veränderungen, die auf uns zukommen. Wir stehen vor einem epochalen Umbruch. Die technologischen Entwicklungen der vergangenen Jahre waren nur der Auftakt zu den Umwälzungen, mit denen wir künftig konfrontiert sein werden. Bis dato steckt die digitale Revolution noch in den Kinderschuhen, nun bekommt sie einen ganz neuen Schub. Jetzt erst nimmt sie richtig Fahrt auf und wird ihren Einfluss auf sämtliche Bereiche unseres Lebens in einem Wahnsinnstempo ausbauen. Künstliche Intelligenz (KI), Big Data, Internet of Things (IoT), 3D-Druck oder die Blockchain

Angst

sind keine leeren Worthülsen, sondern reale Entwicklungen, die unsere Lebens-, Arbeits- und Wirtschaftswelt in einem Ausmaß und einer Dynamik umkrempeln werden, die in der Geschichte der Menschheit ihresgleichen sucht. Die Kraft der schöpferischen Zerstörung – neudeutsch auch »digital disruption« genannt – wird sämtliche Wirtschaftsbereiche erfassen und vollkommen auf links drehen.

Das ist keine Science-Fiction, die sich irgendwo in einer fernen Zukunft abspielen wird. Die entscheidenden technologischen Durchbrüche wurden längst erreicht. Autos sind in der Lage, autonom zu fahren, Drohnen können selbstständig Pakete ausliefern, und 3D-Drucker sind imstande, komplexe Maschinen, ja sogar komplette Häuser »auszudrucken«. Roboter arbeiten bereits als vollwertige Kollegen in den Fabrikhallen mit und sind dabei nicht nur schneller und qualitativ besser, sondern vor allem auch günstiger als der klassische Facharbeiter.[4] Und hochintelligente Sensoren, die sich in viele x-beliebige Alltagsgegenstände integrieren lassen und diese online miteinander vernetzen, befähigen zum Beispiel ihren Kühlschrank daheim, selbstständig Bestellungen im Supermarkt aufzugeben, oder sind dazu in der Lage, den Verkehrsfluss in den Städten durch smarte Ampelschaltungen zu steuern.

In der Diskussion um die Auswirkungen der Digitalisierung haben sich zwei Lager herausgebildet. Die einen prognostizieren gewaltige Produktivitäts- und Wachstumssprünge, die massenhaft zusätzliche Jobs schaffen.[5] Andere prophezeien, die digitale Revolution werde Millionen von Arbeitsplätzen vernichten. Dabei handelt es sich keineswegs nur um fortschrittsfeindliche Ideologen, sondern auch um renommierte Wirtschaftswissenschaftler und Informatiker. Die Oxford-Professoren Carl Benedict Frey und Michael Osborne sehen allein in den USA 47 Prozent aller Jobs bedroht.[6] Für Deutschland gibt es ähnliche Untersuchungen. Bis zu 3,4 Millionen Stellen stehen laut dem Digitalverband Bitkom auf der Kippe.[7] Und das hat seinen Grund: Wir stehen mit der Digitalisierung vor einem der größten Umbrüche aller Zeiten, doch unsere Wirtschaft ist keineswegs gut aufgestellt für die künftigen Herausforderungen. Wir haben viele wichtige Weichenstellungen bereits verschlafen. Mit Ausnahme von SAP und Wirecard haben wir keinen einzigen nennenswerten digitalen Weltmarktführer hervorgebracht. In dieser Hinsicht haben wir fast alle wegweisenden Neuerungen verpasst. Unsere Autoindustrie – das deutsche Aushängeschild in der Welt – hat sich auf ihren glänzenden Verkaufszahlen ausgeruht und ihre technologische Vormachtstellung an Angreifer aus dem Silicon Valley eingebüßt. Und in unserem Mittelstand – dem Rückgrat unserer Wirtschaft – investieren nach wie vor nur knapp 25 Prozent aller Unternehmen in digitale Geschäftsmodelle.[8]

Die Ursachen sind in der Organisations- und Führungskultur vieler Firmen zu suchen. Viele Manager haben es versäumt, ihre Unternehmen auf den digitalen Wandel vorzubereiten. Sie beharren auf dem Status quo und denken zu sehr in Kategorien der sogenannten Old Economy. Statt kreativer Aufbruchsstimmung herrschen Kostendruck und Effizienzdenken. Wie soll da der dringend benötigte Erfindergeist gedeihen, geschweige denn die Idee für »the next big thing«, das nächste große Ding?

Wir müssen uns klarmachen: All jene Industrien, die Deutschland bisher so stark gemacht haben, werden in den nächsten Jahren durch disruptive Technologien revolutioniert. Deutschland lebt momentan nur von dem Guthaben, das unsere Vorgängergenerationen für uns erarbeitet haben.

Angst

Wenn sich nichts ändert, blüht uns ein ähnliches Schicksal wie Nokia, dem einstmals größten Mobiltelefonhersteller der Welt, der in den 2000er-Jahren den Smartphone-Trend kolossal verpennt hat und nun ein kümmerliches Dasein in der Bedeutungslosigkeit fristet. Wie tief wir bereits im digitalen Schlamassel stecken, erfahren Sie in **Kapitel 1**.

Als wäre das nicht schon fatal genug, bestehen auch abseits der Digitalisierung frappierende Missstände in unserem Land, die nicht nur unsere wirtschaftliche Zukunftsfähigkeit, sondern auch unseren gesellschaftlichen Zusammenhalt bedrohen. Wir befinden uns in einer tiefen Systemkrise, die bis dato nur von unserer einigermaßen gut laufenden Konjunktur verschleiert wird. Die Menschen spüren jedoch: Das Fundament für unsere wirtschaftliche Erfolgsgeschichte hat Risse bekommen und beginnt zu bröckeln. Die Maxime »Wohlstand für alle«, die aus der Feder von Ludwig Erhard stammt – dem Gründervater unserer sozialen Marktwirtschaft –, gilt nicht mehr. Massive Fehlentwicklungen haben sich in den vergangenen Jahren in unser System hineingefressen – und zwar nicht nur in die Wirtschaft, sondern in sämtliche Bereiche unseres Lebens: in unser Geldsystem, die Politik und in die sozialen Spielregeln unserer Gesellschaft.

Das fängt schon ganz banal damit an, dass unser gegenwärtiger Wirtschaftsaufschwung auf sehr tönernen Füßen steht. Er könnte sich schon bald als gigantische Wohlstandsillusion entpuppen, die von billigem Geld und dem für deutsche Verhältnisse viel zu schwachen Euro genährt wurde. Diese machten unseren Exportboom überhaupt erst möglich, von dem fast jeder vierte Arbeitsplatz in Deutschland abhängt.[9] Das ist an sich schon problematisch genug, da wir somit extrem abhängig von der globalen Großwetterlage sind. Der freie Welthandel hat momentan ohnehin keinen leichten Stand. Der zunehmende Protektionismus und der Handelskonflikt zwischen den Großmächten USA und China setzen ihm gehörig zu.

Problematischer jedoch ist, dass – obwohl unser Land, wirtschaftlich betrachtet, gut dasteht – der Wohlstand in der Breite der Bevölkerung nicht mehr ankommt. Die Löhne und Gehälter der bürgerlichen Mitte stagnieren seit mehr als einem Jahrzehnt. Nach Abzug der Inflation schrumpfen sie sogar, während die Einkommen von Geschäftsführern und Vorständen im gleichen Zeitraum geradezu explodiert sind.[10] Die Ungleichheit wächst rasant. In einer Phase, in der unser Land prosperiert, erodiert zugleich ein großer Teil unserer hart arbeitenden Mittelschicht.

Dies ist auch eine Folge der ultralockeren Geldpolitik der Europäischen Zentralbank (EZB). Sie macht einerseits die Reichen immer reicher, was man an den ausufernden Immobilienpreisen in deutschen Großstädten ablesen kann, sorgt andererseits jedoch auch dafür, dass der einfache Sparer keine Zinsen mehr bekommt und teils horrende Mieten zahlen muss. Von den katastrophalen Auswirkungen für die private Altersvorsorge ganz zu schweigen. Die fehlgeleitete Politik von EZB-Präsident Mario Draghi hebelt wichtige Grundgesetze unserer Wirtschaftsordnung aus. Zombiefirmen werden durch das Geld, das sie sich zum Nulltarif leihen können, künstlich am Leben gehalten. Diese Unternehmen wären in einem normalen Zinsumfeld längst pleite und würden vom Markt gefegt. Das ist einer der Gründe, warum unsere Produktivität stagniert und die sogenannten kleinen Leute kaum noch Chancen auf attraktive Gehaltssteigerungen haben. In **Kapitel 2** werde ich Ihnen detailliert und verständlich die komplexen Zusammenhänge erklären. Dort erfahren Sie, warum viele renommierte Ökonomen Alarm schlagen und die EZB-Politik als großes Umverteilungsprogramm von Arm zu Reich geißeln.[11]

Verstehen Sie mich bitte nicht falsch. Ungleichheit ist nicht per se etwas Schlechtes, sondern eine Frage von individuellem Leistungsvermögen. Wer viel leistet, soll viel verdienen und gerechte Chancen haben auf ein berufliches und gesellschaftliches Fortkommen. Das ist ein elementares Prinzip unserer Marktwirtschaft. Problematisch ist allerdings, dass dieses weitgehend außer Kraft ist. Wer heutzutage in den erlesenen Kreis der Wirtschaftselite aufsteigen möchte, hat es schwerer denn je. Die soziale Durchlässigkeit unserer Gesellschaft, in der es jeder prinzipiell nach oben schaffen könne, ist eine Mär. Nicht das Leistungsprinzip entscheidet über Karrieren, sondern zum Großteil die soziale Herkunft.[12] Wer nicht aus dem entsprechenden Elternhaus kommt und über den richtigen Stallgeruch verfügt, wird wohl niemals in die Vorstandsriege eines großen Unternehmens vorstoßen, selbst wenn er oder sie die Bildung, die Kompetenzen, das Mindset und die Soft Skills dafür mitbringt.

Die Folge ist, dass immer wieder der gleiche Menschentypus nach oben gespült wird. Ist das gerecht? Sicher nicht! Viel schwerer jedoch wiegt: Die gleichförmigen Denkweisen unserer Top-Führungskräfte sind für die radikalen Umbrüche, die uns bevorstehen, nicht mehr zeitgemäß. Statt mutiger und innovationsbereiter Anführer lenken oftmals glatt geschliffene, ideenlose Technokraten unsere Geschicke. In einer Welt, die immer schneller in Richtung Zukunft galoppiert, kann das fatal sein. Der Fisch stinkt vom Kopf her, nicht nur in der Wirtschaft, auch in der Politik.

Werfen wir einen Blick auf Angela Merkels Wahlkampf im Jahr 2017. Dieser stand unter dem Motto: »Für ein Deutschland, in dem wir gut und gerne leben.« Dieser Slogan ist die

Totalverweigerung einer inhaltlichen Auseinandersetzung, eines politischen Diskurses. Politiker hantieren in diesem Zusammenhang gern mit dem Wortungetüm der asymmetrischen Demobilisierung. Für den Wahlerfolg der Kanzlerin – wenn man angesichts ihres schlechten Ergebnisses überhaupt von Erfolg sprechen kann – mag das eine geeignete Strategie gewesen sein. Doch sie hat auch offenbart, wie konzept- und visionslos unsere Regierungschefin ist. Sie findet einfach keine Antworten auf die großen Zukunftsfragen unserer Zeit.

Wie können wir Deutschland zu einem agilen Digitalstandort entwickeln, der auch in Zukunft ausreichend wettbewerbsfähig ist, sodass es sich für Unternehmer und Investoren lohnt, hierzulande gut bezahlte Jobs zu schaffen? Wie kriegen wir die noch immer ungelösten Probleme in der Eurozone in den Griff, wo allein über die sogenannten Target2-Salden fast 1 Billion Euro deutsches Geld für Euro-Krisenstaaten wie Italien im Feuer stehen? Wie sichern wir unsere Sozialsysteme, die durch den demografischen Wandel und den drohenden Mangel an Arbeitskräften bereits in wenigen Jahrzehnten vor dem Kollaps stehen und möglicherweise ein Heer von darbenden Rentnern und altersarmen Pfandsammlern produzieren?

Das sind gewaltige Herausforderungen, denen mit Weit- und Umsicht begegnet werden muss. Stattdessen begnügt sich unsere politische Führung mit Durchwurstelei. Sie agiert nicht, sie reagiert nur noch auf flüchtige Medienhypes (man denke an den Atomunfall von Fukushima) und verspielt so ihren Kredit in der Bevölkerung. Symptomatisch dafür ist der desolate Zustand der Großen Koalition, die knapp eineinhalb Jahre nach ihrem Amtsantritt bereits abgewirtschaftet hat und jederzeit auseinanderzufliegen droht.

Zu guter Letzt müssen wir auch die festgefahrenen Denkstrukturen in unserer Gesellschaft thematisieren. Auch diese sind Bestandteil unserer systemischen Missstände, die unseren Wohlstand gefährden. Das Land der Dichter und Denker hat ein Mentalitätsproblem. Damit sind nicht die deutschen Tugenden wie Fleiß, Disziplin, Pflichtbewusstsein, Gewissenhaftigkeit und Organisationstalent gemeint. Hier können sich andere Nationen einiges von uns abschauen. Allerdings sind wir immer noch kein Land der Investoren – und die Ursache dafür ist in unseren Köpfen zu suchen. Uns lähmt ein völlig übertriebenes Sicherheitsbedürfnis. Wir sind in vielen Dingen zu ängstlich, zu konservativ und streben viel zu vehement danach, den gemütlichen bundesdeutschen Status quo aufrechtzuerhalten. Wir scheuen Risiko und Volatilität wie der Teufel das Weihwasser. Das zeigt sich unter anderem daran, dass wir keine Börsenkultur in unserem Land haben. Obwohl unsere Sozialsysteme immer weiter erodieren und Zinsprodukte wie Sparbücher längst zu einem Minusgeschäft verkommen sind, nutzt immer noch nur ein Bruchteil der Bevölkerung die Chancen des Kapitalmarkts, um sich vor Altersarmut zu schützen. Letztlich trägt das dazu bei, dass unsere wirtschaftlichen Aussichten alles andere als rosig sind und wir schon heute beim Pro-Kopf-Vermögen zu den Ärmsten in Europa gehören – weit abgeschlagen hinter Italien und Spanien.

All diese Missstände – das Versagen unserer wirtschaftlichen und politischen Leistungsträger sowie unsere gesellschaftlichen Mentalitätsprobleme – werden in **Kapitel 3** behandelt. Sie bereiten den Nährboden für den sich immer weiter ausbreitenden Pessimismus, den viele Menschen hierzulande empfinden. So diffus und vage unsere Verlustängste im Einzelnen anmuten mögen – sie sind berechtigt. Die überreizte Stimmung in unserem Land ist kaum verwunderlich. Deutschland ist drauf und dran, seine Zukunft zu verzocken – unsere Zukunft, unser Geld.

Dieses Buch wird Ihnen die Risiken, denen unser künftiger Wohlstand ausgesetzt ist, detailliert aufzeigen. Sie erhalten einen umfassenden Einblick in die Fehlentwicklungen, die unsere Errungenschaften gefährden. Es handelt sich um eine komplexe Gemengelage, daher werden wir in viele Bereiche zunächst einzeln eintauchen und diese ausgiebig ausleuchten. Die einzelnen Puzzlestücke fügen sich am Ende jedoch zu einem großen Ganzen zusammen. Der Blick auf dieses Panorama wird Ihnen die missliche Lage unseres Landes klar vor Augen führen und Ihnen ein ganz neues Verständnis für die vielen Facetten unserer Misere ermöglichen.

Dabei geht es nicht um die Vorhersage einer einzelnen Wirtschaftskrise oder eines Börsencrashs und erst recht nicht um hysterischen Alarmismus, geschweige denn plumpe Panikmache. Dieses Buch liefert einen schonungslosen, aber realistischen Blick auf die Zustände in unserem Land. Es handelt sich um eine sachliche Analyse der Ursachen, warum Deutschland in den 2030er-Jahren womöglich nicht mehr so wohlhabend sein wird, wie es heute noch der Fall ist – zumindest wenn wir nicht gegensteuern. Wir können unsere Zukunft nach wie vor gestalten, wir haben sie selbst in der Hand. In **Kapitel 4** stelle ich daher diverse Maßnahmen zur Diskussion, die mir geeignet erscheinen, den heutigen Wohlstand unseres Landes zu bewahren. Dieses Buch soll einen kleinen, bescheidenen Beitrag dazu leisten, die notwendigen Diskurse zu führen, die für unsere Zukunft entscheidend sein werden. Ich wünsche mir, dass sich der Titel dieses Buches nicht bewahrheitet, sondern das Gegenteil eintritt. Hoffentlich heißt es schon in wenigen Jahren: Unsere fetten Jahre sind noch lange nicht vorbei!

KAPITEL 1

DIGITALISIERUNG – WIR VERSPIELEN DIE ZUKUNFT UNSERER WIRTSCHAFT

Die Macht des Plattform-Kapitalismus und der digitale Schlafwagen

Die ersten 30 Jahre nach der Erfindung des World Wide Web haben unsere Welt gehörig umgekrempelt. Das Internet hat unser Leben in vielfältiger Art und Weise bereichert: Wikipedia stellt kostenlos kompaktes Weltwissen für jedermann zur Verfügung, der Streamingdienst YouTube bietet ein schier unendliches Reservoir an Videoinhalten, der Online-Händler Amazon versorgt die Menschen mit Waren, ohne dass sie das Haus verlassen müssen, und mehr als zwei Milliarden aktive Facebook-Nutzer teilen ihre Erlebnisse über das soziale Netzwerk mit ihren Freunden und Bekannten. Die Suchmaschine Google – für die einen die größte Errungenschaft des Internets, für die anderen die größte Datenkrake der Welt – ist aus dem Alltag der allermeisten gar nicht mehr wegzudenken. Manchmal fragt man sich, wie ein Leben ohne Google überhaupt funktio-

Kapitel 1

niert hat, dabei existiert das Unternehmen erst seit etwas mehr als 20 Jahren.

Auch das mobile Internet ist noch sehr jung. Im November 2007 kam in Europa das erste iPhone auf den Markt und mauserte sich binnen kürzester Zeit zum globalen Verkaufsschlager. Mittlerweile besitzt im Schnitt jeder zweite Mensch auf diesem Planeten ein Smartphone.[1] Das Internet begleitet uns heute ganz selbstverständlich auf Schritt und Tritt in unseren Hosentaschen. Wir rufen unterwegs E-Mails ab, senden Text- und Sprachnachrichten, tauschen Fotos und Videos aus, hören Musik, regeln Bankgeschäfte, erkundigen uns nach Bahnverbindungen oder nach dem Wetter, und manche suchen online sogar nach passenden Sexualpartnern. Das Internet hat die Art verändert, wie wir miteinander interagieren, Informationen gewinnen, Medien konsumieren oder Geschäfte tätigen. Kurzum: Es hat unser Leben in vielfacher Hinsicht einfacher, besser, effizienter und kommunikativer gemacht.

Das Netz hat auch die Wirtschaft kolossal verändert. Es hat unzählige neue Firmen mit innovativen Dienstleistungen hervorgebracht. Als besonders erfolgreich hat sich das sogenannte Plattform-Modell herausgestellt. Es ist binnen kürzester Zeit zum dominanten Geschäftsprinzip unserer Zeit avanciert und hat die Old Economy ordentlich durcheinandergewirbelt. Die Plattform-Ökonomie beherrscht mehr und mehr unsere Marktwirtschaft. Fünf der zehn wertvollsten Unternehmen der Welt arbeiten mit diesem Geschäftsmodell, zum Beispiel Amazon, Facebook oder Alphabet (Google). Die weltweit 60 größten digitalen Plattformen waren im Jahr 2018 zeitweilig 7 Billionen Dollar wert – mehr als das Doppelte des deutschen Bruttoinlandsprodukts (BIP) eines ganzen Jahres.[2]

Digitalisierung

Das Geschäft der Plattformen besteht darin, Produzenten und Konsumenten online zusammenzuführen. Sie produzieren keine eigenen Produkte, sondern agieren als geschickte Vermittler. Facebook, das größte Medienunternehmen der Welt, erstellt keine eigenen Inhalte; Uber, die größte Taxifirma der Welt, besitzt keine eigenen Taxen; und Airbnb, der größte Marktplatz für die Vermietung von Unterkünften, besitzt weder eigene Wohnungen noch eigene Betten. Das Erfolgsgeheimnis dieser Firmen ist so simpel wie genial: Je mehr Konsumenten sich auf den Plattformen tummeln, desto mehr Produzenten stellen ihr Angebot dort ein – und andersherum. Dadurch entsteht etwas, was in der Fachsprache »Netzwerkeffekt« genannt wird. Je mehr Nutzer die Plattform nutzen, desto nützlicher wird sie. Und je mehr Nutzer die Plattform hat, desto höher ihr Umsatz. Das verlangt anfangs nach hohen Investitionen ins Marketing und die technische Infrastruktur, bedeutet später allerdings die Lizenz zum Gelddrucken. Hat man sich in seinem jeweiligen Markt durchgesetzt, winkt häufig eine Monopolstellung. »The winner takes it all« – das ist das Prinzip des Plattform-Kapitalismus.

Wie zerstörerisch die Macht der neuen Digitalfirmen sein kann, haben viele etablierte Firmen bereits zu spüren bekommen. WhatsApp hat das SMS-Geschäft der großen Telekommunikationskonzerne in kürzester Zeit komplett überflüssig gemacht. E-Commerce-Giganten wie Amazon oder Alibaba pflügen das Geschäft von kleinen Einzelhändlern und großen Warenhausketten um. Die Streamingdienste Spotify und Apple Music pulverisieren die Margen der großen Musiklabels, und dank YouTube und Netflix schauen Millionen von Millennials kaum noch klassisches Fernsehen, geschweige denn DVD. Zeitungsverlage verdienen immer weniger Geld mit Werbung, weil die Werbetreibenden zu Google oder Facebook abwandern, und die Banken und Sparkassen haben im Zahlungsverkehr massenhaft Kunden an Paypal verloren.

Die digitalen Angreifer drängen in immer mehr Branchen hinein. Amazon greift die Deutsche Post an und macht klassischen Supermärkten Konkurrenz. Google fordert die Autokonzerne heraus, und WeChat, der Messengerdienst des chinesischen Konzerns Tencent, hat sich zur Multifunktionsplattform gemausert, mit der man im Restaurant bezahlen kann, Urlaube bucht oder Taxis ordert.

Der Trend ist unverkennbar: Waren die Märkte der etablierten Wirtschaftssektoren früher klar abgesteckt, lösen sich heute die alten Branchengrenzen zusehends auf. Die neuen digitalen Wettbewerber reißen die Schutzzäune großer Unternehmen nieder und attackieren in einem Wahnsinnstempo sicher geglaubte Geschäftsmodelle. Brauchte es früher von der kleinen Ein-Mann-Manufaktur zum Global Player mehrere Generationen, ist es im digitalen Zeitalter ein überschaubarer Zeitraum von fünf bis zehn Jahren. Die Veränderungszyklen schreiten immer schneller voran. Fünf der aktuell zehn wertvollsten Firmen der Welt waren Anfang der 1990er-Jahre noch gar nicht gegründet. Dazu zählen Amazon, Alphabet (Google), Facebook, Alibaba und Tencent – allesamt übrigens digitale Plattformen. Zusammen bringen diese fünf Unternehmen mehr als doppelt so viel Firmenwert auf die Waage wie alle 30 Dax-Konzerne zusammen.

Bei den Entwicklungen der vergangenen 20 Jahre fällt eines auf: Die Treiber des technologischen Wandels kommen fast allesamt aus dem Silicon Valley oder aus Asien. Es ist kein einziges deutsches Unternehmen dabei. Deutschland hat die erste globale Digitalisierungswelle kolossal verschla-

Digitalisierung

fen. Weltmarktführer »Made in Germany« sucht man in der internationalen Digitalwirtschaft vergebens. Wir haben keine einzige digitale Plattform von Weltrang hervorgebracht. Wir sind digitale Spätzünder, den Anschluss an die Weltspitze haben wir längst verloren.

Während die großen Player aus den USA und China die digitale Champions League unter sich ausmachen, stecken wir in den Niederungen der zweiten Liga fest. Selbst im Jahr 2018 – nach nunmehr 20 Jahren fortschreitender Digitalisierung – nimmt kein einziges deutsches Unternehmen einen Spitzenplatz im globalen Ranking der digitalen Vorreiter ein.[3] Im Gegenteil: Wir verlieren weiter an Anschluss. In einer Untersuchung der digitalen Innovationskraft unserer Wirtschaft landen wir unter 35 Nationen lediglich auf Platz 17. Die Hightech-Nation Deutschland ist auf dem absteigenden Ast. Langfristig steht der Wohlstand unseres gesamten Landes auf dem Spiel. Wie sollen deutsche Unternehmen, die in der digitalen Welt immer weiter zurückfallen, ausreichend Gewinne erwirtschaften und Arbeitsplätze schaffen?

Selbst die von der Politik und der Wirtschaft initiierte »Industrie 4.0« bringt uns nicht weiter. Viele deutsche Firmen glauben noch immer, es reiche, ein paar Roboter durch die Fabrikhallen rollen zu lassen oder sich einen Online-Shop auf der Homepage zuzulegen. Wir Deutschen verstehen nicht, dass es vorrangig darum geht, neue digitale Geschäftsmodelle zu entwerfen, um wettbewerbsfähig zu bleiben. Darin sind wir zu wenig erfinderisch – teilweise sogar richtig rückständig. Die Leistungsfähigkeit der deutschen Wirtschaft erreicht im digitalen Bereich bei Weitem nicht den Nimbus, den wir uns als Industrienation erworben haben.

Derweil bläst die nächste Generation der digitalen Zerstörer bereits zum Angriff. Dutzende neue Firmen stehen in

Kapitel 1

den Startlöchern, wie ein Blick in die Liste der sogenannten Einhörner verrät. Einhörner sind nicht-börsennotierte Startups mit einem Firmenwert von über 1 Milliarde Dollar – zum Großteil junge Unternehmen aus der Digitalwirtschaft, die sich anschicken, den etablierten Marktführern in Dutzenden von Branchen das Fürchten zu lehren. Die Mehrzahl der Zerstörer kommt abermals aus den USA und China. Nur sechs deutsche Firmen sind unter den weltweit mehr als 260 Einhörnern zu finden.[4] Dies ist bedauerlich und beängstigend, denn in der Geschichte der technologischen Umwälzungen haben sich meist die Angreifer als überlegen erwiesen. In Deutschland und Europa sind eher die Verteidiger zu Hause.

Natürlich darf man nicht vergessen, dass wir über eine starke Industrie verfügen. Technisches und industrielles Know-how bilden seit jeher die Grundlage für unseren Wohlstand und den gegenwärtigen Exportboom. Uns liegt der Bau von Autos und Maschinen sowie die Herstellung von Chemie regelrecht in den Genen. Die Qualität unserer Produkte genießt weltweit hohes Ansehen. Nicht umsonst hat unser Mittelstand mehr als 1300 Weltmarktführer hervorgebracht. Das sogenannte German Engineering, die deutsche Ingenieurskunst, ist tief in unserer nationalen DNA verwurzelt. Unsere Digital-DNA hingegen ist bisher nur schwach ausgeprägt.

Diese DNA allerdings ist zwingend notwendig, um an der digitalen Erfolgsgeschichte der Gegenwart und vor allem der Zukunft mitzuschreiben. Der Siegeszug des Silicon Valley verdeutlicht dies. Dort hat sich um die Eliteuniversitäten Stanford und Berkeley über mehrere Dekaden hinweg ein einzigartiges technologisches Ökosystem entwickelt mit einer ganz speziellen Kultur: Eine offene, auf Fortschritt fokussierte Geisteshaltung paart sich hier mit kreativem Un-

Digitalisierung

ternehmertum und optimalen Finanzierungsbedingungen. Jährlich pumpen Hunderte von Venture-Capital-Firmen mehrere Milliarden Dollar in die frischen Ideen junger Start-ups, die mit neuartigen Technologien versuchen, die Welt zu verändern und den nächsten großen Wurf zu landen. Topmotivierte, bestens ausgebildete Leute arbeiten im Silicon Valley mit Hochdruck an ihren Visionen. Interdisziplinäres Denken wird hier hochgehalten, Neues auszuprobieren, gehört zum guten Ton, Risiken einzugehen ebenfalls, und Scheitern wird weder mit Missachtung noch mit Häme gestraft. Dieses Gesamtpaket legte den Grundstein für die Erfolgsgeschichten der großen US-Digitalkonzerne.

Genauso fortschrittlich geht es mittlerweile in China zu. Die chinesische Regierung fördert die Start-up-Kultur in ihrem Land, wo sie nur kann. Das Reich der Mitte ist längst nicht mehr nur die Werkbank der Welt, sondern einer der innovativsten Digitalstandorte überhaupt. China macht dem Silicon Valley mittlerweile ernsthafte Konkurrenz und zieht immer mehr IT-Experten an. Von der Aufbruchsstimmung, die sich dort entwickelt hat, ist in Deutschland nur wenig zu spüren.

Natürlich wäre es unfair, Silicon-Valley-Maßstäbe an Deutschland anzulegen. Unser wirtschaftsgeschichtlicher Hintergrund lässt dies nicht zu. Wir haben uns in den vergangenen Jahrzehnten schlicht und ergreifend auf andere Dinge konzentriert und dabei einen guten Job gemacht. Das darf trotzdem nicht den Blick dafür versperren, dass die Digitalisierung das dominante Paradigma unserer Zeit darstellt. Sie ist bereits tief in unsere deutschen Kernbranchen eingedrungen, und dieser Prozess wird sich fortsetzen, er ist unumkehrbar. Dies scheint jedoch weder in der Politik noch in der Wirtschaft vollumfänglich angekommen zu sein.

Kapitel 1

Wie sonst lässt es sich erklären, dass das Bundesministerium für Wirtschaft es als Erfolg verbucht, wenn im Jahr 2018 46 Prozent aller deutschen Unternehmen die Digitalisierung für wichtig erachten? Umgekehrt bedeutet das: Mehr als die Hälfte aller deutschen Firmen tut dies nicht! Noch viel schlimmer ist: Zwei Drittel messen der Digitalisierung für den eigenen Firmenerfolg keine hohe Bedeutung bei.[5] In einer Welt, in der Daten das neue Öl sind und immer mehr Geld mit digitalen Diensten verdient wird, ist diese Geisteshaltung nicht nur grob fahrlässig, sondern regelrecht lebensmüde.

Die Digitalisierung ändert alles. Sie stellt Geschäftsmodelle auf den Kopf, dreht Produktionsprozesse auf links und stellt ganze Berufsbilder infrage – besonders im industriellen Mittelstand, dem Herz der deutschen Wirtschaft. Hier mangelt es jedoch massiv an digitalen Kompetenzen. 54 Prozent aller deutschen Unternehmen kennen den Begriff Plattform-Ökonomie nicht, und von denen, die ihn kennen, hält nur jedes dritte digitale Plattformen für relevant.[6] Können wir uns diese Ignoranz leisten? Selbst in jenen Firmen, in denen das Bewusstsein für den digitalen Wandel bereits angekommen ist, wird immer noch zu wenig proaktiv gehandelt. Mehr als 50 Prozent aller Mittelständler mit bis zu 500 Mitarbeitern sehen sich selbst als digitale Nachzügler, und nur 25 Prozent investieren in digitale Geschäftsmodelle. Geschäftsführer und Vorstände beklagen laut einer Bitkom-Umfrage, dass ihnen die finanziellen Mittel und die Zeit für die Digitalisierung fehlten.[7] Deutsche Chefs haben also weder Zeit noch Geld für die Zukunft?

Ganz offenkundig wird in der Breite noch nicht verstanden, was auf dem Spiel steht. Die Gefahren, die sich aus dieser Schlafwagenmentalität ergeben, sind immens. Die

Digitalisierung

Unternehmensberatung Roland Berger beziffert die voraussichtlichen Umsatzeinbußen acht deutscher Schlüsselindustrien bis zum Jahr 2025 auf 220 Milliarden Euro. Betroffen sind der Autobau, die Logistik, die Medizin-, Elektro- und Energietechnik, der Maschinenbau, der Chemiesektor sowie die Luft- und Raumfahrt.[8] Kann dieses Geld anderweitig wieder reingeholt werden? Zum Beispiel mit neuen digitalen Produkten und Erlösmodellen? Das erscheint eher zweifelhaft, wenn man sich die lange Mängelliste vor Augen führt, die hierzulande unser digitales Fortkommen behindert. Von einer deutschen Digitalära sind wir momentan so weit entfernt wie der SC Paderborn von dem Gewinn der deutschen Meisterschaft. Wie massiv der technologische Wandel unser deutsches Wohlstandsmodell infrage stellt, zeigt sich exemplarisch vor allem in der Autoindustrie – der Kernbranche der deutschen Wirtschaft.

Wird unsere Schlüsselindustrie zum Verlierer der neuen Mobilitätswelt?

»Ich bin überzeugt davon, dass sich die Autoindustrie in den kommenden fünf oder zehn Jahren stärker verändern wird als in den vergangenen 50 Jahren. Die Digitalisierung wird die Autobranche revolutionieren.«[9] Dieses Zitat stammt nicht etwa von Tesla-Chef Elon Musk, sondern von Mary Barra, der Vorstandschefin von General Motors (GM), dem US-amerikanischen Auto-Giganten, der 76 Jahre lang der größte Autohersteller der Welt war. Tatsächlich steht die Branche vor einem der größten Umbrüche, den sie je erlebt hat. Es ist bereits die vierte große Revolution in ihrer hundertjährigen Industriegeschichte. In ihrem Ausmaß und ihrer Vielschichtigkeit wird sie alle vorangegangenen Umbrüche deutlich in den Schatten stellen. Für die künftigen Megatrends der Branche hat die Unternehmensberatung McKinsey die Abkürzung ACES erfunden. Das A steht für autonomes Fahren, das C für connected cars (Konnektivität durch das Internet), das E für Elektroantrieb und das S für sharing, also die gemeinschaftliche Nutzung von Autos.

Im Jahr 2040 ist das Auto ein Hochtechnologie-Computer auf vier Rädern und hat in mehreren Zwischenschritten den Übergang vom manuellen Fahren zur vollständigen Autonomie erreicht. Weltweit sind wahrscheinlich mehr als 33 Millionen autonome Autos auf den Straßen unterwegs.[10] Das omnipotente Fahrzeug meistert jede Verkehrssituation vollkommen selbstständig, die Insassen können völlig bedenkenlos lesen, schlafen oder arbeiten, ohne ins Fahrgeschehen eingreifen zu müssen. Lenken, Bremsen, Beschleunigen, das Überwachen der Fahrbahn sowie die Reaktion auf unvorhergesehene Ereignisse obliegen in Gänze dem Auto. Hochintelligente Software, Kameras, Sensoren, GPS-Systeme und selbst lernende Algorithmen haben die Zahl der Verkehrsunfälle um 90 Prozent reduziert.[11] Staus und zäh fließender Verkehr sind längst ein Relikt der Vergangenheit, seit die autonomen Flitzer über die Cloud miteinander kommunizieren. Sie stehen auch mit den Verkehrsschildern und Ampeln in den Smart Cities in ständiger Verbindung und optimieren so den Verkehrsfluss. Der Elektroantrieb hat die Schadstoffemissionen und den Lärmpegel in den Städten deutlich gesenkt.

Mobilität ist im Jahr 2040 ein erschwingliches Allgemeingut. Das wird möglich, weil der klassische Besitz eines PKWs nicht mehr en vogue ist. Wozu ein Auto kaufen, wenn es ohnehin den Großteil des Tages ungenutzt herumsteht und

Digitalisierung

fortlaufend an Wert verliert? Über Mobilitäts-Apps ordern wir ganz bequem via Sprachbefehl ein Fahrzeug, und binnen weniger Minuten kommt es vollelektrisch herangesurrt. Die vormals tote Zeit, die wir früher hinterm Lenkrad verbracht haben, nutzen wir mittlerweile sinnvoll. Das autonome Fahrzeug ist zum mobilen Lebensraum geworden. Unzählige Entertainment- und Serviceangebote versüßen uns die Fahrt. Zum Beispiel schauen wir über riesige Bildschirme die neuesten Netflix-Serien oder tauchen über Virtual-Reality-Brillen in virtuelle 3D-Realitäten ein. Nachdem wir unser Ziel erreicht haben, rechnet die App vollautomatisch den Fahrpreis ab, und das Fahrzeug bedient den nächsten Kunden.

Dieses Szenario stellt die deutsche Autoindustrie, den mit Abstand wichtigsten Erwerbszweig unseres Landes, vor gewaltige Herausforderungen. Langfristig ist das Geschäftsmodell unserer Autokonzerne in Gefahr. 85 Prozent ihrer Umsätze erzielt die Branche derzeitig mit der Produktion und dem Verkauf von Autos. Damit erwirtschafteten die deutschen Autobauer im Jahr 2017 einen Erlös von 331 Milliarden Euro. Die deutschen Zulieferer kamen auf 80 Milliarden.[12] Künftig werden maximal nur noch 50 Prozent der Umsätze mit dem Verkauf und der Produktion erzielt, bis zum Jahr 2050 könnte der Anteil sogar auf 33 Prozent zusammenschrumpfen.[13] Das ist eine Revolution epochalen Ausmaßes. Den deutschen Autobauern entzieht das ihre derzeitige Lebensgrundlage. Das Geschäft ist künftig nicht mehr mit der Schlüsselübergabe abgeschlossen – es beginnt dann erst. Das Geld wird während der Fahrt verdient. Einerseits über die Wegstrecke oder den Zeitraum der Vermietung, andererseits über die massenhaft im Auto installierten Dienste sowie die entstehenden Daten. Mobilität wird zu einer Dienstleistung, für die die Kunden laut Prognosen ab

Kapitel 1

dem Jahr 2030 jährlich mehr als 2 Billionen Euro ausgeben werden.[14] Es spricht leider viel dafür, dass der deutsche Anteil daran kräftig schrumpfen wird.

Den größten Anteil an diesem Kuchen wird derjenige Anbieter bekommen, der es schafft, eine dominante Mobilitätsplattform aufzubauen – ähnlich wie es die großen Plattformbetreiber in den vergangenen Jahren vorgemacht haben. Die Schweizer Großbank UBS hat bereits einen Favoriten im Visier. Dieser kommt allerdings nicht aus München, Wolfsburg oder Stuttgart, sondern aus dem kalifornischen Mountain View. Der neue Wettbewerber der Autokonzerne heißt Waymo – und er wird wohl niemals ein eigenes Auto bauen, geschweige denn verkaufen. Das Geschäftsmodell der Tochterfirma von Alphabet (Google) besteht in der Vermietung vollautonomer E-Autos, sogenannter Robotaxen. Den Bau der Fahrzeuge übernehmen derzeitig Fiat-Chrysler, Jaguar und Honda. Etwas überspitzt gesagt, sind sie die Blechlieferanten, während sich Waymo auf das Herzstück der künftigen Mobilität konzentriert: die Künstliche Intelligenz.

Drei Jahre technologischen Vorsprung hat sich die Google-Tochter bereits gegenüber den deutschen Autobauern erarbeitet.[15] In 25 US-amerikanischen Städten sind bereits 600 autonome E-Taxen unterwegs. Jeder gefahrene Kilometer spült nicht nur Umsatz in die Kasse, sondern bringt auch Know-how. Mit jeder Fahrt lernen die Algorithmen der Künstlichen Intelligenz hinzu und werden immer besser. Der Vorsprung zu den Deutschen dürfte rapide wachsen, denn in Kürze entlässt Waymo bis zu 80.000 neue Fahrzeuge auf die amerikanischen Straßen. Wenn rasch attraktive Service- und Entertainmentangebote in den Taxen hinzukommen, könnte Waymo zum Game Changer in der Autoindustrie werden, zur neuen Branchenmacht. Bereits heute ist das Unternehmen

Digitalisierung

laut der Investmentbank Morgan Stanley mit knapp 175 Milliarden Dollar mehr wert als VW und Daimler zusammen.

Warum können die deutschen Autobauer da nicht mithalten? Immerhin handelt es sich doch um Milliarden-Konzerne mit großartigem Technik-Know-how. Tatsächlich gehören die deutschen Autohersteller nach wie vor zu den Innovationsführern der Branche, wie eine Studie des Automotive Center of Management (CAM) ergab. Allerdings drohen sie, in vielen Zukunftsbereichen den Anschluss zu verlieren. Zum Beispiel im Bereich Elektromobilität. Nur 1 bis 3 Prozent ihrer Innovationsstärke bezieht die deutsche Autoindustrie aus dem E-Antrieb.[16] Tesla hat hier die Nase vorn, und auch einige chinesische Anbieter sind schon sehr weit. Die Deutschen haben das Thema zu lange schleifen lassen und sich zu sehr auf den Verbrennungsmotor und andere alternative Antriebe fokussiert. Erst im Zuge des Dieselskandals hat ein Umdenken in den Konzernen stattgefunden. Proaktiv haben sie den Wandel nicht vorangetrieben, eher durch öffentlichen Druck.

Zudem sind die deutschen Autokonzerne in die Abhängigkeit von asiatischen Lieferanten geraten. Sie müssen die Batteriezellen für den E-Antrieb in China und Südkorea ordern. Den alles entscheidenden Schlüssel für die E-Mobilität haben sie somit nicht selbst in der Hand. Das ist so, als wäre der FC Bayern München auf Real Madrid angewiesen, um sich mit Fußbällen zu versorgen. Brandgefährlich ist das für die Deutschen auch, weil die Regierung in Peking für das Jahr 2025 eine verbindliche Quote für E-Autos angeordnet hat. 25 Prozent aller verkauften Autos sollen dann mit E-Antrieb über Chinas Straßen rollen. Holen unsere Autobauer nicht schleunigst auf, büßen sie Anteile in genau jenem Absatzmarkt ein, der ihnen die glänzenden Gewinne der Vergangenheit beschert hat.

Kapitel 1

Besser als beim E-Antrieb sieht es beim autonomen Fahren aus. Hier halten wir weltweit die meisten Patente und sind in der Grundlagenforschung stark. Allerdings liegt der deutsche Fokus auf dem hochautomatisierten und dem vollautomatisierten Fahren, bei welchem das Fahrzeug den überwiegenden Teil der Fahrt selbständig navigiert, der Fahrer aber jederzeit bereit sein muss, ins Fahrgeschehen einzugreifen. Diese Strategie sichert unsere Wettbewerbsfähigkeit für die kommenden fünf bis zehn Jahre. Das ist löblich, doch die Endstufe dieses Prozesses bildet das vollautonome Fahren, bei dem menschliches Eingreifen nicht mehr erforderlich sein wird und das spätestens in den 2030er-Jahren massentauglich ist. Erweisen sich die autonomen Autos tatsächlich als so smart und verkehrssicher wie erwartet, rettet das Jahr für Jahr Hunderttausende Menschenleben im Straßenverkehr. Algorithmen kennen keine Erschöpfung, keine Unachtsamkeit, keine Selbstüberschätzung und auch keinen Vollrausch. Mehr als 90 Prozent aller Verkehrsunfälle gehen auf diese Faktoren zurück, der Mensch ist das größte Risiko auf den Straßen. Dieser Risikofaktor wird vollkommen eliminiert.

Bedauerlicherweise sind die deutschen Autobauer auch beim vollautonomen Fahren spät dran. BMW plant gerade mal eine Testflotte von drei Dutzend Roboterautos bis 2021, Daimler vorerst nur drei. Und VW möchte gar erst 2021 mit eigenen Testflotten an den Start gehen. Bis dahin haben die autonomen Robotaxis von Waymo bereits Millionen von Kilometern im Live-Betrieb zurückgelegt. Mit seinen Kompetenzen im Bereich Big Data und Künstlicher Intelligenz bedeutet das einen gewaltigen Wissens- und Technikvorsprung. Die Strategen von Google interessieren sich nicht für die Zwischenschritte des hoch- und vollautomatisierten Fahrens. Sie überspringen diese einfach und setzen komplett

Digitalisierung

auf das autonome Fahren. Ob sie in der Übergangszeit den Automarkt dominieren oder nicht, ist ihnen völlig egal. Sie haben Zeit und im Gegensatz zu den deutschen Autobauern keinen Druck, in dieser Phase Geld mit der Mobilität zu verdienen. Sie können die Algorithmen fürs autonome Auto in aller Ruhe trainieren – und dann mit aller Macht zuschlagen.

Wer das Rennen ums autonome Fahren gewinnt, wird die großen Mobilitätsplattformen der Zukunft stellen. Diese werden sich als Vermittler der Dienstleistung Mobilität zwischen Autobauer und Endkunde schieben und dem klassischen Geschäft der deutschen Autoindustrie einen gehörigen Dämpfer verpassen. Mobilität wird zu einem On-Demand-Dienst, den wir per Knopfdruck ordern. Momentan erzielen VW & Co. zwar noch glänzende Verkaufszahlen – vor allem in China –, doch gerade die chinesischen Hersteller holen auf im Segment der Klein- und Mittelklassewagen. Kleine wendige E-Autos für den Stadtverkehr sind dort gefragt. Die vor Kraft strotzenden, technisch raffinierten und hochpreisigen Statussymbole mit Verbrennungsmotoren – Meisterwerke der deutschen Ingenieurskunst – fallen mehr und mehr aus der Zeit. Für Millennials spielt der Besitz eines Autos als Statussymbol ohnehin keine allzu große Rolle mehr. Die Stärken unserer deutschen Autobauer geraten ins Hintertreffen. PS-Zahlen und schicke Karosserien verlieren an Bedeutung. Die entscheidenden Wettbewerbsvorteile liefern die digitalen Dienste im Auto.

Bei den datengetriebenen Geschäftsmodellen rund ums Auto haben die Tech-Konzerne ebenfalls die Nase vorn. Die Chancen stehen gut, dass Google & Co. einen Großteil der Autokunden über ihre Dienstleistungen im und um das Auto herum auf sich vereinen – und damit den Löwenanteil der Wertschöpfung der gesamten Branche. Die deutschen

Kapitel 1

Autobauer werden in diesem Szenario zu reinen Zulieferern degradiert, sie schrumpfen zu Produktionszwergen. Gut möglich, dass wir in etwas mehr als einem Jahrzehnt nur noch die Werkbank des Silicon Valley oder der Chinesen sind. »Die Autohersteller werden das Wettrennen um die neue Mobilität nur mit einer Wahrscheinlichkeit von 50 Prozent gewinnen«, bekannte VW-Chef Herbert Diess im vergangenen Jahr erstaunlich offen in einem Interview.[17] Sogar Bundeskanzlerin Angela Merkel räumte auf einem EU-Gipfel hinter vorgehaltener Hand ein, dass sie für die deutsche Autoindustrie schwarzsieht.[18]

Wir Deutschen hinken in allen wichtigen Zukunftstrends der Branche hinterher, egal, ob beim E-Antrieb, beim vollautonomen Fahren oder bei den datengetriebenen Serviceangeboten. Von dem Aufbau einer Mobilitätsplattform ganz zu schweigen. Sollten Deutschlands Autokonzerne tatsächlich das Rennen um die Mobilität der Zukunft verlieren, würde das einen immensen Kollateralschaden für die deutsche Wirtschaft bedeuten. VW, Daimler und BMW können zwar nach wie vor profitable Firmen sein mit großartigen Produkten, aber sie werden wahrscheinlich ein paar Nummern kleiner sein – und sehr viel weniger Menschen beschäftigen als heute. Für den Wirtschaftsstandort Deutschland würde das einen herben Wohlstandsverlust bedeuten. Unsere Autoindustrie ist systemrelevant, bis zu 1,8 Millionen Arbeitsplätze in Deutschland sind von ihr abhängig,[19] Hunderttausende Jobs stehen auf dem Spiel.

Der fortschreitende Automatisierungsgrad in der Industrie wird den künftigen Trend zu mehr Arbeitslosigkeit verschärfen. Hier stehen uns weitere Umwälzungen bevor, die in dem oben skizzierten Szenario zur Autoindustrie noch gar nicht berücksichtigt sind. Big Data, Künstliche Intelligenz und das Internet der Dinge werden das Wesen der Arbeit in den Fabriken und den Verwaltungszentralen massiv verändern. Wir stehen vor einer Zeitenwende. Die Welt, die wir bisher kannten, wird wahrscheinlich schon in wenigen Jahrzehnten nicht mehr existent sein – ebenso wie das deutsche Wohlstandsmodell der vergangenen 70 Jahre.

Über Popcorn und Schach zu Big Data und Künstlicher Intelligenz

Mögen Sie Popcorn? Wenn ja, dann haben Sie sicher zu Hause schon mal welches zubereitet. Für all diejenigen, die es noch nicht probiert haben, hier eine kleine Anleitung. Man gibt Öl und Mais in einen Topf, gerade so, dass der Boden bedeckt ist, setzt den Deckel drauf und beginnt, den Topf zu erhitzen. Anfangs wird er wärmer und wärmer, doch noch passiert nichts. Erst im Temperaturbereich zwischen 162 und 167 Grad poppen die ersten Maiskörner auf. Nach und nach beginnen sie zu explodieren. In diesem Moment lässt sich die Verwandlung der Maiskörner zu Popcorn nicht mehr aufhalten. Das Ganze wird immer schneller, der Prozess ist unumkehrbar. Der erhitzte Mais hat seinen sogenannten Tipping Point erreicht.

Was hat die Explosion von Maiskörnern mit der Digitalisierung unserer Wirtschaft zu tun? Ganz einfach, wir stehen kurz davor, den Tipping Point der digitalen Ära zu erreichen. Die ersten Maiskörner sind im übertragenen Sinne bereits aufgepoppt. Die 2020er-Jahre werden eine ganze Reihe digitaler Meilensteine für uns bereithalten. Wir befinden uns in einer Phase, in der sich der technische Fortschritt in vielen Bereichen so massiv beschleunigt, dass das zuvor lineare

Kapitel 1

Wachstum der Digitalisierung abrupt aufhört und in eine Phase des exponentiellen Wachstums übergeht. Was exponentielles Wachstum bedeutet, beschreibt der Forscher Ray Kurzweil, der mittlerweile bei Google arbeitet, mit der populären Reiskornlegende.[20] Diese handelt von einem hochintelligenten Mann, der im 3. Jahrhundert nach Christi in Indien das Schachspiel erfunden hat. Er reiste in die Hauptstadt und präsentierte dem Kaiser seine Erfindung. Dieser zeigte sich so beeindruckt von dem komplexen Spiel, dass er den Erfinder aufforderte, sich selbst eine Belohnung auszuwählen. »Ich wünsche mir nur etwas Reis für meine Familie«, sagte der Erfinder und schlug vor, das Schachbrett als Grundlage für die Ermittlung der Menge an Reiskörnern zu nutzen. Der Kaiser sollte auf das erste der 64 Felder ein Reiskorn legen und es in der Folge auf jedem Feld verdoppeln. Auf dem zweiten Feld sollten zwei Reiskörner liegen, auf dem dritten vier, auf dem vierten acht und so weiter. Am Ende dieser 63 Verdopplungen landet man bei der schwindelerregenden Zahl von 18 Trillionen. Während die Größe der Zahlen auf der ersten Hälfte des Schachbretts überschaubar bleibt, geht es auf der zweiten Hälfte schnell in die Billiarden und Trillionen. Also in Größenordnungen, die unser Vorstellungsvermögen bei Weitem übersteigen.

Um in der Metapher der Reiskornlegende zu bleiben, befinden wir uns mit dem digitalen Fortschritt kurz vor dem Übergang von der ersten auf die zweite Hälfte des Spielbretts. Jetzt erst geht es richtig los, die exponentielle Wucht wird sich in den kommenden Jahren voll entfalten. Die Veränderungszyklen haben in den vergangenen zwei Dekaden bereits massiv an Geschwindigkeit gewonnen, doch das Tempo wird in den kommenden Jahren nochmals extrem anziehen. Für viele Firmen – insbesondere für jene, die diese

Digitalisierung

Rasanz unterschätzen – wird dies wahrscheinlich kein gutes Ende nehmen. Bereits im Jahr 2014 prophezeiten US-Forscher, dass 40 Prozent der Fortune-500-Firmen bis 2024 vom Markt verschwinden.[21] Das deckt sich mit den Befürchtungen vieler deutscher Unternehmen. 43 Prozent sorgen sich, dass ihr Geschäftsmodell in den kommenden Jahren obsolet werden könnte.[22]

Die zunehmende Leistungsfähigkeit der IT hat nicht nur den Siegeszug des Plattform-Kapitalismus ermöglicht, sondern auch einen Megatrend geschaffen, der die Basis der künftigen digitalen Tipping Points darstellt. Dieser wird unter dem Schlagwort »Big Data« zusammengefasst. Kein anderer Begriff beschreibt so treffend die Folgen der zunehmenden Digitalisierung all unserer Lebensbereiche. Unser Surfverhalten im Netz, unsere Kaufentscheidungen, unser Fahrverhalten im Auto, unser Gesundheitszustand, unsere Bank- und Steuerdaten – alles wird heutzutage digital festgehalten und gespeichert. Das wiederum erzeugt ein gewaltiges Tohuwabohu an Daten – sie entstehen fast überall. Big Data ist eines der wichtigsten Phänomene des noch jungen 21. Jahrhunderts.

Experten gehen davon aus, dass die jährlich generierte Datenmenge bis 2025 auf 163 Zettabyte in die Höhe schnellt. Ein Zettabyte entspricht bereits 700 Milliarden Blue-Rays. Diese würden, in einer Reihe gestapelt, zwei Mal rund um die Erde reichen.[23] Daten entstehen mittlerweile in einer enormen Geschwindigkeit und werden von einer immer größeren Vielzahl unterschiedlicher Datenquellen gespeist. »Mitte 2017 wurden in jeder einzelnen Sekunde 7600 Tweets auf Twitter gesendet, 61.000 Suchanfragen bei Google eingegeben und 2,6 Millionen E-Mails versendet«, schreibt der Digitalexperte Philip Specht in seinem sehr lesenswerten Kompendium »Die 50 wichtigsten Themen der Digitalisierung«.[24]

Kapitel 1

Daten sind der wichtigste Rohstoff dieser Welt, sozusagen das neue Öl. Nur mit dem Unterschied, dass dieser Rohstoff nicht knapper wird, sondern exponentiell zunimmt. Das ist einer der Gründe, warum die großen Digital-Plattformen viele ihrer Dienste völlig kostenlos anbieten. Ihr Motto lautet: erst mal alles sammeln, was geht. Denn Daten bedeuten Macht – und liefern die Grundlage für völlig neue Geschäftsmodelle. Für Deutschland ist das doppelt bedrohlich. Weder verfügen wir über relevante Plattformen noch über gute Ideen für digitale Geschäftsmodelle. Dafür jedoch mit der neuen EU-Datenschutzverordnung über ein bürokratisches Ungetüm, das völlig übers Ziel hinausschießt.

Um mit den Daten neue Geschäftsfelder zu erschließen, muss zunächst einmal Ordnung ins Chaos gebracht werden. Eine unstrukturierte und völlig unüberschaubare Datenmenge hat keinen Wert. Unverbundene Einzeldaten stellen noch lange keinen Wissensschatz dar. Diese müssen erst in wertvolles Wissen umgewandelt werden.»Smart Data statt Big Data« ist die Devise. Hier kommt der Bereich Künstliche Intelligenz (KI) ins Spiel – der wohl wichtigste Treiber hinsichtlich der digitalen Tipping Points. Denn Daten sind zwar das Öl des 21. Jahrhunderts, doch KI ist der Motor, der diesen Kraftstoff nutzbar macht. KI wird unser künftiges Leben daher stärker bestimmen als jede andere Technologie.

Schlaue Algorithmen – Game Changer der Wirtschaft 4.0

Die technologische Leistungsfähigkeit von Künstlicher Intelligenz (KI) ist heute bereits enorm – und sie wird in den kommenden Jahren rapide zunehmen. Dies ist erstmals im

Digitalisierung

März 2016 ins Bewusstsein einer breiten Öffentlichkeit vorgedrungen. In Seoul trat damals der weltbeste Spieler des asiatischen Brettspiels Go – der Südkoreaner Lee Sedol – gegen eine Software namens AlphaGo an. Die Google-Tochter Deep Mind hatte diese entwickelt. Das Spiel Go ist eines der komplexesten Spiele der Welt. Es existieren mehr Kombinationsmöglichkeiten von Spielzügen als Atome im Universum. Im Vorfeld des Wettkampfs hatte sich AlphaGo ohne Zutun der Programmierer in zahlreichen Testspielen selbst trainiert – mit erstaunlichem Ergebnis. Die Software der Google-Tochter bezwang den Profispieler in vier von fünf Partien und sorgte für eine Sensation. Die südkoreanische Go-Vereinigung beschied AlphaGo, das Spiel auf eine ganz neue Stufe gehoben zu haben.

Dieses Beispiel ist nicht nur eine nette Anekdote. Es verdeutlicht, was heute schon möglich ist im Bereich der Künstlichen Intelligenz. Diesen Begriff prägte der US-Amerikaner John McCarthy im Jahr 1956. KI müsse Sprache benutzen, Probleme lösen können, die bis dato nur der Mensch lösen konnte, sowie in der Lage sein, sich selbst zu verbessern, legte McCarthy fest.

Eine einheitliche Definition von Künstlicher Intelligenz existiert trotzdem bis heute nicht. Fest steht allerdings, dass sie ein sehr wirksames Werkzeug ist, um in riesigen Datenbeständen Muster zu erkennen und diese sinnvoll zu ordnen. Das aber wohl wichtigste Merkmal ist die Lernfähigkeit. Die Maschine kann sich selbst anhand von Daten trainieren und ihre Kompetenzen verbessern. Die Robotaxen der Google-Tochter Waymo lernen mit jeder Fahrt hinzu und können so immer verlässlicher auf jede Art von Verkehrssituationen reagieren – ein sich selbst verstärkendes System. Der Live-Betrieb der autonomen Autos verfeinert durch die Daten, die während jeder Fahrt entstehen, deren Fahrintelligenz.

Dennoch handelt es sich in allen beschriebenen Fällen von KI noch um sogenannte schwache Künstliche Intelligenzen. Sie sind nur auf einzelne Problemstellungen beschränkt. Allerdings existieren für die schwache KI bereits Tausende Anwendungsmöglichkeiten. Das fängt bei Spracherkennung, Textübersetzungen und Routenplanungen an und hört beim Handel von Wertpapieren, der smarten Regulierung von Strom, Wasser oder dem Straßenverkehr sowie der Steuerung von Robotern auf. Die Technik ist in vielerlei Bereichen erstaunlich weit. Das KI-Programm Watson von IBM schlägt in der medizinischen Diagnostik bereits seine menschlichen Pendants. Im Fall einer japanischen Krebspatientin diagnostizierte Watson in nur zehn Minuten eine sehr seltene Form der Leukämie, indem die Software 20 Millionen klinische Studien durchforstete.[25]

Die Wirtschaft setzt große Stücke auf KI. Sie verspricht sich vor allem mehr Produktivität, mehr Wirtschaftswachstum und mehr Wohlstand. Experten prognostizieren, dass der Einsatz von KI die Wachstumsraten von zwölf großen Industrienationen bis 2035 verdoppelt.[26] Nicht ohne Grund sind die Investitionen im KI-Bereich auf der ganzen Welt geradezu explodiert – der Bereich boomt wie kein Zweiter. Die Investitionen in neu gegründete KI-Start-ups haben sich von 2011 bis 2017 auf 15 Milliarden US-Dollar verfünfzigfacht.[27]

Abermals sind die USA und China die Vorreiter. Zwischen den beiden Großmächten ist ein Wettrüsten entstanden, das immer aggressiver wird und sich womöglich zu einem neuen Kalten Krieg ausweitet. Die chinesische Staatsführung hat beschlossen, bis 2030 zur weltweit führenden KI-Nation aufzusteigen und den Sektor zu dominieren, koste es, was es

Digitalisierung

wolle.[28] Auch der Tech-Gigant Google hat die Parole »AI (Artificial Intelligence) first« ausgerufen.[29] Das hat gute Gründe. Wer den KI-Wettstreit für sich entscheidet, wird zum dominanten Akteur der kommenden Dekaden. Der russische Präsident Wladimir Putin sagte bereits 2017: »Wer in diesem Bereich die Führung übernimmt, wird zum Herrscher der Welt.«[30]

Durch das Zusammenspiel von Big Data und KI machen zahlreiche weitere Technologien enorme Sprünge nach vorne. Dazu zählt insbesondere das Internet der Dinge. Dies bezeichnet die allumfassende Vernetzung vielerlei Gegenstände mit dem Internet, egal ob Haushaltsgeräte, Autos oder Maschinen. Experten rechnen bis 2022 mit 30 bis 75 Milliarden vernetzten Geräten weltweit.[31] Die Kombination von Big Data, KI und dem Internet der Dinge ermöglicht in der Wirtschaft einen bis dato nie gekannten Automatisierungsgrad. Die Fabriken werden intelligent und eigenständig, die Maschinen und Roboter können die Produktion vollkommen autonom steuern. In Deutschland hat sich dafür das Modewort »Industrie 4.0« etabliert, die die Bundesregierung seit 2011 als Zukunftsprojekt vorantreibt.

Leider vernachlässigen viele deutsche Firmen, dass nicht nur der Produktionsprozess smart werden muss, sondern auch das fertige Produkt. Dazu ein simples Beispiel aus dem Alltag: Eine elektrische Zahnbürste wird in Zukunft nicht mehr nur ein Gebrauchsgegenstand zur Zahnpflege sein. Sie bietet künftig zusätzliche Dienste an. Zum Beispiel misst sie Bewegung, Winkel und Druck beim Putzvorgang und wertet diese Daten aus. Auf einer App liefert sie Feedback zum Reinigungsgrad der Zähne und erstellt gegen einen Aufpreis Frühdiagnosen von Karies oder Zahnfleischentzündungen. Die Firmen müssen also ihre Geschäftsmodelle mit digitalen Servicediensten über die gesamte Nutzungsdauer des Produkts erweitern. Das findet in Deutschland viel zu wenig statt. Wir sind noch immer zu sehr dem Denken der Old Economy verhaftet. Damals galt: produzieren, verkaufen, fertig!

Die deutsche Trägheit ist gefährlich. Wenn wir uns nicht schleunigst von einem Industriestandort in einen industriell geprägten Digitalstandort verwandeln, wird es künftig sehr schwer für uns, noch ausreichend Geld zu verdienen. Wer nicht abgehängt werden möchte, sollte schnell sein. Schneller, als es die deutsche Wirtschaft momentan ist. Denn KI wird nicht nur in der Industrie, der Logistik und dem Energiesektor zu erheblichen Umwälzungen führen, sondern auch im Gesundheitswesen, der Finanzindustrie, dem Einzelhandel oder der Medienbranche.[32] Vor allem veranschaulicht das eines: Der deutsche Fokus auf die Industrie 4.0 – also die Automatisierung der Produktion – greift viel zu kurz. Der Digitalexperte Holger Schmidt bemängelt zu Recht, dass die deutsche Wirtschaft zu wenig auf neue digitale Produkte setzt.[33] So wird man in der Wirtschaftswelt von morgen sicherlich nicht reüssieren.

Abseits der ökonomischen Folgen des Einsatzes von KI treiben viele Menschen Ängste um. Was passiert, wenn wir die Kontrolle über die Technologie verlieren? Richtet die KI ihre Kräfte womöglich irgendwann gegen uns Menschen? Der mittlerweile verstorbene Physiker Stephen Hawking warnte in einem Interview mit der BBC, KI könne das Ende der Menschheit bedeuten.[34] Ein weiterer prominenter Mahner ist Elon Musk. Künstliche Intelligenz sei gefährlicher als Atomwaffen, sagte er im März 2018.[35]

Ob die Warnungen berechtigt sind oder nicht, lässt sich heute nicht abschließend klären. Viel greifbarer sind die Be-

Digitalisierung

fürchtungen der Menschen vor Manipulation und steter digitaler Vermessung. Die riesigen Datenberge sind ein starkes Machtinstrument, das jederzeit missbraucht werden kann. Unsere Anfälligkeit für potenzielle Beeinflussungsversuche ist frappierend. Schon heute können Computerprogramme bei einer gewissen Anzahl von Facebook-Likes unsere Persönlichkeitsmerkmale besser einschätzen als unsere engsten Familienangehörigen.[36]

Was bedeutet das für uns, wenn Google & Co. unsere intimsten Gedanken, Sehnsüchte und Gefühle besser kennen als wir selbst? Wird unser gesamtes Leben total vorhersehbar? Werden wir zu ferngesteuerten Marionetten? Übernehmen Algorithmen die Kontrolle über unsere Biografien? Und was passiert eigentlich mit unseren Jobs, wenn sich die maschinelle Lernfähigkeit so rasant fortentwickelt? Langfristig werden intelligente Programme uns nicht nur in körperlich-handwerklichen Fähigkeiten überflügeln, sondern in sämtlichen kognitiven Bereichen. Sie werden alle damit verbundenen Aufgaben besser ausführen als wir Menschen. Wie sich das auf unseren deutschen Arbeitsmarkt auswirkt, ist für den Wohlstand unserer Gesellschaft eine ganz entscheidende Frage.

Diese Frage ist eng verbunden mit unserer Position im Wettrennen um die KI-Herrschaft. Hier liegen wir meilenweit hinter den USA und China zurück. Unsere Spitzenkräfte aus Politik und Wirtschaft haben es versäumt, die deutsche Wirtschaft für den digitalen Wandel vernünftig aufzustellen. Es spricht momentan nicht allzu viel dafür, dass Deutschland in den 2030er-Jahren noch genauso wettbewerbsfähig sein wird wie heutzutage. Die Weichen dafür werden genau heute gestellt. Die aktuellen Versäumnisse von Politik und Wirtschaft bedingen unsere Probleme von morgen.

Kapitel 1

Sieben Gründe, warum Politik und Wirtschaft Deutschlands digitale Zukunft verspielen

Die Digitalisierung wird unsere Welt radikal verändern, so viel steht fest. Insofern müsste man eigentlich erwarten, dass sowohl die Politik als auch die Wirtschaft in Deutschland radikale Maßnahmen ergreifen, um den Wandel zu gestalten. Ganz so einfach ist es in der Realität jedoch nicht. Unsere Gegenwart ist so vielschichtig und komplex wie nie. Planungen und Prognosen werden immer unsicherer, die Zukunft wird immer unberechenbarer. Gleichzeitig herrscht ein hoher Veränderungsdruck. Die Zyklen der technologischen Umbrüche werden immer kürzer, ihre Auswirkungen immer drastischer. Das Akronym VUCA beschreibt sehr treffend, in welch diffiziler Gemengelage wir uns befinden. VUCA leitet sich ab aus den englischen Begriffen *Volatility, Uncertainty, Complexity* und *Ambiguity*, also Volatilität, Unsicherheit, Komplexität und Mehrdeutigkeit. Dies sind die Bedingungen, unter denen Politiker und Wirtschaftsführer heutzutage Entscheidungen treffen müssen. Keine leichte Aufgabe also.

Die Situation unserer Wirtschaft ist vergleichbar mit einem Rennwagen, der mit 250 Stundenkilometern in eine dichte Nebelwand hineinrast. In solch einer Situation erscheint es geboten, sofort vom Gas zu gehen und abzubremsen. Das allerdings ist nicht möglich. Wollen wir den Anschluss an die Großmächte USA und China nicht verlieren, müssen wir weiter aufs Gas drücken. Zugleich tut sich aber hinter der Nebelwand unwägbares Gelände auf. Die USA und China haben bereits vorgesorgt. Sie haben ihre Rennwagen in den vergangenen Jahren auf Geländewagen umgerüstet – und zwar in voller Fahrt. Ihre Fahrzeuge sind für die neuen Umweltbedingungen extrem gut gewappnet. Diesen Anpassungsprozess hat Deutschland versäumt. Viel zu lange wähnten wir uns in Sicherheit und haben uns auf die technische Raffinesse unseres Gefährts verlassen. Für gerade Strecken mit guter Sicht war unser deutscher Rennwagen bislang gut geeignet, nun aber bekommen wir Probleme. Der Umbau zu einem Offroader, der die neuen technologischen Unwägbarkeiten meistert, kommt in Deutschland viel zu schleppend voran. Der deutsche Industrie-Sportflitzer verkommt mehr und mehr zu einem digitalen Schlafwagen.

Die Verantwortung dafür tragen unsere Entscheidungsträger in Politik und Wirtschaft. Sowohl die Bundesregierung als auch viele Unternehmen haben den Wirtschaftsstandort Deutschland für den digitalen Wandel nicht ausreichend vorbereitet. Die Ursachen dafür sind vielfältig. In den Unternehmen sind sie zum Teil auf falsche Anreizmechanismen und kulturelle Aspekte zurückzuführen, in der Politik hingegen auf falsche Prioritäten.

1. Die Versäumnisse der Politik

In Anbetracht unserer VUCA-Welt ist es begrüßenswert, dass die Politik mit der Industrie 4.0 eine Strategie gefunden hat, welche die Digitalisierung des Wirtschaftsstandorts Deutschland auf die Agenda gehoben hat. Dies ist zwar noch nicht in allen Firmen angekommen, aber immerhin haben viele Großkonzerne und auch viele größere Mittelständler die Zeichen der Zeit erkannt. Kleinere Firmen hingegen haben noch Nachholbedarf. Erfreulich ist: Vier von fünf Unternehmen haben eine Digitalstrategie formuliert. Insbeson-

Kapitel 1

dere das Cloud Computing und Big Data Analytics werden bereits großflächig eingesetzt. Künstliche Intelligenz – also die Schlüsseltechnologie der Zukunft – ist bei vielen jedoch weder im Einsatz noch auf dem Radar.[37]

Offenkundig wurde das Bemühen um die Industrie 4.0 zu lange als ausreichend erachtet, um die Zukunftsfähigkeit unserer Wirtschaft aufrechtzuerhalten. Das war zu einseitig und griff zu kurz. Um eine Fußballmetapher zu bemühen: Wir stärken mit der Industrie 4.0 lediglich unsere Abwehr. Das ist wichtig, um das Spiel nicht zu verlieren, es ist aber keine ausreichende Strategie für den Sieg. Dazu müssten wir unsere spielerischen Fähigkeiten vor dem Strafraum des Gegners verbessern. Dort sind Kreativität, Zweikampfstärke und ein Schuss Anarchie gefragt, um mit Dribblings, geschickten Laufwegen und kombinationssicherem Passspiel in den gegnerischen Strafraum einzudringen und Torchancen zu kreieren. Diese Torchancen sind im übertragenen Sinne nichts anderes als digitale Geschäftsmodelle.

Abseits der Industrie 4.0 stehen wir mit unseren wirtschaftspolitischen Weichenstellungen immer noch an der Startlinie, während China und die USA das Wettrennen längst eröffnet haben. Die Ende 2018 ausgerufene KI-Strategie der Bundesregierung kam viel zu spät. Die USA haben bereits 2016 einen umfassenden Strategieplan vorgelegt, China legte 2017 nach. Der chinesische Staatspräsident Xi Jinping schwor das Riesenreich darauf ein, die Wirtschaft mit Spitzentechniken aus dem Internet der Dinge, Big Data und Künstlicher Intelligenz voranzutreiben. China soll bis 2030 die führende KI-Macht auf dem Globus werden.

3 Milliarden Euro möchte die deutsche Regierung bis 2025 in Künstliche Intelligenz investieren, also im Schnitt 500 Millionen Euro pro Jahr. Das mutet gegen die 128 Milli-

Digitalisierung

arden US-Dollar der Chinesen als Kleckerbetrag an. 48 Prozent der weltweiten Forschungsausgaben im Bereich KI werden heute bereits in China getätigt, 38 Prozent in den USA. Europa fällt schon heute in die Kategorie »ferner liefen«. Deutschland, das wirtschaftliche Zugpferd Europas, bildet da keine Ausnahme. Doch nicht nur das mangelnde Geld ist ein Problem. Im Gegensatz zu den USA und China fehlt es an einer deutschen Vision für die KI. Im Kern sieht die deutsche KI-Strategie vor, Start-ups mit 200 Millionen Euro pro Jahr über die Kreditanstalt für Wiederaufbau (KfW) zu fördern, 200 KI-Professuren aufzubauen, 12 KI-Forschungszentren miteinander zu vernetzen sowie 20 KI-Trainer ins Land zu entsenden, die mittelständische Unternehmen unterstützen sollen. Zudem haben wir jetzt ein Digitalkabinett, einen IT-Rat, einen Digitalrat, eine Datenethikkommission und eine Enquetekommission zur Künstlichen Intelligenz.

Der Verband der Internetwirtschaft eco sieht darin keine Strategie, sondern lediglich ein Bündel aus unverbundenen Einzelmaßnahmen.[38] Es fehle an einem roten Faden, einem klaren Zielbild und den notwendigen Voraussetzungen, die Maßnahmen konkret umzusetzen. Deutschland hat weder ein flächendeckend schnelles Breitbandnetz, noch verfügen wir über leistungsstarke Rechenzentren, in denen sich große Datenmengen bündeln lassen. Nur 4 Prozent aller weltweiten Daten werden in Europa gelagert. Es mangelt damit an den Grundbedingungen, um Künstliche Intelligenzen vernünftig zu trainieren.

Der KI-Schlachtplan von China sieht da schon besser aus. Die Chinesen haben sich klar definierte Ziele gesetzt. Die KI-Industrie soll im Reich der Mitte bis 2030 mindestens 130 Milliarden Euro wert sein, alle verbundenen Industriezweige mindestens 1200 Milliarden Euro. China ist der ag-

Kapitel 1

gressivste Spieler weltweit. Der politische Wille paart sich mit riesigen Investitionssummen. Peking baut bereits heute für umgerechnet 2 Milliarden Dollar einen Industriepark für neue KI-Unternehmen auf. Und Shanghai nimmt 15 Milliarden Dollar in die Hand, um sich zu einer »Smart City« umzurüsten, die vollautomatisch den Verkehr regelt.

Chinesische Kinder werden bereits in der Grundschule spielerisch an KI-Anwendungen herangeführt, an den Universitäten entstehen neue spezialisierte Studiengänge. Um das Ausbildungsniveau international konkurrenzfähig zu machen, werden Tausende von chinesischen Studenten in die ganze Welt entsendet, die von der ausländischen Lehre profitieren sollen. Dazu gehören auch der Aufbau von internationalen Forschungszentren sowie die Übernahmen ausländischer Firmen. All das soll in den nächsten Jahren den Abstand zu den USA verringern. China verfügt zwar durch 800 Millionen Internetnutzer über den weltweit größten Datenberg, aber noch nicht über das Datenniveau der Amerikaner. Die chinesische Industrie ist einfach noch nicht so hoch entwickelt und kann daher auch noch nicht so valide Daten liefern. China holt jedoch schon gewaltig auf. Die Datenpools von großen Digitalkonzernen wie Alibaba, Tencent, Baidu und JD.com füllen sich Tag für Tag – und werden stetig wertvoller.

Die USA hingegen verfügen mit den Digital-Baronen Facebook, Google und Amazon bereits über die KI-Firmen mit dem weltweit höchsten Know-how. Abseits dessen entstehen hier aber auch die meisten KI-Start-ups – und auch die einflussreichsten. 77 der hundert Top-Start-ups im KI-Bereich kommen aus den Vereinigten Staaten. Die Qualität der Forschung und die geballte Kompetenz des Silicon Valley spielen eine große Rolle in diesem Zusammenhang. 10.000 Master-

Digitalisierung

studenten und Doktoranden graduieren jährlich an computerwissenschaftlichen Instituten mit aktiver KI-Forschung und werden dann auf den Arbeitsmarkt gespült.[39] Auch wir Deutschen verweisen immer wieder auf die Stärken unserer Forschung. Immer noch kommen mehr als 50 Prozent aller Patente für das autonome Fahren aus Deutschland. Im Bereich maschinelles Lernen sind unsere IT-Wissenschaftler ebenfalls stark unterwegs, und regelmäßig gewinnen deutsche Forscherteams beim RoboCup, der Roboterweltmeisterschaft. Obwohl Deutschland sich im Bereich KI den Ruf exzellenter Forschungsqualität erworben hat, profitieren unsere heimischen Firmen viel zu wenig davon. Die Resultate unserer Wissenschaftler landen oftmals in Form von konkreten Geschäftsmodellen in den Bilanzen chinesischer und US-amerikanischer Firmen, die ihre Anstrengungen in diesem Bereich extrem forciert haben. Die nachlässige und falsch fokussierte Politik in Deutschland trägt daran eine Mitschuld.

2. Sattheit und ängstliche Abwehrreflexe

Die Regierung von Angela Merkel hat es in den vergangenen Jahren versäumt, den digitalen Wandel zu fördern. Politisch war sie ständig damit beschäftigt, Krisen zu managen. Dazu zählen die Finanzkrise, die Eurokrise und später die Flüchtlingskrise. Zugleich hat Merkel den politischen Diskurs in der Bundesrepublik erstickt. Abseits der hysterischen Debatten rund um die Schuldenkrise in der Eurozone und den massenhaften Zustrom von Flüchtlingen hat die Bundeskanzlerin unser Land in eine Art Trancezustand versetzt. Wirtschaftspolitische Themen sind in den vergangenen Jah-

Kapitel 1

ren vollkommen aus dem Fokus der Öffentlichkeit geraten. Die gute Konjunktur hat viele strukturelle Probleme unserer Wirtschaft übertüncht und uns allzu selbstgefällig gemacht. Es entstand der Eindruck: Trotz der Krisen läuft doch alles rund, uns geht's gut! Dies rächt sich nun. Die Deutschen spüren: Der digitale Trend ist vollends an uns vorbeigegangen. Jedoch entfacht das momentan keine Aufbruchsstimmung, sondern eher ängstliche Abwehrreflexe.

In anderen Ländern der Welt – besonders in China – sieht das ganz anders aus. Das Reich der Mitte hat eine wunderbare Ausgangssituation, sich als dominanter Akteur der neuen Wirtschaftsepoche zu etablieren. Dies hängt mit der Wirtschaftsgeschichte der Volksrepublik zusammen. Bis weit ins 19. Jahrhundert war China eine der sowohl wirtschaftlich als auch kulturell führenden Regionen der Welt. Im Jahr 1820 brachten die Chinesen knapp ein Drittel der globalen Wertschöpfung auf die Waage. Doch im 19. Jahrhundert gewann die Industrialisierung in Europa und Amerika an Schwung und sorgte für einen kräftigen Wohlstandsschub. Das damalige chinesische Kaiserreich hingegen blieb ein Agrarstaat. China verschlief die beiden ersten industriellen Revolutionen und litt bis weit in die 1970er-Jahre an einer gewaltigen wirtschaftlichen Depression. Die politischen Eliten in Peking sind sich sehr wohl bewusst, dass die chinesische Tragödie selbst verschuldet war. Daraus resultiert der unbändige Wille, dieses Trauma kein zweites Mal zu erleiden. China ist hungrig wie kein zweiter Akteur auf der Weltbühne und verfügt über genügend Ressourcen, um sich in den kommenden Jahrzehnten im Wettrennen um die Künstliche Intelligenz durchzusetzen.

Von Erfolgshunger oder gar Aufbruchsstimmung ist in Deutschland hingegen weder in der Wirtschaft noch in der

Digitalisierung

Politik etwas zu spüren. Der Aufschwung der vergangenen Jahre hat uns satt und zufrieden gemacht. Während die Großmächte China und USA den Wandel aktiv forcieren, dösen wir in unserem digitalen Schlafwagen weiter vor uns hin. Unsere erfolgsverwöhnten Firmen halten an überholten Produktkonzepten und traditionellen Geschäftsmodellen fest. Sie laufen damit Gefahr, von digitalen Angreifern aus Übersee verdrängt zu werden.

Auch wenn die Chinesen den Amerikanern nach wie vor technologisch hinterherhinken, haben sie gegenüber den Deutschen gewaltige Vorteile. Während wir uns an dem Thema Datenschutz regelrecht festbeißen, gibt es in China keinerlei Bewusstsein dafür. Chinesische Konzerne können ohne staatliche Regulierung tonnenweise Daten anhäufen und auswerten. Sie werden von der politischen Führung sogar dazu ermuntert. Auch wenn der mangelnde Datenschutz in China mit dem sogenannten Sozialkreditsystem bereits seltsame Blüten treibt, profitiert die chinesische Wirtschaft im Wettrennen um die KI-Herrschaft davon ungemein.

So wie China es in die eine Richtung übertreibt, übertreiben wir es in die andere Richtung. Die EU-Datenschutzverordnung ist ein bürokratisches Ungetüm, das ebenso seltsame Blüten treibt wie das *Social Scoring* der Chinesen. In Deutschland einen Mittelweg zu finden, wäre nicht nur wünschenswert, sondern wirtschaftlich geboten. Die politische Überbetonung des Datenschutzes war ein schwerer Fehler. Selbstverständlich ist Datenschutz wichtig und treibt zu Recht viele Menschen um, allerdings sichert das langfristig keine deutschen Arbeitsplätze. Um dies nochmals auf eine bildliche Ebene zu heben: Wir haben in Deutschland viel zu lange darüber diskutiert, wie wir unser Fußballtraining so gestalten, dass sich keiner verletzt. Die Gegner hingegen

Kapitel 1

tummeln sich schon längst auf dem Feld und verbessern ihre Fähigkeiten für den Wettkampf.

Wir machen politisch jedoch keinerlei Bemühungen, uns aufs Spielfeld zu begeben. Statt unsere eigenen Stärken zu forcieren, setzt die Bundesregierung darauf, die digitalen Supermächte zu schwächen. Das zeigt sich unter anderem an den Äußerungen von Bundeskanzlerin Angela Merkel aus dem vergangenen Jahr. Merkel plädierte dafür, eine Steuer auf die Erhebung von Daten einzuführen. Wörtlich sagte sie: »Die Bepreisung von Daten, besonders die der Konsumenten, ist aus meiner Sicht das zentrale Gerechtigkeitsproblem der Zukunft.« Ohne eine Datensteuer werde man eine sehr ungerechte Welt erleben, in der die Menschen Daten kostenlos liefern und andere damit Geld verdienen. Das hat unsere Bundeskanzlerin richtig erkannt. Zweifelsohne ist es wichtig, dass erfolgreiche Digitalkonzerne vernünftig besteuert werden. Allerdings kann sich Europa nicht einmal bei diesem Thema auf einen Konsens einigen. Die Forderung unserer Kanzlerin verhallt im Nichts. Sie ist nicht viel mehr als eine Nebelkerze, die kaschieren soll, dass Deutschland bislang keine einzige weltweit führende Digitalplattform hervorgebracht hat und den Wettbewerbern weit hinterherhinkt.

Um noch einmal auf die Tipping Points beim Popcorn zurückzukommen, hat Deutschland den Herd viel zu spät angemacht. Die ersten digitalen Maiskörner sind in den USA und China bereits aufgepoppt. Wir hingegen haben zu lange gebraucht, um uns überhaupt darüber klar zu werden, ob wir Hunger haben, und hatten auch noch enorme Probleme, die Verpackung aufzureißen. Gut möglich, dass sich dies bald rächt. Denn wenn die Tipping Points einmal erreicht sind, dann ist es schier unmöglich, den Vorsprung aufzuholen.

Digitalisierung

Auch unsere Unternehmenslenker tragen eine Mitschuld, dass wir im Digitalen immer weiter zurückfallen. Viele Firmen haben es in den vergangenen Jahren verschlafen, ihre Organisationen wetterfest zu machen für den digitalen Klimawandel unserer Wirtschaft. Dies hängt auch mit den Bedingungen zusammen, unter denen unsere Manager strategische Entscheidungen treffen – sowohl auf persönlicher als auch auf organisatorischer Ebene.

3. Kaputte Anreizsysteme und Risikoaversion

Sicherlich haben Sie schon einmal von dem Begriff »Homo oeconomicus« gehört. Damit wird ein Mensch beschrieben, der über vollständige Informationen über alle Güter und Märkte verfügt, keine persönlichen Präferenzen hegt, sich in Entscheidungssituationen stets sämtlicher Handlungsmöglichkeiten bewusst ist und, darauf basierend, rein rationale Entscheidungen trifft. Nach diesen kurzen Ausführungen dürfte bereits klar sein, dass es diesen Menschen in der Realität nicht gibt. Wir sind soziale und vor allem emotionale Wesen. Das trifft selbstverständlich auch auf Manager zu und beeinflusst ihre Entscheidungsfindung, wenn sie über strategische Weichenstellungen von Unternehmen brüten. Diese simple Feststellung hält mannigfaltige Erklärungsansätze für das zögerliche Handeln unserer Wirtschaftsführer bereit.

Als Top-Manager ist es ein weiter Weg, in die Geschäftsführung eines Unternehmens aufzusteigen. Er ist gesäumt von zahlreichen familiären und sozialen Entbehrungen. Man muss sich gegen etliche Konkurrenten durchsetzen und erntet erst spät die Früchte seiner Beharrlichkeit. Diese manifestieren sich in Form von Macht- und Entscheidungs-

Kapitel 1

befugnissen, einem großen Eckbüro, einem Stab von emsigen Zuarbeitern, großzügigen Boni und vor allem in gesellschaftlichem Prestige. Egal, wo man auftaucht, man wird hofiert; ob im Golf- oder Tennisclub oder auf den vielfältigen gesellschaftlichen Events, zu denen man eingeladen wird. Diese sozialen Aspekte sind für viele sicher genauso wichtig wie die riesigen Summen auf ihrem Gehaltszettel. Die Sicherung der eigenen monetären und sozialen Errungenschaften fließt bewusst oder unbewusst in jede Entscheidung eines Managers ein.

In einer Welt, die geprägt ist von Unwägbarkeiten, Komplexität und nahezu unkalkulierbaren Umbrüchen, führt dies schnell zu Risikoaversion und Bedenkenträgertum in den Machtzentralen von Unternehmen. Die Geschäftsmodelle von etablierten Firmen mit sprudelnden Gewinnen zu verändern, erfordert hohe Investitionen und ist damit extrem risikobehaftet. Insbesondere wenn die Erfolgsaussichten so ungewiss sind wie nie zuvor. Hinzu kommt ein zeitlicher Faktor. Oftmals rechnen sich die hohen Anfangsinvestitionen erst nach mehreren Jahren. Doch dann steht man möglicherweise gar nicht mehr an der Spitze der Unternehmung, und der Nachfolger heimst die Erfolge ein. Das Scheitern kommt oft kurzfristig, der Erfolg – wenn überhaupt – erst nach mehreren Jahren.

Es ist in Anbetracht dessen als Unternehmenslenker nur logisch, auf Nummer sicher zu gehen, den eingeschlagenen Kurs der Firma weiterzuführen und auf Optimierung von Bestehendem zu setzen. Zumal Manager nach wie vor an kurz- und mittelfristigen Performancekennzahlen gemessen werden. In großen Konzernen erreichen die Summen auf den Gehaltsschecks der Vorstände mittlerweile derart astronomische Höhen, dass man vorzugsweise lieber ein paar

Digitalisierung

Jahre fest im Sattel bleibt und die eigene Altersvorsoge sichert, als wagemutige Entscheidungen zu treffen. Lieber hält man die Eigentümer bei Laune, kauft eigene Aktien zurück, serviert üppige Dividenden und senkt die Kosten. Die Folge ist: Die Chefs investieren zu wenig in die Zukunft (schmälert den Gewinn), sie investieren zu kurzfristig (langfristige Investitionen zahlen sich nur bedingt für die eigene Entlohnung aus) und sie investieren zu verzagt (Unwägbarkeiten gefährden bei Fehlentscheidungen den Job sowie das erworbene Sozialprestige).

Unternehmerische Entscheidungen mit Weitblick werden so unterminiert. Selbst im günstigsten Fall, wenn die Entscheidungsträger bereit sind, ihre Geschäftsmodelle infrage zu stellen, ist es keineswegs gesichert, dass entsprechende Vorhaben auch die internen Controllingsysteme und Risikomessinstrumente passieren. Im bürokratischen Gebälk von großen Firmen werden sinnvolle Ideen in unzähligen Abstimmungsprozessen oftmals bis zur Unkenntlichkeit zerrieben. Wer riskiert schon gerne seine Karriere und sein Ansehen, wenn die Gefahr besteht, bei fehlerhaften Annahmen gefeuert zu werden? Besonders in einer Phase, in der es aufgrund des rasanten Wandels kaum noch möglich ist, gesicherte Annahmen zu treffen. Gerade das Nötigste zu tun für die Transformation, erscheint in diesem Licht als die einzig sinnvolle Strategie – zumindest für die Manager selbst.

Für die betroffenen Unternehmen bedeuten diese kaputten Anreizsysteme die Gefährdung ihres langfristigen Fortbestands. Es ist paradox: In einer Zeit, in der es geboten ist, Risiken einzugehen, um die Zukunftsfähigkeit zu sichern, stutzen die Entscheider das Risiko ihrer Entscheidungen auf den kleinsten vertretbaren Nenner zurecht – oder zögern diese bis auf den Sankt-Nimmerleins-Tag hinaus. Getreu dem Motto: Soll sich doch die nächste Führungsgeneration mit den Problemen herumschlagen, wir haben unsere Schäfchen im Trockenen.

Dass es sich dabei nicht nur um Polemik und Manager-Bashing handelt, verdeutlicht ein Blick in die Liste der erfolgreichsten Unternehmen der Welt. In Firmen wie Amazon, Alphabet (Google), Facebook und Alibaba sind die Gründer nach wie vor die zentralen Entscheidungsinstanzen, auch wenn sie sich teilweise aus dem Vorstand zurückgezogen haben. Jeff Bezos, Sergey Brin, Larry Page, Mark Zuckerberg und Jack Ma tun genau das, was unsere deutschen Manager momentan versäumen: Sie investieren in die Zukunft und lassen sich auch von kurzfristigen Renditeerwartungen der Börse nicht aus dem Konzept bringen. Statt ihre Aktionäre mit Dividenden zu verwöhnen, behalten sie lieber die Gewinne ein und stecken sie in neue Produkte und Dienstleistungen.

Es scheint also etwas dran zu sein an der Diskrepanz zwischen Gründer- und Unternehmertum auf der einen Seite und treuhänderischem Management auf der anderen Seite. Ersteres setzt in der Regel auf die langfristige Existenzsicherung des Unternehmens und nimmt kurzfristige Nachteile wie Gewinneinbußen in Kauf. Letzteres tendiert dazu, kurzfristige Interessen von Aktionären zu befriedigen und die Kapitalrenditen zu maximieren. Dies geht oftmals Hand in Hand mit der Vernachlässigung der Zukunft.

4. Fehlende Paranoia und Besitzstandswahrung

Wenn man zurückblickt auf die vergangenen 70 Jahre der deutschen Wirtschaftsgeschichte, dann muss man eines konstatieren: Unsere Unternehmen haben einen verdammt

Digitalisierung

guten Job gemacht und Deutschland zu einem der erfolgreichsten Wirtschaftsstandorte der Welt geformt. Wir gehören in vielerlei Branchen zur Weltspitze. Unser Mittelstand, das Herzstück der deutschen Wirtschaft, beschäftigt top-ausgebildete Arbeitskräfte, die uns mit ihrem technischen Erfinderreichtum zur stärksten Volkswirtschaft in Europa gemacht haben.

Leider hat uns unser Erfolg den Blick dafür versperrt, dass wir uns gegen potenzielle Angriffe von neuen digitalen Wettbewerbern wappnen müssen. Der deutschen Wirtschaft fehlt eine gesunde Paranoia. Gerade einmal 22 Prozent der deutschen Firmen sehen in Tech-Giganten wie Google oder Amazon eine Bedrohung für das eigene Geschäftsmodell. Nur 7 Prozent nehmen Start-ups als ernsthafte Konkurrenz wahr.[40] Diese Grundhaltung kann sich in der Dynamik des Plattform-Kapitalismus schnell als existenzbedrohlich herausstellen. Haben sich die digitalen Powerhäuser erst einmal ein Standbein in einem neuen Markt erarbeitet, wird es sehr schwer gegenzusteuern. Wurde man kalt erwischt von einem digitalen Angreifer, ist die Gefahr groß, sich in planlosen Hauruck-Aktionen zu verlieren – ähnlich wie die Bundespolitik mit ihrer KI-Strategie.

Im Gegensatz zu den großen Tech-Giganten aus dem Silicon Valley aalen wir uns in Selbstzufriedenheit und ergötzen uns an den nach wie vor sprudelnden Einnahmen unserer Wirtschaft. Nur seltsam, dass ausgerechnet wir, die ohnehin digital hinterherhinken, glauben, uns diese Geisteshaltung erlauben zu können. In den Vorstandszimmern in Übersee hingegen wird die Devise gelebt: »Sei ein Disruptor – oder du wirst disrupted.« Die Teams von Google & Co. sind hellwach, angetrieben von der Angst, dass ein Newcomer in ihr angestammtes Geschäft eindringen könnte. Nicht umsonst

Kapitel 1

investieren Amazon, Facebook und Google – genau wie ihre chinesischen Pendants Alibaba, Tencent und Baidu – wie verrückt in neue Technologien und neue Geschäftsmodelle.

Wie aber lässt sich diese deutsche Laisser-faire-Haltung erklären? Wahrscheinlich ist dies auf kulturelle Ursachen und Barrieren zurückzuführen. Unsere Industrie ist seit jeher vertikal geprägt. Das bedeutet: Wenn man als Unternehmen eine Maschine baut, stellt man die Einzelteile nicht alle selbst her, da dies viel zu aufwendig und zu teuer wäre. Ein großes Netz an Zulieferern arbeitet den Firmen zu. Der Endproduzent ist in der Regel viel größer und mächtiger als der jeweilige Zulieferer. Dadurch entsteht eine sogenannte vertikale Beziehung, die geprägt ist von Abhängigkeiten und Befehlsketten.

Das hat in der Old Economy wunderbar funktioniert, wird aber in der Wirtschaft 4.0 zum Auslaufmodell. Die Smart Economy erfordert Kooperationen zwischen Produzenten und Zulieferern, die von Partnerschaften auf Augenhöhe geprägt sind. Diese Kooperationsform wird zwingend notwendig, um die Prozesse in der Produktion miteinander zu vernetzen und gemeinsam neue datenbasierte Angebote für die Kunden zu entwerfen. Transparenz, Offenheit und Austausch werden zu zentralen Erfolgstreibern.

Dies erfordert auch eine Anpassung des Führungsverständnisses in den Unternehmen. Das vertikale Netz durchzieht auch den Organisationsaufbau und die Hierarchien der Firmen. An der Spitze der Pyramide thront der Geschäftsführer, sozusagen der König, der mithilfe seiner Fürsten – den Bereichsleitern – sein Königreich im sogenannten Top-down-Ansatz regiert. Doch die starren, hierarchisch geprägten Befehlsketten werden zum Hemmschuh für den Wandel. Die Verantwortung verlagert sich von oben mehr

Digitalisierung

und mehr nach unten in die jeweiligen Teams und Projekte. Damit einher geht ein Machtverlust der obersten Führungsriege. Statt die Fäden in der Hand zu halten, ist Loslassen gefragt. Für die Chefs bedeutet das weniger Kontrolle und weniger Einfluss. Vielmehr müssen sie Freiräume schaffen und den Wandel moderieren.

Dieses neue Führungskonzept geistert momentan unter dem Namen »Digital Leadership« durch die deutschen Unternehmen. Allerdings zeigen Umfragen unter deutschen Führungskräften, dass das Konzept in der Praxis noch kaum umgesetzt wird. Die Chefs besitzen nur geringe Kenntnisse über die an sie gestellten Anforderungen.[41] Gut möglich, dass viele sich dem drohenden Machtverlust nicht kampflos ergeben möchten. Das mutet menschlich sogar verständlich an. Niemand möchte gern selbst seine Rolle im Unternehmen »disrupten«, insbesondere nicht, wenn man jahrelang auf eine Führungsposition hingearbeitet hat. Es ist also durchaus wahrscheinlich, dass die Beharrungskräfte in den Chefetagen die digitale Transformation blockieren. Für die deutsche Wirtschaft verzögert sich dadurch der dringend notwendige Wandel, und wir verlieren weiter den Anschluss an die etablierten Digital-Großmächte sowie die zahlreichen agilen Start-ups.

5. Null-Fehler-Kultur

Einer der Leitsprüche aus dem Silicon Valley lautet: »Done is better than perfect.« Dahinter verbirgt sich die Idee, Dinge schnell umzusetzen, anstatt von Anfang an auf Perfektion zu drängen. Lieber ein noch unreifes Produkt auf den Markt bringen und beim Kunden testen, als in Versuchslaboren

Kapitel 1

endlos daran herumzufeilen. Kommt beispielsweise eine App trotz kleiner Kinderkrankheiten gut an, kann man sie im laufenden Betrieb weiterentwickeln. Diese Denkweise ist deutschen Firmen völlig wesensfremd. Aus gutem Grund! Unsere Industrie baut in der Regel Produkte, die keinerlei Fehlertoleranz dulden. Autos zum Beispiel müssen in perfektem Zustand auf die Straßen entlassen werden, schließlich hängen Menschenleben davon ab.

Planungssicherheit in der Produktion ist daher das A und O. Wenn das Produkt perfekt sein muss, dann müssen es auch die Prozesse in der Produktion sein. Die Abläufe müssen präzise organisiert sein, jedes Teil muss just in time dort sein, wo es benötigt wird. Effizienz ist in der Industrie nicht nur hinreichende, sondern notwendige Bedingung für Rendite. Insofern ist es nur verständlich, dass die deutsche Ingenieurskunst auf das Prinzip der Null-Fehler-Toleranz pocht. Das Gütesiegel »Made in Germany« basiert auf diesem Perfektionismus. Pannen können schnell sehr teuer werden.

Der Perfektionismus dominiert in Deutschland nicht nur die Produktionshallen, sondern auch die Verwaltungszentralen. Er ist in vielen Branchen zum Bestandteil der Unternehmenskultur avanciert. Dies ist insbesondere in Unternehmen der Fall, deren Chefs glauben, sie könnten ihre Firmen nach den altbewährten Prinzipien durch die neue Wirtschaftswelt manövrieren. Damit zementieren sie den Status quo und töten den Mut zum Risiko ab. Dieser Mut ist jedoch eine Grundvoraussetzung für digitale Zukunftsprojekte. Unternehmen müssen es sich heutzutage erlauben – ja geradezu auf die Fahne schreiben –, Projekte mit ungewissem Ausgang voranzutreiben. Wer nicht wagt, der nicht gewinnt!

Allerdings schließt der Aufbruch ins Neue stets das Risiko des Scheiterns ein. In einer Null-Fehler-Kultur bedeutet

Digitalisierung

Scheitern jedoch einen Malus, dem sich niemand aussetzen möchte. Wer ein Projekt in den Sand setzt, dem haftet oftmals das Image als Versager an. Wer in Deutschland Fehler macht, kann sich sicher sein, Spott und Häme zu ernten. Wir Deutschen sind auf Effizienz und Leistung getrimmt. Misserfolge werden in unserer Gesellschaft geächtet. Dies spiegelt sich auch in der Kultur vieler Unternehmen wider. Hat sich eine solche Firmenkultur hartnäckig etabliert, wird es schwer, die Risikoaversion der Mitarbeiter wieder aufzubrechen. Damit werden jedoch alle Bemühungen um Innovation im Keim erstickt, bevor sie überhaupt aufgeflammt sind.

6. Vorgetäuschte Digitalkultur

Da die Digitalisierung das alles überragende Thema unserer Zeit ist, kann es sich keine Führungskraft leisten, sich ihr zu verweigern. Und so ist es kaum verwunderlich, dass viele Chefs ihre Belegschaften auf Betriebsversammlungen und Firmenevents in schöner Regelmäßigkeit auf den digitalen Wandel einschwören. Angesichts der sehr zögerlichen Bemühungen um konkrete Umsetzung erscheint es jedoch höchst ungewiss, ob es sich um mehr als reine Lippenbekenntnisse handelt. Laut Untersuchungen der Unternehmensberatung Capgemini weisen nicht einmal ein Drittel aller deutschen Unternehmen eine digitale Kultur auf.[42] Es mangelt an Experimentierfreude, kreativen Freiräumen und schnellen Entscheidungswegen.

Das steht im krassen Gegensatz zur persönlichen Inszenierung vieler Firmenchefs, die von digitalen Taskforces, Design Thinking oder Start-up-Spirit schwadronieren. Durch das Abfeuern neumodischer Begriffe entsteht jedoch noch

Kapitel 1

lange keine digitale Aufbruchsstimmung. Auch nicht, wenn der Vorstand nach einer Butterfahrt ins Silicon Valley den eleganten Zweireiher plötzlich gegen Sneaker und Hoodie eintauscht. Niemand braucht schlechte Mark-Zuckerberg-Kopien in den Chefetagen, sondern Macher, die mit gutem Beispiel vorangehen, oder zumindest Ermöglicher, die Ressourcen für digitale Projekte bereitstellen. Wird die aufgeschlossene Haltung nur simuliert und nicht authentisch gelebt, wird man schnell zum Gespött der Mitarbeiter. Manche Chefs mögen die neue Lässigkeit als Mittel zum Zweck einsetzen, um attraktiver für junge High Potentials auf dem Arbeitsmarkt zu wirken, doch die werden garantiert nicht lange im Unternehmen verweilen, wenn sich hinter der modernen Fassade festgefahrene Strukturen und eine »Alles bleibt, wie es ist«-Mentalität verbergen.

Neben dem Einsatz von jugendlichen Dresscodes haben viele Chefs in den vergangenen Jahren auch das Thema Social Media für sich entdeckt. Das ist löblich, doch was bringt es, wenn sich die Entscheidungsträger Twitter- oder LinkedIn-Accounts zulegen und diese von Assistenten aus dem Marketing oder von eigens dafür gegründeten Agenturen betreuen lassen? Das hat rein gar nichts mit digitaler Kultur zu tun. Ebenso wenig bringt es etwas, Heerscharen von Tech-Evangelisten oder sonstigen Digitalzampanos zu engagieren, die sich in Hunderten von hübschen Powerpoint-Folien über Workforce Management, Customer Journeys oder Convolutional Neural Network auslassen. Wenn das alles nicht in eine Firmenkultur übersetzt wird, die Veränderungsprozesse gestattet und fördert, bleibt das alles Schall und Rauch.

Auch die Ergebnisse von sogenannten Digitallaboren, welche sich speziell die großen Dax-Firmen zugelegt haben, blieben bis dato sehr übersichtlich. In den kleinen Digitalschmieden sollten fernab vom Alltagsgrau des Brot-und-Butter-Geschäfts neue Geschäftsideen ersonnen werden. Doch dazu bedarf es mehr als einer Kiste Club-Mate im Kühlschrank, Sprüchen wie »Get shit done« an der Wand, eines Kickers und schnellen Internets. Ohne echte Anbindung in die Firmenstrukturen und intrinsische Motivation, sich dort einzufügen, kann dies nicht funktionieren. Die Hipster, so ist aus vielen Konzernen zu hören, zeigten oftmals keine allzu große Bereitschaft, sich konstruktiv ins Firmenuniversum einzufügen. Manche blickten geradezu mitleidig herab auf die Belegschaft aus der analogen Welt. Allerdings stießen sie auch nur auf eine gering ausgeprägte Willkommenskultur. In vielen Fällen wurde das Treiben der jungen Digitalos in ihren Start-up-Schmieden kritisch beäugt oder nicht für voll genommen.

Solcherlei Probleme könnte ein CDO – also ein Chief Digital Officer – lösen. Angesiedelt in der Geschäftsleitung, könnte ein solcher Digitalisierungsmanager neue innovative Geschäftsmodelle entwickeln, die Einführung neuer Technologien forcieren und die digitale Transformation als wichtigsten Kulturaspekt im Unternehmen etablieren. Sofern er denn vorhanden wäre. Nicht einmal alle 30 Dax-Konzerne besetzen eine solche Stelle in ihren obersten Gremien. Und selbst wenn es einen CDO gibt, ist er oft genug nur eine Art Frühstücksdirektor ohne echte Befugnisse. Gleichzeitig fungiert er als Alibi des Vorstands, man kümmere sich inbrünstig um die Digitalisierung. Hat man einen CDO, kann man sich leicht zurücklehnen und diesem die Verantwortung für die Transformation überlassen. Im Notfall hat man dann auch einen Sündenbock, wenn es nicht so läuft. Letztlich sind das aber alles nur Strategien, um eine ernsthafte und intensive Auseinandersetzung mit den Herausforderungen der digitalen Ära zu umschiffen. Eine Art von Aufschieberitis, die wiederum nur dazu dient, den Status quo zu wahren.

7. Zu wenig digitales Know-how

Während der Aufbau einer digitalen Kultur und moderner Organisationsstrukturen auf der Stelle tritt, machen viele Firmen im deutschen Mittelstand deutliche Fortschritte bei der Erfassung von maschinellen Daten. Sie können sehr genau messen, wie die Kunden die an sie ausgelieferten Maschinen einsetzen. Damit verbessern sich die Aussichten, neue digitale Dienste und Produkte anzubieten. Allerdings reicht es nicht, Daten einfach nur zu sammeln. Man muss sie auch auswerten. Dies setzt Fähigkeiten zur Analyse voraus, die in vielen Betrieben noch unterdurchschnittlich ausgeprägt sind.[43] Das hängt mit dem Fachkräftemangel im IT-Bereich zusammen. Dieser spitzt sich immer weiter zu. Ende 2018 waren 82.000 Stellen im IT-Sektor unbesetzt, fast 50 Prozent mehr im Vergleich zu 2017. Die Firmen suchen händeringend nach Softwareentwicklern, Programmierern, IT-Sicherheitsexperten, Anwendungsbetreuern, Data-Scientists, Projekt- und Qualitätsmanagern oder Virtual-Reality-Designern. Der Markt ist komplett leer gefegt, eine Besserung nicht in Sicht. Im Schnitt dauert es mehr als fünf Monate, eine offene Stelle zu besetzen.[44] Viele IT-Teams sind bis zum Anschlag ausgelastet mit ihren Aufgaben im Tagesgeschäft. Sie haben viel zu wenig Zeit, sich mit neuen Technologien zu beschäftigen. Die Transformation der Geschäftsmodelle, die zügig vorangehen muss, gerät damit immer weiter ins Stocken.

Digitalisierung

Der Fachkräftemangel im IT-Sektor verweist auf Probleme im Bildungsbereich. Es sind momentan zwar so viele Studenten im Fach Informatik eingeschrieben wie nie zuvor, allerdings hat der Boom erst im Jahr 2012 Fahrt aufgenommen – und damit viel zu spät![45] Es tröpfeln zu wenig Nachwuchskräfte auf den Arbeitsmarkt. Zudem liegen die Abbrecherquoten mit circa 30 Prozent im FH-Bachelorstudium enorm hoch. Viele beginnen das Studium mit unrealistischen Erwartungen.[46] Manche Erstsemester glauben, sie würden im Informatikstudium primär Homepages programmieren oder virtuelle Spielwelten designen. Das Studium der Informatik ist aber eine Mischform aus Natur- und Ingenieurswissenschaft. In den ersten Semestern nehmen besonders Mathevorlesungen und Grundlagen der Softwareentwicklung großen Raum ein.

Das Problem beginnt schon in der Schule. Im Koalitionsvertrag unserer Bundesregierung ist zwar die Rede von digitalen Lernumgebungen und einer groß angelegten Bildungsoffensive, doch diese setzt die falschen Prioritäten. Es reicht nicht, die Schulen mit besserem WLAN und mehr Tablets auszustatten. Lehrkräften mangelt es nach wie vor an digitalen Kompetenzen. Die Lehrpläne im Technik- und Informatikbereich sind teilweise auf dem Stand der 2000er-Jahre, und in der Mehrheit der Bundesländer ist Informatik nicht einmal Pflichtfach. Die wichtigste Strukturwissenschaft des 21. Jahrhunderts, welche den Schülern das Programmieren – also die Sprachkenntnis des neuen digitalen Zeitalters – näherbringen soll, genießt im Bildungsbereich bei Weitem nicht den Stellenwert, den sie für die Zukunftsfähigkeit unserer Wirtschaft eindeutig hat. Die Bildungspolitik – so scheint es – verschließt sich immer noch den Realitäten.

Kapitel 1

Diese Realitätsverweigerung ist auch in vielen Betrieben Deutschlands zu finden. Viele Arbeitnehmer haben erkannt, dass sich die Arbeitswelt durch KI & Co. dramatisch verändern wird. Viele ziehen daraus aber noch nicht die richtigen Schlüsse. Gerade einmal 18 Prozent der deutschen Beschäftigten gehen davon aus, dass sie ihre Fähigkeiten in den kommenden Jahren erweitern müssen, um den sich wandelnden Anforderungen im Beruf gerecht zu werden. Bis zu zwei Drittel glauben, hervorragend gerüstet zu sein für die neue Arbeitswelt. Die Mehrheit der Angestellten ist sich sicher, nicht lebenslang lernen zu müssen, weil sie bereits über alle Kompetenzen verfüge.[47] Diese Mentalität ist besonders bei denjenigen Berufsgruppen ausgeprägt, deren Routinetätigkeiten sehr leicht ersetzbar sind. Die grundsätzliche Angst vor der Digitalisierung, die viele Menschen umtreibt, übersetzt sich nicht in individuelle Handlungsbereitschaft. Das könnte sich schon bald bitter rächen. Der Strukturwandel wird Verlierer hervorbringen, da sind sich viele Experten sicher. Arbeitnehmern, deren Fähigkeiten veraltet sind, droht möglicherweise ab den 2020er-Jahren eine sehr lange Arbeitslosigkeit.

Strukturelle Arbeitslosigkeit – entsteht eine nutzlose Klasse in Deutschland?

In die Diskussion um die Auswirkungen von KI auf unseren Arbeitsmarkt mischen sich große Sorgen und Ängste. Ein Drittel der Deutschen fürchtet, dass ihr Arbeitsplatz künftig durch KI ersetzt wird.[48] Zwei von drei Deutschen erwarten sogar, dass intelligente Algorithmen und Roboter mehr Arbeitsplätze vernichten als neue Stellen schaffen. Und mehr

Digitalisierung

als 80 Prozent der Bürger glauben, dass die digitale Entwicklung immer mehr Menschen in die berufliche Bedeutungslosigkeit befördert. Sie haben schlicht und ergreifend Angst, abgehängt zu werden.[49] An diesen Befürchtungen ist durchaus etwas dran, wie sich zeigen wird. Betrachtet man jedoch die Geschichte der großen technologischen Umbrüche, erscheinen diese Sorgen zunächst unbegründet. Weder die Dampfmaschinen im 19. Jahrhundert noch die elektrisch angetriebenen Fließbänder in den 1930er-Jahren haben die Menschheit in Armut und Massenarbeitslosigkeit gestürzt. Im Gegenteil, der Lebensstandard in der westlichen Welt ist in den vergangenen 150 Jahren drastisch gestiegen. Durch neue Technologien entstanden bislang immer neue Arbeitsplätze. Als die Industrialisierung den Webstuhl ersetzte, entwickelten sich neue Aufgabenfelder und Berufsbilder. Auch der Siegeszug des Personal Computer rief keine kollektive Arbeitslosigkeit hervor, wie einige Medien in den 1970er-Jahren düster prophezeit hatten. Der technologische Fortschritt der vergangenen zwei Jahrhunderte war einer der wichtigsten Treiber unseres Wohlstands.

Ob sich diese positive Entwicklung fortsetzt, ist jedoch ungewiss. Es sprechen zwei Gründe dafür, dass sich die jetzige technologische Revolution von den bisherigen unterscheidet. Erstens: Das Tempo des Wandels erreicht eine bis dato einmalige Dimension. In der jüngeren Vergangenheit hat die Entwicklung dermaßen an Fahrt gewonnen, dass es uns schwerfällt, Schritt zu halten. Doch die Geschwindigkeit wird weiter anziehen. Die exponentielle Wucht des digitalen Fortschritts wird sich erst in den 2020er- und den 2030er-Jahren voll entfalten.

Zweitens haben noch nie so viele Umbrüche gleichzeitig stattgefunden. Big Data hat die rasante Lernfähigkeit von

Kapitel 1

KI begünstigt, und dank KI machen das Internet der Dinge sowie die Robotik enorme Sprünge nach vorne. Daneben sind weitere Technologien entstanden, deren Auswirkungen nicht zu unterschätzen sind. 3D-Druck, Virtual Reality, Augmented Reality, Nanotechnolgie und die Blockchain werden die Wirtschaftswelt womöglich tief greifend verändern.

Sind wir all dem gewachsen? Können wir den rasanten Wandel mitgestalten, oder werden wir von ihm überrollt? Werden wir in der Lage sein, uns an das hohe Tempo anzupassen, oder gleiten wir in einen Zustand der permanenten Überforderung ab? Und vor allem: Profitieren nur einige wenige von den technologischen Neuerungen, vor allem die Kapitalinhaber und die Eigentümer der Produktionsmittel? Oder erweist sich der Fortschritt auch dieses Mal als vorteilhaft für die gesamte Bevölkerung?

Wie in fast jeder Debatte gibt es eine optimistische und eine pessimistische Sichtweise. Die Optimisten argumentieren, dass die KI die globale Wirtschaftsleistung bis 2030 um 1,2 Prozentpunkte pro Jahr steigert und einen Mehrwert von 13 Billionen US-Dollar bringen wird.[50] KI werde die Faktoren Arbeit und Kapital produktiver machen. Zunehmende Produktivität, so viel muss man dazu sagen, ist eine der entscheidenden Bedingungen für Wachstum. Nimmt sie in ausreichendem Maße zu, erhöht sich in der Regel auch der Wohlstand. Doch gerade in den großen Industrienationen hat das Produktivitätswachstum in den vergangenen 30 Jahren konstant nachgelassen – trotz stark verbesserter Informationstechnologien. Dies bezeichnet man als »Produktivitätsparadox«. In der Erzählung der Technikanhänger weist KI einen Ausweg aus dieser Misere. Durch die neue Technik lassen sich Arbeitsergebnisse erzielen, die ohne sie nicht möglich wären, und die Produktivität der Unternehmen nach oben treiben.

Digitalisierung

Die Optimisten glauben auch, dass die meisten KI-Anwendungen nicht auf den Ersatz von Jobs abzielen. Sie sollen die bestehenden Arbeitsplätze ergänzen und den Arbeitnehmern zeitliche Freiräume für kreative Projekte verschaffen. Lästige Routinetätigkeiten wären damit passé. Der Arbeitsmarkt der kommenden Jahrzehnte ist in diesem Szenario geprägt von der Kooperation zwischen Mensch und Maschine, die in friedlicher Eintracht nebeneinander arbeiten.

Die Pessimisten halten dagegen, dass viele Arbeitsplätze in der Industrie gefährdet seien. Sie befürchten ein großflächiges Aussterben sogenannter Blue-Collar-Tätigkeiten, die hauptsächlich von körperlicher Arbeit geprägt sind. Der Begriff »Blue Collar« leitet sich ab von den blauen Overalls, die früher in Fabriken getragen wurden. Hilfs- und Lagerarbeiter, Disponenten, Metallverarbeiter, Kommissionäre sowie Industrie- und Werkzeugmechaniker würden in den smarten Fabriken von morgen nicht mehr gebraucht, so die Befürchtung. Diese Arbeitsplätze standen schon immer unter hohem Rationalisierungsdruck. Konnten Unternehmen ihre Wachstumsziele nicht erreichen, fielen diese schnell dem Rotstift zum Opfer. Neu ist allerdings, dass die vormals zeitlich befristete Arbeitslosigkeit einer neuen langfristigen Arbeitslosigkeit weicht. Früher wurden die abgebauten Stellen neu besetzt, sobald es der Wirtschaft besser ging. Das wäre in der Digitalwelt von morgen nicht mehr der Fall, wenn diese Berufsbilder vollständig aussterben sollten.

Erstmals geraten aber auch die sogenannten White-Collar-Jobs in Gefahr, also die Arbeitsplätze von Wissensarbeitern in den Büroetagen. In den vergangenen industriellen Revolutionen konkurrierten die Maschinen meistens nur mit den körperlichen Tätigkeiten – das ist nun anders. Da die Algorithmen uns bald kognitiv weit überlegen sein werden, können auch Arbeitsplätze vor Computerbildschirmen durch diese ersetzt werden. Erstmals kommen auch Angehörige der Mittelschicht unter die Räder des Fortschritts. Schon heute beantworten KI-basierte Anwendungen in Call-Centern Kundenanfragen, verbuchen eingehende Zahlungen in der Bilanz, führen telefonisch Bewerbungsgespräche, bearbeiten Schadensfälle in Versicherungen, reduzieren Fehldiagnosen im Gesundheitswesen oder helfen Managern, strategische Entscheidungen zu treffen. Als relativ sicher gelten nur noch Jobs, die emotionale Intelligenz erfordern oder ein hohes Maß an Kreativität. Erzieher, Sozialarbeiter, Therapeuten, Schauspieler, Musiker und Romanautoren müssen sich zunächst wenig Sorgen machen.

Viele Indizien weisen darauf hin, dass das zweite Szenario – das der Pessimisten – realistischer erscheint als das der Optimisten. Oder haben Sie sich noch nie gefragt, warum auf einmal reihenweise Top-Manager das bedingungslose Grundeinkommen bewerben? Telekom-Chef Timotheus Höttges war in Deutschland einer der Ersten. Siemens-Boss Joe Kaeser und SAP-Vorstand Bernd Leukert haben sich ebenfalls dafür ausgesprochen.[51] Aus reinem Altruismus geschieht dies sicher nicht. Vielmehr sind sich die Konzernlenker der negativen Folgen für den sozialen Frieden bewusst, sobald Millionen von Arbeitslosen keine Chance auf einen Wiedereinstieg in ihre alte Beschäftigung haben, weil Maschinen ihre Berufsbilder abgeschafft haben. Das bedingungslose Grundeinkommen könnte den Volkszorn zumindest ein wenig besänftigen.

Droht Deutschland tatsächlich Massenarbeitslosigkeit? Auf den ersten Blick könnte man das annehmen. Die deutsche Wirtschaft fokussiert sich mit der Industrie 4.0 in erster Linie auf die Automatisierung der Fabriken. Interessanter-

Digitalisierung

weise wirkt sich das momentan positiv auf den Arbeitsmarkt aus. Viele Unternehmen holen aktuell ihre Produktionen nach Deutschland zurück, die sie zuvor nach Osteuropa oder Asien ausgelagert hatten, um Lohnkosten zu sparen. Diese kurzfristig positiven Effekte können jedoch schnell wieder verpuffen.

Da Deutschland ein Hochlohnland ist und der Automatisierungsgrad in den intelligenten Fabriken steigen wird, erscheint ein neuer Beschäftigungsboom unrealistisch. Arbeiten die smarten Maschinen besser als wir Menschen und gleichzeitig günstiger, wäre es betriebswirtschaftlicher Nonsens, dieses Potenzial nicht zu nutzen. Auch bei höchster sozialer Verantwortung den eigenen Mitarbeitern gegenüber wären Unternehmenslenker unweigerlich gezwungen, überflüssige Stellen abzubauen. Denn wer auf Dauer Effizienz einbüßt, verliert auch an Konkurrenzfähigkeit. Nach den Naturgesetzen des Marktes wird das langfristig zu einer Frage von Leben und Tod. Sein oder Nichtsein? Jede Firma mit nur einem Funken Überlebenstrieb wird sich für Ersteres entscheiden. Auch wenn das harte Einschnitte in die Belegschaft erfordert.

Äußerst fraglich erscheint auch, ob genügend neue Berufsbilder entstehen, die den Aderlass kompensieren. Wenn eine Million Menschen ihren Job verlieren, werden dann auch eine Million neue Stellen geschaffen, die das Verschwinden bestimmter Berufsgruppen 1:1 ausgleichen? Selbst wenn das so wäre, ist noch lange nicht sicher, ob die Arbeitnehmer überhaupt die Qualifikationen für die neuen Stellen aufbauen können. Früher konnten Menschen von einem Routinejob auf den anderen umschulen. Das wird in Zukunft nicht mehr möglich sein. Die Berufe der Zukunft erfordern viel höhere Kompetenzen als die Berufsbilder heutzutage. Es erscheint unrealistisch, dass Hilfsarbeiter künftig als Workforce-Interface-Manager oder Data-Scientists arbeiten. Dasselbe gilt auch für die White-Collar-Jobs. Wie soll ein 50-jähriger Industriekaufmann in kurzer Zeit die Kompetenzen erwerben, um als Human-Machine-Interaktionsdesigner, Robotik-Ingenieur oder Architekt von Virtual-Reality-Welten seinen Broterwerb zu sichern?

Unklar ist auch, ob ein Berufswechsel für die Betroffenen erstrebenswert ist. Diese Phase bedeutet einen massiven biografischen Bruch und ist mit Unsicherheiten und wahrscheinlich mit Einkommenseinbußen verbunden. Schlecht, wenn man Kinder hat und gerade ein Häuschen finanziert. Man müsste sich beruflich komplett neu erfinden. Sicherlich nicht jedermanns Sache. Lebenslanges Lernen unter Hochdruck – ich behaupte: Das schafft nicht jeder! Viele Menschen – egal, ob jung oder alt – werden das hohe Tempo der Digitalisierung nicht mitgehen können. Zwei oder drei völlig neue Berufe erlernen in einer einzigen Erwerbsbiografie? Da bleiben zwei Dinge garantiert auf der Strecke: Sicherheit und Planbarkeit – die beiden Grundvoraussetzungen, um eine Familie zu gründen und eine Immobilie zu erwerben. Der Arbeitsmarkt der Zukunft wird zum Unsicherheitsfaktor Nummer eins in einer zunehmend unsicheren Welt. Dass vier von fünf Deutschen fürchten, vom digitalen Fortschritt abgehängt zu werden, mutet in diesem Lichte ganz und gar nicht mehr unbegründet an, sondern mehr als berechtigt.

Die Boston Consulting Group hat errechnet, dass bis 2025 insgesamt 7,6 Millionen Beschäftigte in Deutschland ersetzbar seien.[52] In Anbetracht dessen erscheint der Reflex logisch, die Digitalisierung zu verteufeln. Die Crux jedoch ist: Wir müssen digitalisieren! Ansonsten büßt Deutschland einen Großteil seiner Wettbewerbsfähigkeit ein, und die

Digitalisierung

Kräfte des Marktes fegen die betroffenen Unternehmen vom Spielfeld.

Das führt uns direkt zum nächsten Problem: Deutschland digitalisiert auf die falsche Art und Weise. Unser Ansatz bestand darin, Bestehendes zu optimieren, zum Beispiel die Abläufe in den Fabriken. Das war der falsche Weg. Wir haben unterschätzt, dass wir uns im Aufbruch in eine völlig neue Wirtschaftswelt befinden. Der Plattform-Kapitalismus lässt grüßen. Vielen deutschen Firmen – speziell im Mittelstand – drohen in den 2020er-Jahren ernsthafte Schwierigkeiten. Die Unsicherheit für die deutschen Arbeitnehmer steigt.

Aus den geschilderten Gründen halte ich es für wahrscheinlich, dass in den kommenden zwei Jahrzehnten mehr Arbeitsplätze in Deutschland verloren gehen als neu geschaffen werden. Es dreht sich also weniger um die Frage, ob der technologische Fortschritt Arbeitsplätze kostet – sondern nur wie schnell sich dieser Prozess vollzieht. Kommt es im Zuge einer Wirtschaftskrise zum Big Bang auf dem Arbeitsmarkt, oder entwickelt sich das Ganze eher schleichend?

In beiden Fällen sind die Folgen verheerend. Auf Sicht von 20 Jahren stehen 42 Prozent aller sozialversicherungspflichtigen Arbeitsplätze in Deutschland auf dem Spiel.[53] Dieses Szenario birgt enorme Sprengkraft für unser gesamtes Sozialsystem. Dieses steht aufgrund der demografischen Entwicklung ohnehin gehörig unter Druck. Unser Rentensystem basiert bekanntlich auf einem Umlageverfahren. Die heutigen Arbeitskräfte finanzieren die heutigen Rentner. Wie soll sich dieses System halten, wenn immer weniger Arbeitskräfte einem immer größeren Heer an Rentnern gegenüberstehen?

Wir haben also Druck auf zwei Seiten. Zum einen müssen wir die sozialen Folgen abfedern, die mit der zunehmenden Arbeitslosigkeit einhergehen. Zum anderen müssen wir den digitalen Wandel so gestalten, dass wir konkurrenzfähig bleiben. Dass diese Herkulesaufgabe gut bewältigt wird, erscheint unrealistisch. Unsere Gesellschaft droht sich immer weiter zu spalten – in ein Millionenheer von Digitalisierungsverlierern und eine kleine Gruppe von Digitalisierungsgewinnern. Kommt es im schlimmsten Fall zu einer strukturellen Arbeitslosigkeit, in der Berufsbilder schneller verschwinden, als sich neue herausbilden, führt dies unweigerlich zum Entstehen einer neuen nutzlosen Klasse. Diese Menschen würden eine verlorene Generation bilden, deren persönliche Entfaltungsmöglichkeiten gegen Null tendieren. Das wäre für die Betroffenen nicht nur ein sozioökonomisches Desaster, sondern auch ein psychologisches. Heutzutage nimmt der Job neben der Familie für viele den höchsten Stellenwert ein und verleiht dem Leben Sinn und Struktur. Fällt dies gänzlich weg, würden breite Teile der Bevölkerung sich in einem biografischen Vakuum wiederfinden. Dies bedeutet einen gesellschaftlichen Super-GAU. Wenn in Deutschland Zigmillionen Menschen, ökonomisch gesehen, überflüssig werden, stellt dies nicht nur den Fortbestand unseres demokratischen Systems infrage, sondern auch des sozialen Friedens. Die einzige Hoffnung bestünde darin, dass die erhöhte Leistungsfähigkeit der Wirtschaft 4.0 die weitere Finanzierbarkeit des Sozialstaats gewährleistet – zum Beispiel in Form eines bedingungslosen Grundeinkommens.

Zugegeben, dies ist ein sehr düsteres Szenario. Allerdings dürfen wir nicht den Fehler begehen, dies leichtfertig als Spinnerei oder Crash-Prophetie abzutun. Die kurzfristigen Auswirkungen von Entwicklungen werden gemeinhin überschätzt, die langfristigen jedoch unterschätzt. Die aufgestellten Prognosen sind natürlich mit Unsicherheit behaftet. Sie sind aber keineswegs unwahrscheinlich. Es spricht aktuell nicht allzu viel dafür, dass Deutschland auch in den 2030er-Jahren noch so erfolgreich und wohlhabend ist wie heute.

Zwischenfazit

Deutschland hat die erste Digitalisierungswelle verschlafen. Außer SAP und Wirecard haben wir keine digitalen Unternehmen von Weltrang hervorgebracht. Wir verfügen über einen starken, industriell geprägten Mittelstand, der allerdings noch zu sehr dem Denken der Old Economy verhaftet ist. Viele Firmen sind sich nicht einmal bewusst, dass sie dringenden Handlungsbedarf haben. Diejenigen, die die Zeichen der Zeit erkannt haben, digitalisieren auf die falsche Art und Weise. Deutschland setzt zu sehr auf reine Automatisierung und Prozessoptimierung in den Fabriken. Das verkennt das wahre Ausmaß des technischen Wandels. Es müssen neue moderne Konzepte zum Geldverdienen her. Nicht nur die Firmen, sondern auch deren Produkte müssen smart werden. SAP hat es vorgemacht. In den Jahren 2014 und 2015 hat das Unternehmen massiv in den Cloudbereich investiert – teils mit kreditfinanzierten Zukäufen. Kurzfristig ist das schlecht für die Aktionäre, da sie zunächst weniger Gewinne zu erwarten haben. Langfristig zahlt sich das jedoch aus. SAP erzielt nun 60 bis 70 Prozent seiner Erlöse mit sicheren und gut planbaren Geschäften. Einen zügig wachsenden Anteil steuern die Einnahmen aus der Cloud bei, die ähnlich wie ein Abonnement funktioniert.

Die Bundesregierung hingegen hat mit der Industrie 4.0 den falschen Weg eingeschlagen und kommt nun mit ihrer halbherzig ausgearbeiteten KI-Strategie viel zu spät. Wir investieren zu wenig und haben im Gegensatz zu den USA und China nur vage formulierte Ziele. Wie sollen 20 KI-Trainer gegen Tausende von wissbegierigen IT-Studenten aus China bestehen, die top-motiviert in alle Welt ausströmen? Die Politik hat sich viel zu lange auf das Thema Datenschutz fokussiert, ohne sich eine moderne digitale Industriepolitik zuzulegen. Die KI-Strategie wirkt wie eine hilflose Hauruckaktion, um die Versäumnisse der Vergangenheit zu kaschieren.

Auch unser industrieller Mittelstand hat geschlafen. Viele Unternehmenslenker haben den Aufschwung der vergangenen Jahre zum Anlass genommen, zu wenig in Innovationen zu investieren. Im Zeitalter des Plattform-Kapitalismus ist das brandgefährlich. Die digitalen Großmächte und viele agile Start-ups drängen in vielerlei alte Branchen ein. Google greift beim autonomen Fahren an, Amazon in der Logistik, und in der Bankenwelt blasen zig sogenannte Fintechs zum Angriff. Wer sich heute noch komplett auf sein altes Geschäftsmodell verlässt, der ist verlassen. Leider forcieren viele Manager den Wandel nicht. Sie agieren zu kurzsichtig, zu risikoavers – möglicherweise auch zu sehr auf den eigenen Vorteil bedacht. Die Vergütungssysteme in vielen Firmen fördern immer noch kurzfristiges Denken. Zudem gibt es große kulturelle Barrieren in vielen Unternehmen, die aufgrund unserer Industriegeschichte über Jahrzehnte gewachsen sind und den digitalen Umbau blockieren.

Unabhängig davon ist längst nicht klar, welche Auswirkungen Künstliche Intelligenz und das Internet der Dinge auf den Arbeitsmarkt haben werden. Sie drohen viele Berufsbilder komplett überflüssig zu machen. Nicht nur in den Fabrikhallen, sondern erstmals auch in den Verwaltungszentralen. Viele Menschen aus der Mittelschicht laufen Ge-

Digitalisierung

fahr, in eine langfristige und strukturelle Arbeitslosigkeit abzurutschen, möglicherweise sogar ökonomisch überflüssig zu werden. Das könnte für unsere Sozialsysteme zum Desaster werden. Wenn eine hohe technologisch bedingte Arbeitslosigkeit einhergeht mit einem massiven Verlust an Wettbewerbsfähigkeit aufgrund eines Mangels an digitalen Erlösmodellen, dann stürzt Deutschland in den kommenden Jahrzehnten womöglich ins Chaos.

KAPITEL 2

SCHULDENEXZESSE, ZOMBIEBANKEN, EUROKRISE – DIE FINANZRISIKEN DER 2020ER-JAHRE

Der globale Schuldenboom und die ökonomische Abwärtsspirale

Was kommt Ihnen als Erstes in den Sinn, wenn Sie an die 1970er-Jahre denken? Schlaghosen und Discoklänge wie in »Saturday Night Fever«? Andy Warhol und das legendäre Studio 54 in New York? Der WM-Sieg der deutschen Fußballnationalmannschaft im eigenen Land? Oder möglicherweise der Terror der RAF? Alles prägnante Merkmale und Ereignisse, die zu Recht mit diesem Jahrzehnt assoziiert werden. An dieser Stelle rückt allerdings eine ganz andere Begebenheit in den Mittelpunkt.

Die Rede ist vom 15. August 1971. Damals kündigte US-Präsident Richard Nixon an, die USA würden die Konvertierbarkeit des Dollar in Gold »vorübergehend aussetzen«. Dieser

Kapitel 2

»vorübergehende« Zustand dauert de facto bis heute an. Damit scheiterte das goldgedeckte Weltwährungssystem, das am Ende des Zweiten Weltkriegs im beschaulichen Örtchen Bretton Woods in den USA geschmiedet wurde und daher seinen Namen trägt. Das Scheitern von Bretton Woods bedeutet eine Zeitenwende in unserem Finanzsystem. Es folgte eine Kaskade negativer Konsequenzen, die sich in den kommenden Jahrzehnten entwickeln sollte. Die 1970er-Jahre bilden den Auftakt einer jahrzehntelangen Abwärtsspirale unserer westlichen Ökonomie mit vielfältigen Wirtschafts- und Finanzkrisen.

Trotz kaum bestreitbarer Wohlstandszuwächse in den Industrieländern und später auch in den Schwellenländern häufen sich seither weltweit krisenhafte Zustände. Dazu zählen die beiden Ölpreiskrisen in den 1970er-Jahren, der Börsencrash 1987, die Japankrise Anfang der 1990er-Jahre und die Krise des Europäischen Währungssystems 1992. Hinzu kommen die Asienkrise, die Russlandkrise, die Staatspleite Argentiniens, das Platzen der Dotcom-Blase im Jahr 2000 sowie die immer noch schwelende Eurokrise, die eine unmittelbare Folge der Finanzkrise von 2008 ist.

Ökonomen verweisen immer wieder auf den rasanten Anstieg von Schulden als Krisenursache. Der Wirtschaftshistoriker Moritz Schularick hat diesen Zusammenhang untersucht und kam zu einem erstaunlichen Ergebnis. Seit 1890 gab es in den Industriestaaten vier Perioden steigender Staatsverschuldung: den Ersten Weltkrieg, die Weltwirtschaftskrise Ende der 1920er-Jahre, den Zweiten Weltkrieg sowie die Zeit nach 1975. Die Verschuldung ist laut Schularick seit den 1970er-Jahren mit einer »für Friedenszeiten bemerkenswerten Geschwindigkeit« angestiegen.[1] Auch in Deutschland sind die Schulden seither rasant gestiegen. Lagen die deutsche Staatsschulden 1970 nur bei knapp 18 Prozent des BIP, sind sie heute mit 60 Prozent mehr als dreimal so hoch.

Fast in der gesamten Eurozone sieht es noch schlechter aus: Frankreich und Spanien haben Schulden in Höhe von 100 Prozent ihrer jährlichen Wirtschaftsleistung angehäuft, Portugal und Italien liegen sogar bei 130 Prozent.[2] Die Schulden dieser Länder haben ein bedrohliches Ausmaß erreicht. Dies ist einer der Hauptgründe für die Eurokrise. Schlittert eines der hoch verschuldeten Euroländer wie Italien in die Pleite, kommt das den deutschen Steuerzahler teuer zu stehen. Hier schlummert ein Multi-Milliarden-Risiko.

Im Rest der Welt sieht es ähnlich düster aus. Auf gewaltige 182 Billionen Dollar summierte sich 2018 laut Internationalem Währungsfonds (IWF) der Schuldenstand von Staaten, Privathaushalten und Unternehmen rund um den Globus.[3] Das ist der höchste Wert aller Zeiten. Bezieht man den Finanzsektor, also die Banken, Versicherungen und Finanzmärkte, ein, kommt man sogar auf den schwindelerregenden Wert von 247 Billionen Dollar.[4] Besonders stark sind die Schulden in China gestiegen, der zweitgrößten Wirtschaftsmacht der Welt. Die aufgenommenen Kredite chinesischer Firmen und privater Haushalte sind von 2008 bis Ende 2017 von 114 Prozent des BIP auf 209 Prozent in die Höhe geschossen.[5] Allein die Schulden der Unternehmen haben sich im Reich der Mitte von 2008 bis 2017 auf sage und schreibe 2000 Milliarden US-Dollar mehr als verfünfzehnfacht.[6]

Begann der globale Schuldenboom in den 1970er-Jahren zunächst schleichend, hat er in den Jahrzehnten darauf immer weiter an Fahrt gewonnen. Die Notenbanken – also die obersten Hüter des Geldes – haben dies mit ihrer Geldpolitik befeuert. Die Zentralbanken der USA, Japans, des Ver-

Kapitel 2

einigten Königreichs und Deutschlands (beziehungsweise seit 1999 der Eurozone) haben den Zins für Geld von durchschnittlich 13 Prozent im Jahr 1980 kontinuierlich auf mittlerweile null gesenkt. Mit dem billigen Geld haben die Währungshüter den Schuldenexzessen Tür und Tor geöffnet.[7] Was für Folgen unkontrollierte Verschuldung hat, zeigte sich erstmals mit voller Wucht in der Finanzkrise 2008. Deutsche Steuerzahler mussten damals mit Milliardenhilfen massenhaft Banken retten, die kurz vor dem Kollaps standen. Doch wer glaubt, die Finanzkrise wäre längst Geschichte, der irrt! Die Eurokrise ist eine unmittelbare Folge der Finanzkrise – und die Eurokrise ist insbesondere für die deutsche Mittelschicht mit massiven Risiken und Ungerechtigkeiten verbunden. Schon heute deutet vieles darauf hin, dass es in den 2020er-Jahren zum großen Knall in der Eurozone kommen wird. Zur traurigen Wahrheit gehört: Jedes Szenario, das mit dem Krisenmanagement des Euro verbunden ist, führt dazu, dass Deutschland an Wohlstand einbüßt. Um dies zu verstehen, ist ein Blick auf die Ursachen, die uns in diese Krise geführt haben, unerlässlich.

Das Scheitern von Bretton Woods bildet den Startpunkt dieser Entwicklung. Seither basiert unser Finanzsystem auf dem sogenannten Fiat-Geld. In diesem Geldsystem ist das Geld nicht durch einen Rohstoff wie Gold gedeckt und hat somit keinen inneren Wert. Es fußt allein auf dem Vertrauen der Menschen. Die Banken können seither in schier unbegrenztem Ausmaß Kredite vergeben. Dies allerdings als alleinige Krisenursache auszumachen, greift zu kurz. In der Sozial- und Wirtschaftswissenschaft haben sich zwei dominierende Deutungsmuster herausgebildet, um die Schuldenorgien und die daraus entstandenen Krisen zu erklären. Diese zwei Erklärungsansätze resultieren aus dem historischen Streit zweier ökonomischer Denkrichtungen, welche auf die Wirtschaftswissenschaftler John Maynard Keynes und Friedrich von Hayek zurückgehen. Keynes wollte einen starken Staat, der in die Märkte eingreift, indem er die Nachfrage mit Ausgabenprogrammen ankurbelt. Hayek hingegen stellte die Freiheit des Marktes über alles. Der Staat sollte sich komplett heraushalten. Im Kern handelt es sich bei dem Streit um den Dualismus zwischen Staat und Markt oder – politisch betrachtet – zwischen links und rechts. Nach wie vor sind beide Strömungen in Reinform vorhanden und bieten ihre ganz eigene Perspektive auf die Entstehung der Finanz- und Eurokrise.

Krisenerzählung 1: die Entfesselung der Finanzmärkte

Die erste Erzählung, wie es zur Finanzkrise 2008 und später zur Eurokrise kam, stammt aus der keynesianischen Denkschule. Diese macht den Neoliberalismus dafür verantwortlich. Der Neoliberalismus geht unter anderem auf die Ideen von Hayek zurück. Seine zentrale These lautet: Märkte bilden eine natürliche Ordnung und müssen sich frei entfalten können, um Wohlstand für alle zu schaffen. Voraussetzung dafür sind freie Preisbildung, ungestörter Wettbewerb, Freihandel sowie ein funktionstüchtiger Zins. Der Staat stört nur und soll sich am besten aus allen Marktprozessen heraushalten. Soziologen wie Oliver Nachtwey, Colin Crouch oder Wolfgang Streeck – allesamt Kritiker des neoliberalen Gedankenguts – sind sich einig, dass die Idee freier Märkte in den 1980er-Jahren zum Dogma in Politik und Wirtschaft wurde.[8] Insbesondere die Finanzmärkte flüsterten den Po-

Kapitel 2

litikern ein, es wäre besser, den Kräften des Marktes freie Hand zu lassen.

Dies geschah auch. Die Politik lockerte die Regeln für die Finanzmärkte und ließ die Hunde von der Leine. Den Großbanken und den Börsen bescherte dies einen massiven Bedeutungszuwachs. Während die Wall Street mehr und mehr das globale Zepter übernahm, erhöhte sich zeitgleich der Grad der Globalisierung – sprich: die weltweite Verquickung der Güter-, Dienstleistungs- und Kapitalmärkte. Große Konzerne wurden immer mächtiger, besonders im Banken- und Finanzsektor. Die neoliberale Lobby brachte ihre eigene Agenda immer mehr in die Parlamente ein und setzte sie dort durch. Ihre Agenda hatte jedoch nur noch zum Schein mit den Ideen freier Märkte zu tun. Statt um Wettbewerb und Wohlstand für alle ging es nur noch um die Interessen der Finanzeliten.

Eine Folge dieses Lobbyeinflusses war die Aufhebung des Glass-Steagall Act durch US-Präsident Bill Clinton im Jahr 1999. Der Glass-Steagall Act beinhaltete die strikte Trennung von Geschäfts- und Investmentbanken. Im Gegensatz zu Investmentbanken, die auf eigene Rechnung an den Märkten aktiv waren, handelten Geschäftsbanken nur im Kundenauftrag an den Börsen. Nachdem die Politik das Trennungsgesetz gestrichen hatte, fusionierten reihenweise Geschäftsbanken mit Investmentbanken. Die Investmentbanker konnten von nun an auch mit den Guthaben von Sparkunden an den Märkten zocken. Das traditionelle Bankgeschäft mit Privat- und Firmenkunden verlor immer mehr an Bedeutung. Es galt fortan als langweilig und unrentabel. Das Investmentbanking hingegen florierte und zog haufenweise smarte, ehrgeizige und auf Boni fixierte »Master of the Universe« an. Zumindest hielten sich einige der vor Testosteron triefenden Trader in den Handelssälen der großen Bankhäuser dafür.

Im Zuge dessen entstanden im weltweiten Bankensektor drei große Missstände. Erstens, das Risiko in den Bankbilanzen nahm immer mehr zu, da die Banker mit immer mehr Schulden und immer weniger Eigenkapital hantierten. Zweitens, der Derivatesektor explodierte, da die Investmentbanker immer neue Finanzprodukte ersannen, mit denen sie wild jonglierten; und drittens, die Kreditvergabe folgte in den USA nicht mehr den Regeln des ehrbaren Kaufmanns.

Beginnen wir mit den ungesunden Bankbilanzen. Die Fähigkeit der Banken, Geld aus dem Nichts zu schöpfen, und die immer tieferen Zinsen der Notenbanken verleiteten die Banker dazu, ihre Bilanzsummen auszuweiten. Sie kauften massenweise Wertpapiere und vergaben sehr viele Kredite, ohne jedoch ihr Eigenkapital ausreichend zu erhöhen und ein Sicherheitspolster für den Fall von Verlusten aufzubauen. Es entstand ein aufgeblähtes Finanzsystem, das mit immer mehr Schulden operierte. Dieses Verhalten untergrub jedoch die Sicherheit und Stabilität der Geldhäuser. Die Risiken dieses Systems wurden erst in der Finanzkrise 2008 sichtbar, als das europäische Bankensystem de facto pleite war und von den Steuerzahlern mit Milliardenspritzen gerettet werden musste.

Da sich dieses Spiel mit massig Schulden und sehr wenig Eigenkapital nicht bis Unendliche fortsetzen ließ, ersannen die Lobbygruppen der Finanzindustrie weitere Bilanztricks. Zum Beispiel die Gründung von Schattenbanken im Ausland, von denen auch deutsche Geldinstitute Gebrauch machten. Die Banken konnten von nun an riskante Wertpapiere auslagern und mussten diese nicht offiziell in ihrer Bilanz ausweisen. Bei diesen Papieren handelte es sich um

Kapitel 2

Derivate mit so hübschen Kürzeln wie ABS, CDO, CDS oder MBS. Der Derivatemarkt – so viel muss man dazu sagen – war in der Zwischenzeit regelrecht explodiert. Mit anderen Worten: Es wurde wild gezockt mit scheinbar innovativen Produkten, die sich in der Finanzkrise als toxische Streubomben entpuppen sollten. Mit diesen Papieren verhoben sich in Deutschland auch viele Landesbanken, also Banken des öffentlichen Sektors.

Hinzu kam, dass die Banken Kredite nicht mehr in den eigenen Büchern halten mussten. Die Banker konnten sie an der Börse weiterverkaufen. Damit mussten sie die Risiken, die mit einem Kredit verbunden sind, also den möglichen Ausfall von Zins und Tilgung, nicht mehr tragen. Das animierte die US-amerikanischen Banken in den 2000er-Jahren dazu, jedem, der in der Lage war, ein Kreditformular auszufüllen, ein Darlehen zu gewähren. Die Banken scherten sich fortan nicht mehr um die sorgfältige Prüfung der Bonität der Antragssteller. Es bekamen sogar sogenannte Ninjas einen Kredit. Ninjas steht für »No income, no job, no assets« – also Arbeitslose ohne Einkommen und Vermögen. Der Hollywood-Streifen »The Big Short« mit Christian Bale und Ryan Gosling hat die Auswüchse sehr anschaulich und amüsant aufbereitet.

Die Kredite der Banken wanderten jedoch immer weniger in die reale Wirtschaft, sondern immer mehr in Immobilien oder die Börsen. Anstatt die Wirtschaft anzukurbeln, finanzierten die Banken lieber unproduktive Vermögenswerte. So kam es zu einer gigantischen Immobilienblase in den USA, deren Platzen im Jahr 2008 eine der schwersten Finanz- und Wirtschaftskrisen aller Zeiten nach sich zog.

Zwei weitere Faktoren sind für die damaligen Exzesse der Banker verantwortlich: Moral Hazard und Shareholder-Value.

Schuldenexzesse, Zombiebanken, Eurokrise

Unter Moral Hazard versteht man bewusst unachtsames oder unmoralisches Verhalten, weil die handelnde Person weiß, dass sie vor den negativen Konsequenzen ihres Handelns geschützt wird. Für die negativen Folgen haftet ein Dritter. Die Profiteure dieses Prinzips waren die Banken. Als diese mit ihren Fehlinvestitionen auf Pump Schiffbruch erlitten, riefen viele direkt nach dem Staat. Dieser musste den angeschlagenen Geldhäusern mit Milliardensummen aus der Patsche helfen, da einige Banken »too big to fail« waren, also zu groß, um sie in die Insolvenz zu schicken. Die Banker mussten nicht für die Risiken einstehen, die sie verursachten. Das zeitliche Auseinanderfallen von Gewinnen (jetzt) und den Folgen der eingegangenen Risiken (später) ist eines der wesentlichen Elemente von Moral Hazard. Dieses Prinzip ist in der Finanzkrise 2008 unter dem Slogan »Gewinne privatisieren, Verluste sozialisieren« zu trauriger Berühmtheit gelangt.

Das kurzsichtige Verhalten der Banker wurde nur möglich, weil sich zeitgleich mit der neoliberalen Denkschule ein zweites Paradigma etablierte: der sogenannte Shareholder-Value-Ansatz. Dieses Konzept verfolgt das Ziel, den Gewinn der Aktionäre zu maximieren. Dem Shareholder-Value liegt die Idee zugrunde, dass die Maximierung des Gewinns zugleich die Präferenzen aller weiteren Interessengruppen eines Unternehmens befriedigt, also zum Beispiel auch der Kunden. Hohe Gewinne kann man schließlich nur mit zufriedenen Kunden erzielen. Diese Logik ist in ihrer Grundkonstruktion richtig. Allerdings wurden Aktionäre in der Denke des Shareholder-Value als langfristig orientierte Investoren definiert. Dies hatte damals nur noch wenig mit der Realität zu tun.

Durch den Hochfrequenzhandel von Algorithmen und Profi-Tradern waren die Akteure an den Finanzmärkten oft-

Kapitel 2

mals nur noch kurzfristig orientiert. Im Jahr 1980 hielten die Käufer von Aktien diese knapp zehn Jahre in ihrem Besitz. Im Krisenjahr 2008 wurden Aktien im Durchschnitt nach gut drei Monaten Haltedauer verkauft, in den USA waren es in der jüngeren Vergangenheit sogar nur noch im Schnitt 22 Sekunden.[9] Für den Autor dieser Zeilen – selbst Börsenjournalist und ein Verfechter des langfristigen Investierens – ist dieser Umstand besonders bedauerlich, da die Börse eine Welt herausgebildet hat, die sich im Formel-1-Tempo dreht und immer schneller wird. Bankmanager richteten ihr Handeln also immer stärker an den Interessen kurzfristiger Spekulanten aus. Dies machte sie zu kurzsichtigen Unternehmenslenkern. Sie orientierten ihre Entscheidungen lieber an der Höhe des nächsten Quartalsgewinns als an Nachhaltigkeit. Befeuert wurde dies durch Vergütungssysteme, die kurzfristige Gewinne mit hohen Boni belohnten, auch wenn diese sich später als Luftschlösser entpuppten.

Die Kritik an den Finanzmärkten brachte der damalige Bundespräsident Horst Köhler auf den Punkt, als er den Banken 2008 vorwarf, aus dem Finanzsystem ein Monster gemacht zu haben. Die Branche hatte ein befremdliches Eigenleben entwickelt. Diese Parallelwelt konnte nur entstehen, indem der Staat die Zügel schleifen ließ und den Marktkräften im Finanzsektor unkontrolliert freien Lauf ließ. Die aggressive Kreditvergabe und der Handel mit toxischen Derivaten führten in die Katastrophe und ließen weltweit reihenweise Banken kollabieren. Die Steuerzahler mussten diese mit Milliardensummen am Leben halten.

Nach diesem Schock wachten die Banken in Europa auf und richteten ihr Augenmerk nun auf die Risiken der Staatsschulden, die sich in Ländern wie Griechenland, Portugal,

Spanien & Co. aufgetürmt hatten. Insbesondere das wirtschaftlich schwache Griechenland bekam keine neuen Kredite mehr. Nach der Finanzkrise lösten die Banken also die zweite große Krise aus: die Eurokrise.

Krisenerzählung 2: die Abschaffung der Marktwirtschaft

Die zweite Deutung stammt aus dem neoliberalen Lager und kann der ersten Krisenerzählung nur wenig abgewinnen. Im Gegenteil, die Neoliberalen geißeln die Sichtweise der Keynesianer als Märchen vom Marktversagen.[10] Sie sehen die wahre Ursache unserer Misere in der Abkehr von marktwirtschaftlichen Prinzipien. Unser System entwickelte sich aus ihrer Sichtweise seit den 1970er-Jahren immer mehr zu einer Vollkasko-Ökonomie.[11] Dabei handelt es sich um ein System, in dem Geldbesitzer wie in einer Versicherung für die Schäden anderer aufkommen müssen, zum Beispiel für Staatspleiten und kollabierende Banken.

Ausgangspunkt der Eurokrise ist aus neoliberaler Sicht der Staat. Er hat die natürlichen Marktgesetze ausgehöhlt, indem er sich beständig ins Marktgeschehen einmischte und künstlich Angebot und Nachfrage entfachte. Die Verantwortung dafür schreiben die Neoliberalen den Ideen von John Maynard Keynes zu. Keynes zentrale These lautet: Bildet sich eine Konjunkturflaute heraus, soll der Staat seine Ausgaben erhöhen, um die Wirtschaft anzukurbeln. Erstmals wendete Deutschland dies Ende der 1960er-Jahre an, als die noch junge Bundesrepublik in ihre erste kleine Rezession schlitterte.[12] Der Staat wandelte sich fortan von einem neutralen Schiedsrichter zu einem aktiven Mitspieler in der Wirtschaft.

Kapitel 2

Im Gegensatz zu den Neoliberalen sehen die Keynesianer den Markt nicht als perfektes Gebilde an, das mithilfe seiner »unsichtbaren Hand« den Wohlstand aller mehrt. Für sie versagt der Markt auf vielerlei Ebenen. Er produziert ständig schädliche Nebenwirkungen für die Gesellschaft. Zum Beispiel Arbeitslosigkeit und Firmenpleiten, aber auch Umweltverschmutzung, unlautere Preisabsprachen oder Monopole.[13] Daher sei es geboten, sowohl regulatorisch als auch mit staatlichen Ausgaben in die Wirtschaft einzugreifen. Die Neoliberalen hingegen üben scharfe Kritik an der keynesianischen Sicht. Für sie verhindert der intervenierende Staat notwendige Anpassungskrisen der Wirtschaft. Erfolglose Firmen verschwinden deswegen nicht mehr vom Markt. Kapital und Arbeit bleiben in ineffizienten Unternehmen gebunden. Es entstehen somit keine neuen produktiven Kapazitäten – und damit kein zusätzlicher Wohlstand.

Nachdem der deutsche Staat in den 1970er-Jahren angefangen hatte, sich mit Konjunkturprogrammen in die Wirtschaft einzumischen, wurde dies zum Dauerzustand. Er beschränkte sich nicht nur auf antizyklisches Verhalten in schlechten Zeiten. Statt sein Budget im Aufschwung zu verringern, pumpte er immer mehr Geld als Treibstoff in die Wirtschaft. Er verabreichte der Wirtschaft weiterhin Medizin, obwohl diese sich längst von ihrem Schnupfen erholt hatte. Sie sollte immer fitter werden für das globale Wettrennen. Der Staat blähte das Wirtschaftswachstum künstlich auf, der Konjunkturmotor ratterte permanent im oberen Drehzahlbereich. Allerdings finanzierte die Bundesrepublik diese Ausgaben in der Regel nicht aus ihren Steuereinnahmen, sondern durch Schulden. Wie bereits erwähnt, hat sich die deutsche Staatsschuldenquote von den 1970er-Jahren bis heute mehr als verdreifacht.[14]

Schuldenexzesse, Zombiebanken, Eurokrise

Schlimmer noch als in Deutschland ging es in Südeuropa zu. Viele südeuropäische Länder finanzierten ihr Wachstum schon immer über hohe, kreditfinanzierte Staatsausgaben und werteten gleichzeitig ihre Währungen ab.[15] So wollten sie ausgleichen, dass ihre Wirtschaft im Vergleich zu anderen Ländern wie Deutschland weniger wettbewerbsfähig war. Die Staaten im Süden Europas gerieten in eine Spirale aus Schulden und noch mehr Schulden. Sie mussten immer neue Kredite aufnehmen, um ihre Wirtschaft immer wieder neu zu stimulieren. Sie hatten also ein gesteigertes Interesse an günstigen Krediten. Darum sehnten viele Südstaaten in den 1990er-Jahren den Euro herbei. Sie waren überzeugt davon, dass der Euro ihre Refinanzierung verbilligen würde. Das Kalkül ging auf. Nach der Einführung der Gemeinschaftswährung sanken die Zinsen im Euroraum unter das bisherige Niveau Italiens und anderer südeuropäischer Länder. Fortan mussten Italien, Spanien & Co. weniger Zinsen für neue Kredite bezahlen. Das System der fortlaufenden Verschuldung verfestigte sich. Die Südeuropäer wurden regelrecht süchtig nach frischem Geld, das sie als Dopingmittel in die Wirtschaft pumpten oder für Sozialleistungen verwendeten.

Den finalen Weg in die Vollkasko-Ökonomie ebnete schließlich die Eurokrise. Ab 2010 bekamen Griechenland & Co. von Banken und Investoren kein frisches Geld mehr. Solvente Staaten wie Deutschland mussten mit Bürgschaften einspringen und die EZB drehte den Geldhahn auf. Sie senkte den Leitzins immer weiter, bis er 2016 das historische Tief von 0 Prozent erreichte. Sie kaufte für 2600 Milliarden Euro Anleihen auf und mutierte zum Staatsfinanzierer. Die EZB machte sich endgültig zum willfährigen Komplizen der kreditsüchtigen Südstaaten der Eurozone. Dasselbe Prinzip existiert in ähnlicher Form seit Anfang der 1990er-Jahre in Japan. Die US-amerikanische Notenbank Fed ist im Zuge der Finanzkrise 2008 genauso vorgegangen. Die Finanzierung der Staaten hängt in der Vollkasko-Ökonomie also allein von der Notenpresse der Zentralbank ab.[16] Die EZB schießt in der Eurozone wie verrückt Geld ins System und ermöglicht überschuldeten Staaten wie Italien, ihr Ausgabenverhalten beizubehalten, ohne auf die Regeln des Finanzmarktes Rücksicht zu nehmen. Von den Südländern wurde dadurch der Druck genommen, zu sparen und schmerzhafte Einschnitte wie Kürzungen von Sozialausgaben vorzunehmen. Es wurde ihnen mit der Nullzinspolitik zwar Zeit gekauft, um ihre Wirtschaft zu gesunden, doch diese haben sie ungenutzt verstreichen lassen. Die EZB ist deswegen gezwungen, ihre Politik des billigen Geldes permanent fortzusetzen. Dies allerdings löst keine Probleme, sondern zögert sie nur hinaus. Der große Knall in der Eurozone ist aus Sicht der Neoliberalen demgemäß nur noch eine Frage Zeit.

Vom wahren Wesen der Eurokrise

Der ehemalige Chef des ifo Instituts Hans-Werner Sinn schrieb einst, der Euro sei von einer begrüßenswerten Friedensidee zum Zankapfel mutiert. Diese Beschreibung trägt heutzutage wahrscheinlich mehr Wahrheit in sich denn je. Die Probleme der Eurozone sind zwar zwischenzeitlich aus dem Blickfeld der Öffentlichkeit geraten, haben aber an Aktualität nichts eingebüßt. Im Gegenteil: Seit 2018 spitzen sie sich im Zuge der politischen Entwicklungen in Italien wieder zu. Wahrscheinlich werden die 2020er-Jahre über den

Schuldenexzesse, Zombiebanken, Eurokrise

Fortbestand des Euro entscheiden. Doch egal, ob er weiter existiert oder auseinanderbricht: Für Deutschland steht in beiden Fällen viel Geld auf dem Spiel.

Gestartet als ein ambitioniertes politisches und ökonomisches Projekt, das den Einigungsprozess in Europa vorantreiben sollte, ist der Euro mittlerweile Gegenstand von Streit und Missgunst unter den Staaten der Eurozone. Er wirkt spaltend statt einigend, auch wenn die Europäische Kommission einen ganz anderen Eindruck vermitteln möchte, wenn sie auf ihrer Homepage die vielen Vorteile des Euro preist.[17] Zugutehalten kann man dem Euro, dass er – wie geplant – nach dem US-Dollar zur zweitwichtigsten Währung der Welt aufgestiegen ist und den Handel innerhalb der Eurozone erleichtert. Diese Vorteile sind unstrittig. Unstrittig ist jedoch auch, dass sich die Europäische Währungsunion seit Ausbruch der griechischen Staatsschuldenkrise im Jahr 2010 in einer schweren Krise befindet.

Über die Ursachen der Krise herrscht große Uneinigkeit. Keynesianer und Neoliberale interpretieren diese sehr unterschiedlich. Aus der keynesianischen Sicht trägt Deutschland die Hauptverantwortung für die Eurokrise.[18] Deutschland war 2003 noch der kranke Mann Europas und drückte deshalb auf die Lohnbremse. Wir führten Hartz IV ein, senkten unsere Lohnnebenkosten und schufen einen großflächigen Niedriglohnsektor mit Zeit- und Leiharbeit. Deutschland betrieb damit in den Augen der Keynesianer Lohndumping und sicherte sich somit unfaire Wettbewerbsvorteile gegenüber den europäischen Nachbarn. Damit hätten die Nordeuropäer, so die Argumentation, einen Unterbietungswettbewerb beim Preis vom Zaun gebrochen. Die EZB senkte zeitgleich den Leitzins. Deutschlands Exportwirtschaft profitiert seither von dem schwachen Euro.[19]

Kapitel 2

Das neoliberale Lager hält dagegen, dass die tiefen Zinsen in den 2000er-Jahren das Wirtschaftswachstum der Südeuropäer befeuert haben. Anstatt den Aufschwung sinnvoll zu nutzen, haben die Südländer die Löhne extrem angehoben und einen regelrechten Schuldenexzess betrieben. Die Kredite flossen zumeist in den Konsum und in Immobilien. Insbesondere Spanien hat über seine Verhältnisse gelebt und versäumt, seine Wirtschaft vernünftig aufzustellen. Ähnliches gilt auch für die anderen Krisenstaaten. Aus diesem Grund haben sie an Wettbewerbsfähigkeit eingebüßt.[20]

An dieser Stelle wird es Zeit, die beiden starren Denkschemata zu durchbrechen. Zwar stehen sich die beiden Denkschulen in den Wirtschaftswissenschaften wie zwei feindliche Lager gegenüber, doch sowohl die Keynesianer als auch die Neoliberalen begründen auf jeweils zutreffende Weise, wie die Finanz- und Eurokrise entstanden ist. Die keynesianische Sichtweise, dass sich seit den 1980er-Jahren ein aufgeblähter Finanzsektor herausgebildet hat, dessen Kultur im Investmentbanking rücksichtloses Geschäftsgebaren befeuerte, ist nicht von der Hand zu weisen. Die Finanzkrise 2008 geht auf Fehlentwicklungen in den Banken zurück und ist damit auch einer der Auslöser unserer Eurokrise. Die neoliberale Sicht, dass Politiker die Marktwirtschaft mit Schuldenexzessen und Missmanagement ausgehöhlt haben, ist jedoch ebenso wahr. Die Finanzkrise wirkte lediglich als Brandbeschleuniger für Probleme, die seit Beginn der Währungsunion in Europa schwelten. Diese hätten sich wahrscheinlich ohnehin irgendwann Bahn gebrochen.

Einige Ökonomen kritisieren, die Eurozone könne nicht funktionieren, da sie die Bedingungen eines optimalen Währungsraums nicht erfülle. Was einen optimalen Währungsraum auszeichnet, hat der Wirtschaftsnobelpreisträger Robert Mundell untersucht. Sehr vereinfacht dargestellt, liegt ein solcher vor, wenn die beteiligten Staaten viel Handel miteinander treiben, Kapital ohne Einschränkungen transferiert werden kann und Arbeitskräfte sich frei niederlassen können. Die ersten beiden Bedingungen werden in der Eurozone erfüllt, die dritte Bedingung jedoch nur in der Theorie. Obwohl in Spanien eine hohe Jugendarbeitslosigkeit herrscht, kommen trotzdem nicht massenweise Spanier nach Deutschland, um hier zu arbeiten. Es muss also noch etwas anderes hinzukommen, um einen optimalen Währungsraum zu gewährleisten: kulturelle Integration! Was macht den Unterschied zwischen der Eurozone und den USA aus? Vor allem zwei Aspekte: die gemeinsame Sprache sowie ein identitätsstiftendes Leitbild.

Ohne gemeinsame Sprache fehlt etwas sehr Grundlegendes in der Eurozone: eine gemeinsame europäische Öffentlichkeit über Massenmedien. De facto existiert diese in Europa nicht. Öffentlichkeit ist jedoch ein wesentliches Element moderner Demokratien und für die politische Willensbildung der Bürger unerlässlich. Das Fehlen einer europäischen Öffentlichkeit behindert die tiefere Integration hin zu einer politischen Union. Das zeigt sich in der schwindend geringen Wahlbeteiligung bei Europawahlen sowie in dem Misstrauen der Bevölkerung gegenüber den Institutionen der EU. Wir wissen fast nichts darüber, was im Europaparlament beschlossen wird und was die Europäische Kommission den lieben langen Tag so treibt. Viele Menschen nehmen Brüssel als kafkaesken Hort von Bürokratie wahr, als ein undurchschaubares »sanftes Monster«, wie Hans Magnus Enzensberger einst schrieb. Die EU und der Euro bleiben Elitenprojekte ohne ideologischen Rückhalt in der Bevölkerung.

Kapitel 2

Die USA hingegen – ein, wirtschaftlich betrachtet, sehr heterogenes Land – eint eine nationale Berichterstattung. Einfach weil sie aufgrund der gemeinsamen Sprache jeder verstehen kann, egal, ob in Hollywood, an der Wall Street oder in einem Trailerpark in Detroit. Das ist in Europa nicht der Fall. Oder haben Sie *Le Monde*, *La Repubblica* oder *El Pais* abonniert und schauen regelmäßig *La 1*, *Rai Uno* oder *France 2*? Selbst wenn, findet in diesen Medien lediglich national gefärbt Berichterstattung im Sinne Frankreichs, Spaniens und Italiens statt. Die europäische Berichterstattung insbesondere zum Euro ist eine weitgehend auf Nationalinteressen fokussierte Angelegenheit. Jedes Land bleibt medial in seiner eigenen Filterblase. Das wirkt für einen gemeinsamen Währungsraum destabilisierend. Nationale Egoismen werden befeuert, das Konfliktpotenzial verschärft. Mittelfristig untergräbt das die Akzeptanz der gemeinsamen Währung – besonders in Krisenzeiten.

Das bringt uns zum zweiten Aspekt, dem Fehlen eines gemeinsamen gesellschaftlichen, identitätsstiftenden Leitbilds in Europa. In Europa sind nationale Identitäten stärker ausgeprägt als die europäische. Das ist in den USA logischerweise anders. Egal, ob man aus Kalifornien, Nevada oder Pennsylvania kommt, man ist in erster Linie Amerikaner. Nun könnte man argumentieren, auch die USA hätten nach dem Sezessionskrieg in den 1860er-Jahren sehr lange für den Aufbau eines gemeinsamen Nationalbewusstseins gebraucht. Man müsste dem europäischen Einigungsprozess nur genügend Zeit geben, damit wir eine gemeinsame europäische Identität herausbilden und vielleicht sogar die Vereinigten Staaten von Europa möglich werden. Dazu müsste aber auf psychologischer Ebene etwas hinzukommen, was momentan in Gänze fehlt – eine gesellschaftliche Vision.

Schuldenexzesse, Zombiebanken, Eurokrise

Die Amerikaner funktionieren deshalb als Nation, weil sie durch das Leitbild des American Dream zusammengehalten werden. Jeder kann es nach oben schaffen, wenn er sich nur genügend anstrengt, jeder ist seines Glückes Schmied. Unabhängig davon, ob dies in den USA tatsächlich der gesellschaftlichen Realität entspricht, ist dieses Leitbild sowohl sinn- als auch identitätsstiftend. Amerika ist für die meisten Amerikaner ein positiv aufgeladener Begriff – er berührt die Emotionen, das Herz! Die EU hingegen ist eine Kopfgeburt und birgt kaum emotionales Potenzial – außer Angst und Wut, die im Gezänk um den Euro stetig zugenommen haben. Wir Deutschen haben Angst um unser Geld, und in den Südländern herrscht aufgrund der Europolitik unserer Regierung oftmals Wut auf uns Deutsche. Während wir die Südeuropäer dazu verpflichten möchten, zu sparen und ihre Wirtschaft mit Sozialreformen auf Vordermann zu bringen, wünschen sie sich mehr finanziellen Bewegungsspielraum für staatliche Ausgaben.

Dadurch sind tiefe Risse in der Eurozone entstanden. Es tobt ein Machtkampf zwischen Nord- und Südeuropäern, zwischen Geber- und Nehmerländern, zwischen Gläubigern und Schuldnern. Es ist aber auch ein Konflikt zweier unterschiedlicher Wirtschaftskulturen. Zwischen den sparsamen und an Geldwertstabilität orientierten Deutschen und den an staatlichen Konjunkturprogrammen und flexibler Handhabung von Schulden orientierten Südstaaten.[21] Hier prallen zwei Welten aufeinander, die sich wie Himmel und Hölle gegenüberstehen – so wie Hayek und Keynes.

Die Auffassungen zur Geld- und Fiskalpolitik könnten unterschiedlicher nicht sein. Der Süden präferiert eine lockere Geldpolitik. Inflation und Weichwährung? Geschenkt! Der Norden hingegen wünscht sich staatliche Haushalts-

Kapitel 2

disziplin und eine straffe Geldpolitik, die im Wesentlichen nur der Stabilität des Geldes zu dienen hat und somit eine starke Währung schafft.[22] Um diese Unterschiede auszugleichen, wurden die Maastricht-Kriterien definiert, sprich: Die Neuverschuldung eines Landes sollte nicht mehr als 3 Prozent des BIP betragen und der Gesamtschuldenstand unter 60 Prozent des BIP liegen. Diese Regeln sind nur noch Makulatur, ernst zu nehmen sind sie nicht mehr. 11 von 19 Mitgliedsstaaten der Eurozone erfüllen aktuell nicht die 60-Prozent-Regel.

Daraus folgt ein weiterer oftmals geäußerter Kritikpunkt am Euro. Die Leistungsfähigkeit der Wirtschaft eines Landes müsse zu ihrer jeweiligen Währung passen. Die Nordstaaten seien zu leistungsfähig für einen Währungsverbund mit den weniger wettbewerbsfähigen Südländern. Während Deutschland ständig Exportüberschüsse produziert, sind die Südländer oftmals Nettoimporteure. Dies galt jedoch auch schon zu Zeiten der D-Mark. Wir waren auch mit einer relativ starken D-Mark sehr exportlastig. Die Qualität unserer Produkte bestimmte unsere Wettbewerbsfähigkeit. Die Südländer hingegen bevorzugten es, statt die Fitness ihrer Wirtschaft zu trainieren, ihre Währungen abzuwerten und auf diesem Wege konkurrenzfähig zu bleiben. Diese Möglichkeit der Währungsabwertung ist nun nicht mehr gegeben. Der Euro ist für die Südländer zu stark, für Deutschland hingegen zu schwach.

Zum Problem wurde das erst, als die Südländer ab 2010 in die Krise gerieten und ein wechselseitiges »blame game«, also eine gegenseitige Schuldzuweisung von Import- und Exportländern, begann. Beide Seiten übersahen geflissentlich, dass Import und Export zwei Seiten ein und derselben Medaille darstellen. Niemand hat die Südstaaten gezwungen zu importieren, und niemand hat Deutschland gezwungen zu exportieren. Die unterschiedliche Wirtschaftskraft der Euroländer ist nicht das Kernproblem. Das ist auch zwischen den einzelnen Bundesstaaten der USA der Fall. New York ist wirtschaftlich viel stärker als beispielsweise New Mexico oder West Virginia – doch dort funktioniert's.

Das Problem besteht vielmehr darin, dass die Südländer mithilfe der EZB Wege gefunden haben, ihre Schuldenrisiken auf Deutschland abzuwälzen. Es wurden zahlreiche Geldpipelines vom Norden in den Süden gelegt, zum Beispiel in Form eines quasi unbegrenzten Dispokredits, der sich »Target2« nennt. Hier schlummert in ihrer Bilanz mittlerweile fast ein 1000-Milliarden-Euro-Risiko für die Deutsche Bundesbank.[23] Wir Deutschen hingegen haben im Zuge der Garantien durch den Euro-Rettungsschirm ESM stets darauf gedrängt, die Südeuropäer mögen Austerität betreiben, was so viel bedeutet wie: sich aus der Pleite zu sparen. Das allerdings ist nicht möglich. Diese Maßnahmen verschärfen nur die Krise. Sie befeuern Jugendarbeitslosigkeit, Armut und einen Mangel an Zukunftsperspektiven. In Ländern wie Spanien und Italien lebt eine verlorene Generation, die sich politisch immer weiter radikalisiert. Die Nord- und Südstaaten der Eurozone machen sich wechselseitig ärmer.

Wie kam es überhaupt dazu? Die Eurokrise gilt gemeinhin als eine Krise der Staatsschulden. Sie ist aber nur bedingt eine Staatsschuldenkrise – im Prinzip ist sie die Fortsetzung der Finanzkrise von 2008, die im Kern eine Bankenkrise und später eine Vertrauenskrise des Finanzmarkts war. Warum ist die italienische Staatsverschuldung mit 130 Prozent des BIP ein Problem, die der USA mit 108 Prozent aber nicht? Ganz einfach, die USA verfügen mit der Fed über eine eigene Notenbank. Sie können jederzeit die Geldpresse

Kapitel 2

anwerfen und ihre Gläubiger direkt ausbezahlen. Dies geht in Europa erst seit 2015 über den Umweg des Anleihekaufprogramms der EZB.

Über das Wesen der Staatsfinanzierung muss man Folgendes wissen. Staaten zahlen ihre Kredite so gut wie niemals zurück. Es findet lediglich eine permanente Anschlussfinanzierung statt, fast nie eine Rückzahlung Damit dieses System der ewigen Kreditverlängerungen am Leben bleibt, bedarf es einer ganz wesentlichen Bedingung: Vertrauen! Und zwar in erster Linie zwischen den Akteuren des Finanzmarktes. Ich beteilige mich als Investor nur an einer Kreditfinanzierung von Griechenland, wenn ich überzeugt bin, dass ich mein Geld zurückbekomme. Das Geld bekomme ich später jedoch nicht von Griechenland zurück, sondern realiter von anderen Investoren, die Griechenland das Geld dafür leihen. Ich muss also sicher sein, dass andere Investoren am Ende der Kreditlaufzeit bereit sind, ebenfalls wieder Kredit zu gewähren. Die Finanzmärkte diktieren somit, welche Höhe der Staatsschulden sie für akzeptabel erachten und welche nicht. Das allerdings hängt nicht zwingend mit der Wettbewerbsfähigkeit der kreditaufnehmenden Staaten zusammen, sondern auch mit Missmanagement im Bankensektor. Schließlich hat Griechenland in den 2000er-Jahren ohne Probleme Kredite erhalten, obwohl seine Wirtschaftskraft schon damals reichlich wackelig war.

Häufig wird argumentiert, die Banken hätten damals aufgrund des billigen Geldes der EZB einen Anlagenotstand gehabt. Sie wussten nicht, wohin mit dem vielen Geld. Das erklärt aber nicht, warum die Investoren nur so geringe Zinsen von Griechenland & Co. verlangt haben. Die Anleihezinsen für griechische Staatspapiere hätten viel höher sein müssen, denn Griechenland war damals wirtschaftlich genauso schlecht aufgestellt wie heute. Zudem existierte damals noch die »No-Bail-out«-Regel, also das Beistandsverbot der Eurostaaten, das erst später gebrochen wurde.

Hatte die EU etwa schon damals Signale gesendet, dass sie kein Euromitglied in die Pleite entlassen würde? Oder dachten die Banker, Griechenland würde sich zu einem konkurrenzfähigen Industriestaat entwickeln? Oder waren es die großzügigen Bilanzregeln, die es den Banken erlaubten, kein Eigenkapital für Eurostaatsanleihen hinterlegen zu müssen? Dies war nichts anderes als ein Freifahrtschein, sich mit griechischen »Schrottpapieren« vollzusaugen. Alles trägt einen Teil zur Wahrheit bei, manches mehr, manches weniger. Das Kernproblem war auch hier die Kurzsichtigkeit der Bankmanager. Diese blähten ihre Geldhäuser mit Staatsanleihen auf, um möglichst hohe Kapitalrenditen zu erwirtschaften. Sie vernachlässigten jedoch fahrlässig die Risiken, die sie bei genauerem Hinsehen hätten erkennen müssen.

Dann kam die Finanzkrise 2008. Sie legte sämtliche Irrungen und Wirrungen des Bankensektors offen und verpasste dem weltweiten Finanzsystem den Schock seines Lebens. Die Banken in Europa waren de facto pleite und konnten nur mit großzügigen Staatshilfen aufgefangen werden. Die Banker lernten in diesem Moment eines: Egal, wie schlimm es kommt, der Staat haut uns raus. Allerdings trauten sich die Banken gegenseitig nicht mehr über den Weg. Vordergründig richteten sie ihren Blick auf die ökonomischen Realitäten in den schwächeren Eurostaaten und stuften deren Kreditwürdigkeit auf Ramschniveau herunter. In Wirklichkeit waren die Banker nicht mehr sicher, ob sich die anderen Mitglieder ihrer Zunft weiterhin am Aufkauf von griechischen Staatsanleihen beteiligen würden. Damit verloren die Banken die Sicherheit, dass sie ihre an Griechenland ausge-

Kapitel 2

gebenen Kredite zurückbekommen würden. Die angebliche Staatsschuldenkrise ist damit nichts anderes als die Fortsetzung der Vertrauenskrise des Finanzmarkts von 2008. In der Folge mussten abermals die Regierungen einspringen, um die Kohlen aus dem Feuer zu holen. Dieses Mal jedoch auf zwischenstaatlicher Ebene und ohne direkte Rettungen von Banken. Dies war in der Rückschau der größte Fehler, der Euro-Sündenfall, der maßgeblich zur Verschärfung der Eurokrise beigetragen hat. Die »No-Bail-out«-Regel wurde außer Kraft gesetzt, also die Regel, dass die Eurostaaten nicht für die Schulden untereinander haften. Da die EZB sowie die Nordstaaten Kredite und Bürgschaften gewährten, blieben Staatspleiten und Bankenkollaps aus, doch die Krise der Europäischen Währungsunion war geboren. Seither besteht eine andauernde Konfliktlinie zwischen den Gläubiger- und den Schuldnerstaaten.

Das bringt uns zum letzten Kritikpunkt, der immer wieder am Euro geäußert wird: dem Krisenmanagement der Eurostaaten sowie der EZB. Sie wendeten zwar einen Bankenkollaps und den unkontrollierten Zerfall des Euro ab, nahmen dafür jedoch in Kauf, dass die regulären Prinzipien des Geld- und Kapitalmarktes nicht mehr gelten. Die EZB hat die Zinsen in der Eurozone abgeschafft und staatliche Insolvenzrisiken mit dem Ankauf von Staats- und Unternehmensanleihen in Höhe von 2600 Milliarden Euro eliminiert. Gleichzeitig hat sich die Eurozone zu einer Transfer- und Haftungsunion entwickelt, also zu einer Schuldenunion. Deutschland und seine Steuerzahler sind unter den Staaten die größten Gläubiger, was hierzulande zu großer Besorgnis und Unmut in der Bevölkerung geführt hat. Dies ging in der EU mit massiven Konflikten auf der politischen Bühne einher. Durch den Austeritätsdruck, den unsere Regierung auf die Krisenstaaten ausgeübt hat, sind einige in eine verheerende Wirtschaftslage geraten. Deutschlands Image ist in vielen Südländern seither stark beschädigt. In fast allen Ländern der Eurozone sind seit dem Ausbruch der Krise linke und rechte Parteien auf dem Vormarsch mit eurokritischen und nationalistischen Zügen.

Zugleich hat das Krisenmanagement der Eurozone die Probleme des Euro nur konserviert, nicht gelöst. Mit seinem Ausspruch »Whatever it takes« hat EZB-Chef Mario Draghi signalisiert, dass er alles tun werde, den Euro zu erhalten. Er hat den Krisenstaaten mit Nullzinsen und dem Anleihekaufprogramm Zeit gekauft, aber gleichzeitig auch den Anreiz gesetzt, Reformen zu unterlassen. Wer nicht pleitegehen kann, hat auch keinen großen Grund, seine Wettbewerbsfähigkeit zu verbessern. Hinzu kommt, dass Deutschland zwar eine Sperrminorität im Euro-Rettungsschirm ESM besitzt und damit Beschlüsse jederzeit verhindern kann, aber im EZB-Rat nur über das gleiche Stimmengewicht wie Malta oder Zypern verfügt. Die Krisenländer sind dort in der Überzahl und können die Geldpolitik nach ihren nationalen Interessen ausrichten – und die bestehen darin, die Zinsen bei null zu halten. Gut für sie, schlecht für die deutsche Mittelschicht. Wenn Pläne wie die europäische Einlagensicherung oder Eurobonds Wirklichkeit werden, kommen im Extremfall unglaubliche Wohlstandsverluste auf die deutschen Steuerzahler zu (siehe Kapitel »Jedes Euro-Szenario führt zu Verlusten«).

Der Krisen-Cocktail der Industrienationen

Abseits der Probleme in der Eurozone hat sich weltweit eine andere beunruhigende Entwicklung eingestellt: Das Wachs-

Kapitel 2

tum der Produktivität nimmt in den westlichen Industrieländern seit den 1960er-Jahren konstant ab. In Europa wächst sie seit der Finanzkrise 2008 sogar überhaupt nicht mehr.[24] Das bedeutet Ungemach. Ohne Produktivitätswachstum schrumpft die Wirtschaftskraft. Je geringer die Zuwächse bei der Produktivität, desto geringer die Fähigkeit der Volkwirtschaften, weiteren Wohlstand zu erzeugen.

Insbesondere für die exportorientierte deutsche Wirtschaft wird das zum Problem. Je weniger Wachstum im Rest der Welt erzeugt wird, desto geringer wird der Spielraum für das Ausland, deutsche Autos und Maschinen zu kaufen. Der deutsche Exportboom der vergangenen Jahre war ohnehin nur eine Folge des rasanten Schuldenwachstums rund um den Globus. Insbesondere China hat bei den Krediten ordentlich aufs Gaspedal gedrückt und ist neben Frankreich und den USA zu einem der wichtigsten Importeure deutscher Güter avanciert. Angesichts der aufgetürmten Rekordschulden erscheint es unrealistisch, dass dies in alle Ewigkeiten so weitergeht. Dass dieses System irgendwann an seine Grenzen stößt, gebietet der gesunde Menschenverstand.

Wir befinden uns weltweit also in einer Abwärtsspirale aus Schulden und nachlassender Produktivität. Daher stellt sich die Frage: Könnte man die Produktivität wieder ankurbeln und für mehr Wirtschaftskraft sorgen? Ja, das ginge! Doch dazu müsste mehr investiert werden. Dies ist allerdings nicht der Fall. Die Investitionen sind in fast allen Ländern der westlichen Welt seit Jahren rückläufig. Das ist verblüffend angesichts der Tatsache, dass Geld seit Jahrzehnten immer billiger wird. Normalerweise müssten wir in so einem Umfeld einen regelrechten Investitionsboom erleben. Aber auch hier kommen wieder die Schulden ins Spiel. Um die staatlichen Investitionen in Schwung zu bringen, müssten viele Staaten auf Kredite zurückgreifen. Hier besteht wenig Spielraum. Die einzige Möglichkeit bestünde darin, staatliche Konsumausgaben herunterzufahren. Heißt im Klartext: weniger Sozialausgaben für Rentner und Arbeitslose, dafür mehr Investitionen in Infrastruktur, Bildung und Forschung. Das ist langfristig sinnvoll, kostet kurzfristig aber Wählerstimmen – und ist damit bei vielen Politikern wenig populär. Man erinnere sich nur an Gerhard Schröder, der nach seiner Arbeitsmarkt- und Sozialreform (Hartz IV) bekanntlich abgewählt wurde.

Auch die Unternehmen in den Industrienationen investieren zu wenig. Sie kaufen nicht genug neue Maschinen und bauen zu wenig neue Fabriken. Manche Beobachter erklären das damit, dass es keinen Bedarf an neuen Anlagen gibt, weil das globale Wirtschaftswachstum nachgelassen hat.[25] Bis in die 1970er-Jahre lag es jährlich im Schnitt bei nahe 5 Prozent, in den vergangenen Jahren hat es sich auf circa 3,5 Prozent reduziert.[26] Einer der wichtigsten Gründe für den Investitionsstau der Firmen ist die zunehmende Unsicherheit in unserer VUCA-Welt. Die größten Unsicherheitsfaktoren sind: Demografie, Digitalisierung, Handelskriege sowie das globale Schuldenwachstum.[27]

Zunächst zur Demografie: Die westlichen Industrienationen werden im Schnitt immer älter. Das sieht man insbesondere in Deutschland. Einer immer geringeren Anzahl von Arbeitnehmern stehen immer mehr Rentner gegenüber. Das bedeutet massive Unsicherheiten für die Sozialsysteme, in denen Arbeitnehmer die Einkommen der Rentner finanzieren. Die Rentensysteme stehen in vielen Ländern vor dem Kollaps. Dieses Problem – so die Hoffnung vieler Ökonomen – könnte durch die Digitalisierung gelöst werden. Der Wirtschaftswissenschaftler Jens Südekum argumentiert, dass Demografie und Digitalisierung Hand in Hand zu steigenden Löhnen führen. Einerseits werden aufgrund der Digitalisierung immer weniger Arbeitnehmer benötigt, was zu sinkenden Löhnen führt. Gleichzeitig bewirkt der demografische Wandel, dass immer weniger Menschen für den Arbeitsmarkt zur Verfügung stehen, weil zu wenig junge Arbeitskräfte nachwachsen. Südekum folgert: Insgesamt wird Arbeit knapper und wertvoller. Deswegen würden die Löhne steigen – und mit ihnen die Einkünfte der Sozialkassen.[28]

Das allerdings mutet eher als frommer Wunsch an. Sehr viel wahrscheinlicher erscheint es, dass die Digitalisierung das Problem der Demografie verschärfen wird, statt es zu lösen. Die Sozialsysteme werden bei einer größeren Anzahl von Arbeitslosen und einer immer kleineren Anzahl von Arbeitnehmern noch stärker unter Druck geraten als heutzutage. Zudem bereiten sich in Deutschland die Unternehmen zu wenig auf die neue Wirtschaftswelt vor. Viele Unternehmenslenker sind nicht zu radikalen Umbrüchen bereit. Alte Geschäftsmodelle werden zwar zunehmend obsolet, streben aber um jeden Preis nach Selbsterhalt. Die Ursachen für diesen Investitionsstau wurden im ersten Kapitel bereits umfassend beschrieben. Das Verhalten der Manager leistet seinen Beitrag zur Produktivitätsmisere.

Hinzu kommen wirtschaftspolitische Risiken, die auf das Konto der aktuellen US-Regierung gehen. Seit US-Präsident Donald Trump im Amt ist, sind Handelskriege und Protektionismus Dauerthema. Da Deutschland als Exportnation stark vom Welthandel abhängig ist, sind Zölle, Sanktionen und mögliche Embargos Gift für unsere Wirtschaft. Der Vermögensverwalter Blackrock warnt, dass ein globaler Handelskrieg den deutschen Wohlstand massiv gefährdet: »Selbst ein Handelskrieg, der vordergründig nur zwischen den USA

Schuldenexzesse, Zombiebanken, Eurokrise

und China ausgetragen wird, hätte für die deutsche Exportwirtschaft erhebliche negative Folgen, da deutsche Unternehmen tief in die globalen Wertschöpfungsketten integriert sind«, schreiben die Analysten in einem Thesenpapier.[29] Insbesondere China könnte sich zu einem gewaltigen Risiko für Deutschland entwickeln. Deutschland exportierte 2017 Waren und Dienstleistungen im Wert von 86 Milliarden Euro nach China.[30] Sollte China im Zuge der Handelskonflikte Schaden nehmen, betrifft das die deutsche Wirtschaft unmittelbar. Das Reich der Mitte ist verwundbar, was sich an der massiven Verschuldung speziell im Unternehmenssektor ablesen lässt. Manche Beobachter wie der Börsenprofi Dirk Müller machen in dem chinesischen Aufstieg der vergangenen Jahrzehnte gar eine der größten Blasen der Weltwirtschaftsgeschichte aus.[31]

Die Sorgen sind berechtigt! Unkontrollierte Schuldenexplosionen ziehen oftmals heftige Wirtschafts- und Finanzkrisen nach sich. Das haben Langzeitforschungen bewiesen. Wissenschaftler haben die Daten von 17 Ländern in den Jahren von 1870 bis 2013 analysiert. Das Ergebnis: Eine exzessive Kreditvergabe an Privathaushalte und Unternehmen erhöht die Gefahr, die Wirtschaft zu destabilisieren.[32] Angesichts komplett unbewohnter Geisterstädte im Reich der Mitte ist die Annahme, dass Chinas Kreditboom ein bedrohliches Ausmaß erreicht hat, durchaus nicht unbegründet. Im Gegenteil: Er ist eine reale Gefahr für die Weltwirtschaft – und damit ganz besonders für Deutschland.

Natürlich muss man an dieser Stelle anmerken, dass den globalen Schulden im selben Maße auch Vermögenswerte gegenüberstehen. Der einseitige Blick auf die Schulden verzerrt die Realität. Problematisch ist der Schuldenboom der vergangenen Jahrzehnte dennoch, weil das weltweite Trendwachstum sinkt. Das globale Schuldenwachstum hingegen ist ungebremst auf dem Vormarsch – verstärkt durch reichlich billiges Geld der Notenbanken. Das bestärkt die Annahme, dass die Gelder in Vermögenswerte außerhalb der Realwirtschaft geflossen sind. Solange diese Vermögenswerte – also vornehmlich Immobilien und Aktien – in ihrem Wert weitgehend stabil bleiben, ist alles in Ordnung. Sollten deren Werte jedoch einbrechen, was an den Aktienmärkten bereits der Fall ist, werden die Schuldner in arge Bedrängnis geraten.

Der weltweite Cocktail aus Schuldenboom, Produktivitätskrise, Investitionskrise, Demografiekrise sowie digitaler Unsicherheit bedeuten enorme Risiken für Deutschland. Doch als wäre das alles nicht schon beunruhigend genug, türmt sich im Euroraum noch ein zusätzliches Problem auf. Die Banken sind wieder zu einem systemischen Risiko mutiert. Wahrscheinlich braut sich schon bald die nächste große Bankenkrise zusammen – dem Nullzins von Mario Draghi sei Dank. Der EZB-Chef hat vielen Firmen, die längst tot sein müssten, erlaubt, am Leben zu bleiben. Wer bis dato nicht an die Existenz von Zombies glaubte, wird nun eines Besseren belehrt.

Der verlorene Zins und die Zombies

Bevor das Rätsel aufgeklärt wird, was Zombies in den Bilanzen von Banken verloren haben, gebührt Mario Draghi ein Lob. Er hat die Eurozone vor dem unkontrollierten Totalkollaps bewahrt. Das müssen selbst die größten Kritiker anerkennen. Seine Politik des billigen Geldes hat jedoch auch fatale Nebenwirkungen. Sie ist einer der Gründe, warum bereits die nächste große Bankenkrise ihre Schatten vorauswirft. Bricht diese aus, sind abermals mehrere Hundert Milliarden Euro deutsches Steuergeld in Gefahr.

Zunächst ein kleiner Exkurs in die Bedeutung des Zinses für unsere Volkswirtschaften. Der Zins zeigt die Knappheit des Geldes an und gibt Aufschluss über das Risiko von Kreditbeziehungen. Kredite verbleiben in der Regel nicht auf dem eigenen Bankkonto, sondern fließen weiter in andere Bereiche. Zum Beispiel in Maschinen und Fabriken. Man versucht, mit der Aufnahme von Krediten – sofern es sich nicht um Konsumkredite handelt – durch Investitionen einen höheren Zins zu erzielen, als man für den Kredit bezahlen muss. Ist der Zins allerdings bei null, signalisiert das Folgendes:

1. Geld ist im Überfluss vorhanden, und jeder kann theoretisch darin schwimmen wie Dagobert Duck, weil man es sich günstig leihen kann.
2. Das Risiko, einen niedrigeren Zins mit Investitionen über Kredit als die Schuldzinsen zu erwirtschaften, ist mit Nullzinsen praktisch nicht gegeben. Leider fließt das billige Geld in der Eurozone nicht – wie ursprünglich intendiert – in die Wirtschaft. Das Geld wandert eher in Immobilien und hat dort in den vergangenen Jahren für Preisblasen gesorgt. In Deutschland findet das seinen Ausdruck in dem enormen Anstieg von Immobilienpreisen in den Großstädten, wo die Preise mindestens schon 30 Prozent zu hoch sind.[33]

Die EZB hat mit ihrer Nullzinspolitik nicht nur überschuldete Staaten und Banken gerettet, die die Staatsanleihen dieser Staaten gekauft hatten. Sie hielt auch sogenannte

Kapitel 2

Zombiefirmen künstlich am Leben. Zombieunternehmen sind Firmen, die zu schwach sind, ihre Kapitalkosten zu verdienen. Die Zinsen, die sie für Kredite bezahlen, sind unter normalen Bedingungen höher als der operative Gewinn, den sie erwirtschaften. Diese Firmen wären in einem normalen Zinsumfeld längst pleite, können in einer Nullzinswelt jedoch überleben. Schlechte Unternehmen werden mit dem Nullzins also subventioniert.

In Deutschland zum Beispiel gehen nur noch halb so viele Firmen pleite wie zur Jahrtausendwende.[34] 2017 sind nur 20.200 Unternehmen in die Insolvenz gerutscht, so wenig wie zuletzt 1994.[35] Im deutschen Mittelstand steigt die Anfälligkeit für Zombifizierung mit zunehmender Unternehmensgröße. Laut der Kreditanstalt für Wiederaufbau (KfW) sind in Deutschland 11 Prozent aller Unternehmen mit mehr als 1 Million Euro Umsatz Zombies.[36] In den übrigen Ländern der Eurozone sieht es noch schlimmer aus. In Spanien und Italien waren schon 2013 mehr als 15 beziehungsweise 20 Prozent aller Firmen Zombies.[37]

Dies wird für die Banken zu einem Riesenproblem. Notleidende Firmen finanzieren sich in der Regel über Kurzzeitkredite.[38] Diese haben eine Laufzeit von maximal einem Jahr oder sind täglich fällige Dispokredite. Steigen die Zinsen, passen sich die Zinsen dieser Kredite schnell an das höhere Zinsniveau an. Viele Zombiefirmen werden dann ihre Schulden nicht mehr bedienen können und es hagelt Firmenpleiten ohne Ende.

Nun könnte man an dieser Stelle argumentieren, die Banken könnten sich durch umsichtiges Risikomanagement darauf vorbereiten. Das allerdings haben die Banken versäumt. Die Deutsche Bundesbank warnt, dass die deutschen Geldhäuser im Aufschwung der vergangenen Jahre zu wenig

Risikovorsorge betrieben haben.[39] Sie haben zu wenig Rückstellungen für Drohverluste gebildet. Dies ist einerseits der Geldpolitik der EZB geschuldet, verweist aber bei den großen Geldhäusern auch auf Fehler in der Risikosteuerung. Die gute Konjunktur und die geringen Firmenpleiten haben vielen Banken den Blick für ihre Kreditrisiken versperrt. Etwas vereinfacht dargestellt, schreiben die Banker die gute Situation der vergangenen Jahre einfach fort. Getreu dem Motto: Weil es in der Vergangenheit wenig Kreditausfälle gab, brauchen wir auch künftig nicht so viele Rückstellungen. Sie unterschätzen systematisch die Risiken in ihrer Bilanz – ähnlich wie in den 2000er-Jahren, als sie sich mit Staatsanleihen der Südländer vollpumpten.

Warum lassen sich hoch bezahlte und smarte Manager zu so etwas verleiten? Aus Sicht des Banken- und Risikoexperten Markus Krall versagen zum einen die Risikomessinstrumente der Banken in einer Nullzinswelt, weil sie nur auf normale Zinsniveaus ausgelegt sind. Zum anderen hat der Nullzins die Geschäftsmodelle der Banken eliminiert. Zur Erklärung: Die wichtigste Ertragssäule der Banken ist das Zinsgeschäft. 80 Prozent der Erträge von Banken hängen daran. Platt gesagt: Gelder günstig einholen und sie teurer wieder verleihen. Was sich einfach anhört, ist in Wirklichkeit eine hochkomplexe Angelegenheit. In einer Welt von Nullzinsen ist es unmöglich, eine vernünftige Zinsmarge zu verdienen. Deswegen mussten die Banken Rückstellungen für Drohverluste auflösen, um ihr Eigenkapital zu stärken, was ihnen von den europäischen Regulierungsbehörden aufgezwungen wurde. Nun haben die Banken zwar mehr Eigenkapital, aber weniger Rückstellungen. In der Bilanz wurde also nur Geld von A nach B verschoben. Die Banken sind damit nur scheinbar sicherer geworden. In Wirklichkeit sind sie genauso wackelig wie eh und je. Das wird spätestens in der nächsten Rezession sichtbar, wenn massenhaft Zombiefirmen in die Pleite rutschen.

Die fehlende Zinsmarge wird auch deswegen zum Problem, weil sie die Banken dazu verleitet hat, ihre Fristentransformation zu überdehnen. Dazu ein simples Beispiel zur Erklärung: Wenn Banken einen Kredit mit einer Laufzeit von fünf Jahren vergeben, refinanzieren sie sich nicht mit einer Laufzeit von fünf Jahren. Das Geld, das sie zur Vergabe eines Fünfjahreskredits benötigen, holen sich die Banker zu einer kürzeren Laufzeit, zum Beispiel für drei Monate. Denn sie müssen für kurzfristige Gelder weniger Zinsen zahlen als für langfristige. Das heißt aber, dass sie sich alle drei Monate frisches Geld leihen müssen. Die Banken sind also ebenso wie die Zombiefirmen anfällig für steigende Zinsen, weil ihre Refinanzierung teurer wird. Die Spanne zwischen kurzfristigen und langfristigen Zinsen ist gegenwärtig ohnehin nur sehr gering. Bereits leichte Zinsanhebungen der EZB bescheren den Banken ein regelrechtes Armageddon in ihrer Bilanz.

Die Banken sind also nicht sicherer, sondern krisenanfälliger geworden. Ihr Geschäftsmodell ist außer Kraft, ihre Kreditbücher sind zombifiziert. Die Insolvenzen der Zombiefirmen sind nicht aufgehoben, sondern nur aufgeschoben. Die vielen Pleitekandidaten im Unternehmenssektor werden, sobald die Zinsen steigen oder die Konjunktur weiter nachlässt, nicht mehr in der Lage sein, ihre Kredite zu bedienen. Oder sie erhalten keine Kreditverlängerungen mehr von den Banken, ähnlich wie Griechenland 2010. Das Resultat ist in beiden Fällen dasselbe. Sie werden in die Insolvenz abrutschen und viele Banken in ihrem Sog mit nach unten ziehen. Zombiefirmen bedeuten letztlich Zombiebanken!

Schuldenexzesse, Zombiebanken, Eurokrise

Insbesondere die italienischen Banken sind ein immenses Risiko für das europäische Finanzsystem. In ihren Bilanzen lauern mindestens 200 Milliarden Euro ausfallgefährdete Kredite, 50 Prozent davon sind unbesichert. Die Banken haben also keinerlei Sicherheiten, auf die sie zurückgreifen können. Im schlimmsten Fall könnten diese Institute das gesamte europäische Bankensystem mit ihrem Zombievirus infizieren. Sollten die italienischen Banken kippen, zieht das einen gewaltigen Dominoeffekt nach sich – und wird auch die deutschen Banken erfassen. Es droht in den 2020er-Jahren also bereits das nächste Bankenbeben. Schon heute haben Europas Geldhäuser laut der deutschen Bundesregierung 700 Milliarden Euro faule Kredite in ihren Büchern.[40] Andere Schätzungen gehen sogar von 1000 Milliarden Euro aus.[41] Rechnet man die Zombiefirmen hinzu, stehen laut dem Bankenexperten Markus Krall sogar 2500 Milliarden Euro auf dem Spiel. Die Existenz des gesamten europäischen Finanzsektors ist damit bedroht. Kommt es zu einer Rezession, werden große Teile dieser notleidenden Kredite ausfallen – und damit das Eigenkapital der Banken massiv angreifen.

Die Gefahren sind immens, wenn eine Bankenkrise aus Südeuropa nach Deutschland überschwappt. Viele Bankkunden könnten das Vertrauen verlieren und ihre Sparguthaben von den Banken abziehen. Die Einlagen sind nur bis 100.000 Euro geschützt, alles darüber hinaus ist in einer Bankenpleite vom Totalausfall bedroht. In der Finanzkrise 2008 konnten Kanzlerin Merkel und der damalige Finanzminister Peer Steinbrück die Katastrophe nur mit der Notlüge abwenden, dass die Kundengelder sicher seien und die Bundesregierung notfalls einspringen werde. Dieses Versprechen wäre im Ernstfall nicht zu halten gewesen. Das hat sich mittler-

Kapitel 2

weile in weiten Teilen der Bevölkerung herumgesprochen. Ein neuerliches Garantieversprechen würde im Falle einer Massenpanik nicht mehr helfen. Viele Banken müssten ihre Türen schließen, um einen Schaltersturm zu vermeiden. Das wiederum würde die Panik der Bankkunden nur verschärfen. Die einzige Lösung, einen Bankenkollaps zu vermeiden, besteht darin, dass der Staat den Banken unter die Arme greift, ähnlich wie in der Finanzkrise 2008. Wahrscheinlich müssen die Regierungen in den 2020er-Jahren wieder milliardenschwere Rettungspakete schnüren. Die ohnehin angeschlagenen Südländer in Europa haben dafür nicht genügend Geld. In der Bundesrepublik Deutschland wäre zumindest die schwarze Null passé. Sehr wahrscheinlich müsste die Bundesregierung neue Schulden aufnehmen, um dies zu finanzieren. Am Ende zahlen die deutschen Steuerzahler wieder die Zeche.

Insofern muss man das Lob an Herrn Draghi wieder stark relativieren. Allerdings kann man nicht ihm allein die Schuld für diese Lage in die Schuhe schieben. Die Verantwortung trägt nicht ausschließlich das kaputte Geldsystem in der Eurozone. Auch die Manager so mancher Großbank haben ihren Anteil. Sie sind keine dem System hilflos ausgelieferten Marionetten, das wäre zu simpel. Als kompetente Finanzexperten und ehrbare Kaufleute sollten sie in der Lage sein, Lösungen für schwierige Situationen wie die Nullzinswelt zu finden, welche die Renditeinteressen ihrer Eigentümer mit den Stabilitätsinteressen der Gesellschaft in Einklang bringen. Angesichts von Millionengehältern in den Vorstandsetagen von Großbanken sollte man dies erwarten können. Bald schon könnte sich zeigen, dass die Bankvorstände dies fahrlässig unterlassen haben. Insbesondere für die deutsche Mittelschicht könnte dies zu milliardenschweren Belastungen führen, die weit über das hinausgehen, was ihr die Nullzinspolitik ohnehin schon aufgebürdet hat – zum Beispiel über höhere Mieten, verpasste Gehaltssteigerungen und entgangene Zinsen.

Warum die Geldpolitik der EZB ein großes Umverteilungsprogramm ist

Die Reichen werden immer reicher und die Armen immer ärmer. Dieser griffige Slogan existiert nicht erst seit gestern. Früher haftete ihm das Image eines Vorurteils an, eines nicht belegbaren Klischees, das nur aus Sozialneid in die Welt gesetzt wurde. Heute ist der Umstand, dass Reiche immer reicher werden, eine Tatsache, die nicht einmal von Ökonomen der neoliberalen Denkschule bestritten wird.[42] Die Ungleichheit zwischen Reich und Arm hat seit den 1980er-Jahren weltweit zugenommen – auch in Deutschland. Die Bundesrepublik zählt in Europa zu den Ländern mit hoher Ungleichheit.[43] Eine Mitverantwortung dafür trägt die lockere Geldpolitik der EZB. Einerseits hilft die EZB den krisengeplagten Staaten in der südlichen Peripherie, andererseits zementiert sie soziale Ungerechtigkeiten in der Bundesrepublik. Sinkende Reallöhne und horrende Immobilienpreise setzen der Mittelschicht in Deutschland zu und sorgen für gewaltige Abstiegsängste. Die deutsche Mittelschicht ist der große Verlierer dieser Geldpolitik. Sie hat die größten Lasten zu tragen. Gewinner hingegen sind die Reichen sowie der deutsche Staat.

Entgegen der landläufigen Annahme, dass nur die anderen Eurostaaten von der Nullzinspolitik profitieren, gibt es fast niemanden in der Eurozone, der mehr Vorteile aus dem Euro zieht als der deutsche Bundeshaushalt. Schließlich

Kapitel 2

sind wir mit 2 Billionen Euro Staatsschulden einer der größten Kreditnehmer in der Eurozone.[44] Auch wenn die Schuldenuhr zum ersten Mal seit Jahrzehnten rückwärtsläuft und wir seit 2015 keine Haushaltsdefizite mehr aufgetürmt haben, so ist das sicher nicht die Folge einer sehr ausgabenbewussten deutschen Haushaltspolitik. Wolfgang Schäuble (CDU), der in seiner Amtszeit als Finanzminister allzu gern südeuropäische Pleitestaaten zu Haushaltsdisziplin aufrief, konnte sich die schwarze Null nur mit der Schützenhilfe von Mario Draghi ans Revers heften. Das billige Geld und der schwache Euro haben die Konjunktur in Deutschland kräftig angekurbelt und dem Finanzminister ermöglicht, Kredite zum Nulltarif aufzunehmen und viele Milliarden Euro an Zinsen einzusparen. Ein öffentliches Dankeschön aus Berlin hat die EZB dafür nicht erhalten – weder von Schäuble noch von seinem Amtsnachfolger Olaf Scholz (SPD).

Der zweite große Profiteur ist die deutsche Exportwirtschaft. Insbesondere mit Ländern aus der Eurozone treiben wir regen Handel, auch wenn dieser seit der Einführung des Euro leicht nachgelassen hat. Manche führen das als Beleg an, dass Deutschland den Euro nicht bräuchte. Das allerdings ist zu kurz gedacht. Wie aus einem Report des Bundesministeriums für Wirtschaft und Energie hervorgeht, erzielt die Bundesrepublik genau mit jenen Ländern deutliche Außenhandelsüberschüsse, die für ihre Staatsschulden in der Kritik stehen.[45] Dazu zählen Frankreich, Italien, Spanien, Portugal und auch Griechenland. Vor allem deutsche Autos, Maschinen und chemische Erzeugnisse sind im europäischen Ausland schwer gefragt. Das ist an sich positiv, gäbe es da nicht das Zahlungsverkehrssystem Target2. Dort lassen die Euroländer momentan ihre Importe anschreiben, ohne dass Deutschland sich dagegen wehren kann.

Die Gesellschafter, Aktionäre und Top-Manager der Exportwirtschaft kümmert dies wenig. Ihnen hat Mario Draghi mit seiner Politik des billigen Geldes üppige Wohlstandszuwächse beschert. Die hohen Exporte gehen zum Großteil auf das Konto des schwachen Euro, der eine direkte Folge der Politik der EZB ist. Je schwächer der Euro ist, desto günstiger können die deutschen Firmen ihre Waren ins Ausland verkaufen. Sie erzielten damit hohe Gewinne. Die Firmeninhaber und Aktionäre profitierten vor allem von hohen Gewinnausschüttungen sowie Kursanstiegen an der Börse. Der Dax zum Beispiel, in dem viele exportlastige Unternehmen gelistet sind, ist von 2009 bis 2018 fast durchgängig gestiegen. In diesem Zeitraum hat der Dax zu Spitzenzeiten mehr als 200 Prozent an Wert gewonnen.

Die Manager konnten sich derweil kräftige Gehaltssteigerungen genehmigen und hohe Boni gönnen. Die Gehaltsschere zu ihren Mitarbeitern hat sich extrem geöffnet. Mittlerweile verdienen deutsche Dax-Vorstände im Schnitt 71-mal so viel wie ein durchschnittlicher Angestellter. Bei exportstarken Unternehmen wie Daimler (171), Siemens (133), BASF (120), Continental (120), BMW (88) und VW (85) waren die Gehaltsabstände der Top-Manager zur Belegschaft sogar noch höher.[46] Allerdings ist zweifelhaft, ob die Manager tatsächlich einen so großen Anteil an dem Aufschwung hatten. Vielmehr hat Draghis Geldpolitik mit dem schwachen Euro die Exportschleusen für deutsche Güter weit geöffnet. Hinzu kam, dass sich die deutsche Mittelschicht seit den 2000er-Jahren in deutlicher Lohnzurückhaltung übt. Das sind die beiden wahren Gründe für die Erfolge der deutschen Exportwirtschaft.

Können wir uns nicht trotzdem freuen über die Exporterfolge? Nein, die Situation ist höchst problematisch. Das deutsche Modell ist extrem abhängig von der Weltwirtschaft. Probleme wie die globale Schuldenblase, die Produktivitätskrise der Industrieländer sowie die schrumpfenden Investitionen könnten bald offenlegen, dass unser deutscher Aufschwung nur eine Scheinblüte war. Vieles hing ohnehin an der hohen Nachfrage aus China. Möglicherweise ist China aber schon in ein paar Jahren nicht mehr in dem Maße auf deutsche Exportgüter angewiesen, wie es noch heute der Fall ist, weil die chinesische Industrie – vor allem die Autobauer – enorme Sprünge nach vorne macht.

Zugleich haben es viele deutsche Unternehmen versäumt, ihre Wettbewerbsfähigkeit zu verbessern. Die Ära des billigen Geldes hat uns träge werden lassen. Wir konnten uns zurücklehnen und uns auf unseren Erfolgen ausruhen. Viele Firmen haben dieses Angebot nur allzu gern wahrgenommen. Wir sind zwar kostengünstiger geworden in der Industrieproduktion, indem wir Hartz IV eingeführt haben und die Löhne der Arbeitnehmer jenseits des Top-Managements künstlich niedrig hielten, wir sind aber nicht besser und innovativer geworden.

Das billige Geld hat einen großen Anteil daran. Geld zum Nulltarif fördert schlechte Investitionen. Denn ist Geld kostenlos vorhanden, ist der Druck nicht mehr so groß, dass sich die Investitionen vernünftig rechnen müssen. Kostet Geld hingegen 5 Prozent Zinsen, müssen die Investitionen mindestens 5 Prozent Rendite wieder einspielen. Sonst wären sie ein Minusgeschäft. Wenn Geld allerdings zum Nulltarif aufgenommen werden kann, dann ist es eben nicht schlimm, wenn die Investition nur knapp darüberliegt. Kapital kann also auch in unrentable Bereiche fließen, ohne dass es zunächst auffällt. Genau das sieht man bei den Zombiefirmen, welche von dem billigen Geld der EZB im Wachkoma gehal-

Schuldenexzesse, Zombiebanken, Eurokrise

ten werden. Ohne Draghi wären sie längst über den Jordan. Die deutsche Produktivität hingegen ist es bereits. Profitiert von Draghis Geldpolitik haben in Deutschland also vor allem Firmeninhaber und Aktionäre der Exportindustrie, Top-Manager, Immobilienbesitzer sowie der deutsche Staat. Das ist eine simple Feststellung ohne klassenkämpferischen Unterton. Auf der anderen Seite stagnieren die Löhne, die Mieten schießen in die Höhe und Sparanlagen werfen keine Zinsen mehr ab. Alles Folgen der Geldpolitik der EZB! Die großen Verlierer sind Arbeitnehmer mit mittlerem Einkommen sowie Sparer und Mieter, also ein großer Teil der deutschen Mittelschicht. Zum harten Kern der Mittelschicht gehören laut Statistischem Bundesamt 38,7 Millionen Menschen in Deutschland. Definiert wird das über das Haushaltsnettoeinkommen. Ein Singlehaushalt zählt dazu, wenn er 1410 bis 2640 Euro netto verdient. Bei Paaren sind es 2110 bis 3960 Euro, bei Paaren mit Kindern 2530 bis 4750 Euro.[47]

90 Prozent aller Deutschen sind Arbeitnehmer, also auch der größte Teil der Mittelschicht.[48] Hingegen sind nur 10 Prozent der Deutschen Aktionäre. Das ist im internationalen Vergleich verschwindend gering. In den Niederlanden sind es 30 Prozent, in den USA 25 Prozent der Bevölkerung.[49] Der größte Teil des deutschen Geldvermögens, das insgesamt 5,9 Billionen Euro beträgt, steckt in zinsabhängigen Sparprodukten. 4,5 Billionen Euro ihrer Ersparnisse legen die Deutschen in Lebensversicherungen, Sparkonten und Tagesgeldern an oder lassen sie einfach auf dem Girokonto liegen.[50] Zudem besitzen hierzulande nur 45 Prozent eine eigene Immobilie.[51] All diese Zahlen zeigen: In Deutschland sind die Profiteure des billigen Geldes in der Minderheit, während die Mehrheit an Wohlstand eingebüßt hat.

Kapitel 2

Das fängt bei der Lohnentwicklung an. Die Geldpolitik der EZB hat die Spielräume für Lohnerhöhungen deutlich begrenzt. Das hängt mit dem ausbleibenden Produktivitätswachstum zusammen. Die deutsche Konjunktur lief dank der Geldschwemme der EZB seit 2010 mit kleinen Einbrüchen wie am Schnürchen. Dadurch hat sie den Firmen den Druck genommen, sich stets verbessern zu müssen und an ihrer Produktivität zu arbeiten. In den Tarifverhandlungen von Arbeitgeberverbänden und Gewerkschaften ist die Produktivität aber das zentrale Element. Nimmt sie nicht ausreichend zu, besteht nur wenig Spielraum für Lohnerhöhungen. Die Gehälter der Arbeitnehmer sind deswegen kaum gewachsen. Die heutige Lohnquote ist längst nicht mehr so hoch wie noch zur Jahrtausendwende. Das hing in den 2000er-Jahren zunächst mit der schlechten Wirtschaftslage in Deutschland zusammen sowie mit der Einführung von Hartz IV. Doch auch im Aufschwung der vergangenen Jahre hat die Lohnquote nicht mehr in dem Maße zugenommen, wie man es in einem Boom hätte erwarten können. Die entgangenen Einnahmen der Arbeitnehmer summieren sich seit dem Jahr 2000 auf 1400 Milliarden Euro beziehungsweise 16.800 Euro pro Kopf.[52] Viele fleißige Arbeiter und Angestellte, die mit ihrer Arbeitskraft einen großen Anteil an dem exportgetriebenen Aufschwung der vergangenen Jahre hatten, haben nicht am Wirtschaftsboom partizipiert.

Hinzu kommt: Der Euro war zwar gut für deutsche Exporteure, hat andersherum aber auch alle Güter, die wir importieren müssen, teurer gemacht. Massengüter wie Smartphones sind zum Beispiel davon betroffen. Für einen gut situierten Manager fallen die höheren Preise nicht so schwer ins Gewicht wie für einen normalen Angestellten. Auch die Urlaubsreisen innerhalb der Eurozone wurden teurer. Die stagnierenden Löhne und die Teuerung von Importgütern haben die Kaufkraft gesenkt und die Wohlstandssituation vieler Deutscher verschlechtert. Da hilft auch das Argument nicht weiter, dass die Lohnzurückhaltung viele Arbeitsplätze gesichert beziehungsweise geschaffen habe. Dies ändert nichts am psychologischen Moment, dass viele Arbeitnehmer ihre Leistung für die Wirtschaft und die Gesellschaft nicht ausreichend wertgeschätzt fühlen.

Das weitverbreitete Gefühl, abgehängt zu werden, resultiert aus einer weiteren Entwicklung. Das ultrabillige Geld der EZB hat in den vergangenen Jahren zu einem Boom auf den deutschen Immobilienmärkten geführt. Beliebte Städte wie München befinden sich bereits in einer veritablen Preisblase. Laut der UBS ist München hinter Hongkong die Stadt mit dem weltweit höchsten Blasenrisiko.[53] In anderen Ballungszentren wie Berlin, Frankfurt, Hamburg und Düsseldorf sieht es ähnlich aus – auch dort haben die Preise stark angezogen. Das wäre eigentlich erfreulich, wenn es in Deutschland eine ausgeprägte Kultur des Eigenheimbesitzes gäbe. Dann hätten die Vermögen der breiten Bevölkerung auf dem Papier zugenommen. Dies ist nicht der Fall. Deutschland ist ein Land der Mieter – und die Mieten haben mit dem starken Anstieg der Immobilienpreise ebenfalls kräftig Auftrieb erhalten.

Von 2010 bis 2017 sind sie in ganz Deutschland um knapp 10 Prozent gestiegen.[54] In den Metropolen sind sie regelrecht explodiert und haben sich stark entkoppelt von den verfügbaren Einkommen. In Berlin haben sich die Mieten seit 2008 verdoppelt, in München sind sie um 60 Prozent in die Höhe geschossen, in Hamburg um 50 Prozent.[55] Das ist natürlich nicht allein der Geldpolitik der EZB zuzuschreiben, allerdings verschärft sie diesen Trend. Lohnzurückhaltung sowie

Kapitel 2

ein gleichzeitiger Anstieg der Mieten sorgen dafür, dass viele Deutsche weniger Geld im Portemonnaie haben.

Am deutlichsten zeigen sich die negativen Nebenwirkungen von Draghis Geldpolitik bei den Sparvermögen der Deutschen. Hier gibt es im Vergleich zum Immobilienmarkt keine regionalen Unterschiede – die Zinsen sind deutschlandweit auf Nullniveau. Die deutschen Sparer wurden von der EZB großflächig enteignet. Von 2010 bis 2017 sind den Sparern Zinseinnahmen in Höhe von 436 Milliarden Euro entgangen.[56] Sie bekommen keine Zinsen mehr auf klassische Anlagen wie Sparbücher und Tagesgelder. Nach Abzug der Inflation vernichten diese Anlageformen sogar die Kaufkraft der Ersparnisse. 2017 lag die Inflation in Deutschland bei 1,7 Prozent. Allein über die Geldentwertung verloren die deutschen Sparer in jenem Jahr 38 Milliarden Euro. Langfristig bedeutet dies immense Verluste. Wer 50.000 Euro zehn Jahre zinslos auf seinem Konto lässt, reduziert bei 2 Prozent Inflation den Wert seines Geldes um mehr als 9000 Euro.

Das ist nicht nur ärgerlich, sondern sogar bedrohlich. Die Nullzinspolitik verschärft die Gefahr der Altersarmut. Durch den massenhaften Aufkauf von europäischen Staatsanleihen hat die EZB die Zinsen extrem gedrückt, teils sogar in den negativen Bereich. Versicherungen investieren aber einen Großteil ihrer Kundengelder in genau diese europäischen Staatsanleihen. Das bedeutet: Während die Zinslasten für südeuropäische Schuldenstaaten sanken, mussten deutsche Lebens- und Rentenversicherungen hohe Zinsverluste einstecken. Die Versicherer mussten ihre sogenannten Überschussbeteiligungen senken. Die Versicherungsnehmer erhalten also weniger Geld im Alter, als die Versicherer ihnen bei Vertragsabschluss prognostiziert haben. Frustrierend ist das für viele, weil die Politik ihnen in den vergangenen Jahren immer wieder eingetrichtert hat, man müsse privat fürs Alter vorsorgen. Nun können aber Riesterrenten & Co. wahrscheinlich ebenfalls nicht die Rentenlücke schließen. Dass sich viele Bürger von der Politik hinters Licht geführt fühlen, erscheint daher mehr als verständlich.

Die Geldpolitik der EZB befeuert also die Umverteilung von Arm zu Reich. Während viele Vermögende profitiert haben, hat ein Großteil der Deutschen an Wohlstand eingebüßt. Die EZB hat dazu beigetragen, die Grundlagen von Produktivität und Wachstum zu zerstören, und damit das Potenzial von Lohnsteigerungen für die Mittelschicht zunichtegemacht. Es trifft also vor allem den hart arbeitenden, fleißigen Teil unserer Gesellschaft. Die Preisblasen an den Immobilienmärkten verschärfen die Situation. Viele müssen immer größere Teile ihres Einkommens für Wohnraum aufwenden. Sie können sich immer weniger leisten. Sparvermögen werden zudem systematisch entwertet, und die private Altersvorsorge kann staatliche Versorgungslücken nicht mehr kompensieren. Große Teile der Mittelschicht werden finanziell abgehängt. Kein Wunder, dass sich ein gewaltiges Frustpotenzial gegenüber den Eliten in Politik und Wirtschaft aufgestaut hat.

Besorgniserregend ist das vor allem deswegen, weil das Ende der Fahnenstange längst nicht erreicht ist. Der Euro hält noch mehr Risiken bereit. Sehr wahrscheinlich kommt es bereits in den 2020er-Jahren zu weiteren erheblichen Belastungen für die deutschen Steuerzahler.

Jedes Euro-Szenario führt zu Verlusten

Die Geldpolitik der EZB ist nicht nur ein großes Umverteilungsprogramm von unten nach oben innerhalb Deutschlands, sondern auch von Nord nach Süd innerhalb der Eurozone. Das hat sich im Zuge des Euro-Krisenmanagements immer deutlicher gezeigt. Die deutsche Position, mehr marktwirtschaftliche Prinzipien und eine stabilitätsorientierte Geldpolitik walten zu lassen, ist im EZB-Rat deutlich in der Minderheit. Jens Weidmann, der Chef der Deutschen Bundesbank, steht dort auf verlorenem Posten. Auch auf der politischen Ebene streben die Staaten der Eurozone in der Mehrheit danach, die Schulden- und Haftungsunion weiter auszubauen. Die finanziellen Risiken, die dies für Deutschland birgt, sind immens. Es existieren insgesamt vier Szenarien, wie die Eurozone mit der Krise der Gemeinschaftswährung umgehen könnte. Zur traurigen Wahrheit gehört, dass jedes einzelne Szenario zu Wohlstandsverlusten in Deutschland führen würde. Ganz gleich, ob der Euro über die 2020er-Jahre hinaus Bestand hat oder nicht, er wird die deutschen Steuerzahler wahrscheinlich Geld kosten.

1. Die Schulden- und Transferunion – Geldpipelines von Nord nach Süd

Der französische Staatspräsident Emmanuel Macron hat am 26. September 2017 an der Pariser Sorbonne-Universität eine viel beachtete Rede zur Zukunft Europas gehalten. Er machte sich vor allem für einen gemeinsamen europäischen Haushalt sowie einen europäischen Finanzminister stark. Beide Ideen sind problematisch, ihre Wirksamkeit ist zweifelhaft. Diese Institutionen würden mit den Hoheitsrechten der nationalen Parlamente konkurrieren. Wie viel hätte der europäische Finanzminister zu entscheiden? Dürfte er Haushaltsbeschlüsse des Deutschen Bundestages torpedieren oder gar ein Veto einlegen? Könnte er die italienische Regierung zwingen, eine Sozialreform durchzuführen? Das erscheint in höchstem Maße unrealistisch. Abgesehen davon, dass die Staaten nur wenig Bereitschaft zeigen, sich ihre nationalen Entscheidungsbefugnisse von der EU beschneiden zu lassen, mangelt es auch an politischer Zustimmung in der Bevölkerung. Zwar verwies Macron in seiner Rede mehrfach auf die europäische Friedensidee, die weiterentwickelt werden müsse, doch das mutet eher als vorgeschobenes Argument an. In Deutschland argwöhnen viele, dass mit einem europäischen Haushalt lediglich den französischen, italienischen oder spanischen Interessen gedient wäre. Diese bestehen zuvorderst in staatlichen Ausgabenprogrammen und der Vergemeinschaftung von Schulden. Den deutschen Interessen läuft das zuwider. Wir beharren auf soliden Staatsfinanzen und wirtschaftlicher Wettbewerbsfähigkeit. Die unterschiedlichen Wirtschaftskulturen der Euroländer sind momentan nicht unter einen Hut zu bringen. Die Lager von Hayek und Keynes stehen sich noch immer viel zu unversöhnlich gegenüber.

Macron beteuerte zwar, es ginge nicht darum, aus der Eurozone eine Schulden- und Transferunion zu machen, doch das ist längst der Fall. Deutsche Steuerzahler haften bereits mit Milliardenbeträgen für die Schulden südeuropäischer Länder, zum Beispiel über den Euro-Rettungsschirm ESM. Dieser bewahrt hoch verschuldete Länder vor der Pleite, indem er Kredite gegen Reformauflagen bereitstellt. Zudem garantiert die EZB, notfalls unbegrenzt Staatsanleihen von Ländern aufzukaufen, die sich dem ESM-Programm unterwerfen. Das Problem: Beide Programme basieren auf der Annahme, dass die Staaten lediglich Liquiditätsprobleme haben, jedoch kein Insolvenzproblem. Das verleitet Staaten wie

Kapitel 2

Griechenland, Portugal oder Spanien dazu, ihre missliche Finanzlage nur als vorübergehende Kreditklemme darzustellen. Es handelt sich in Wirklichkeit aber um strukturelle Finanzprobleme, zumindest bewertet es der Kapitalmarkt so. Mit den ESM-Bürgschaften im Rücken können sich die Staaten weiterhin verschulden, während die Investoren an den Finanzmärkten fast keinerlei Verlustrisiken tragen. Kommt es zu einer Staatspleite, müssen die Steuerzahler anderer Euroländer dafür aufkommen. Dieses Prinzip geißeln die Neoliberalen zu Recht als Vollkasko-Ökonomie. Die Steuerzahler – speziell die deutschen, die den Löwenanteil in der Eurozone schultern – schauen im Extremfall in die Röhre.

Für die Deutschen türmt sich ein weiteres immenses Finanzrisiko im Eurosystem auf – die sogenannten Target2-Salden in der Bilanz der Deutschen Bundesbank. Dabei handelt es sich im Prinzip um einen Dispokredit, den die Deutsche Bundesbank über das Zahlungsverkehrssystem Target2 der EZB zur Verfügung stellen muss – und damit indirekt den Notenbanken anderer Euroländer. Dieser Dispokredit kann von der Deutschen Bundesbank im Gegensatz zu einem normalen Kredit niemals fällig gestellt werden. Wir können die Rückzahlung nicht verlangen. Außerdem erhalten wir aktuell keine Zinsen dafür. Sehr vereinfacht und stark verkürzt dargestellt, funktionieren die Target2-Salden so: Wenn zum Beispiel eine italienische Firma eine Maschine in Deutschland kauft und die Rechnung begleicht – zum Beispiel in Höhe von 10.000 Euro –, aber nicht im selben Maß Geld aus Deutschland nach Italien zurückfließt, entsteht eine Target-Forderung der Deutschen Bundesbank gegen die EZB. Die EZB wiederum baut eine Forderung gegen die italienische Notenbank auf. Denn sowohl die italienischen Banken als auch die italienische Notenbank haben das Geld in der

Schuldenexzesse, Zombiebanken, Eurokrise

Regel nicht, um es zu überweisen – und können es auch nicht schöpfen. Daher leiht sich die italienische Notenbank dieses Geld über das Target-System bei der EZB – und die EZB leiht sich dieses Geld bei der Deutschen Bundesbank. Auf der privatwirtschaftlichen Ebene ist dies kein Problem. Die Gelder sind ganz normal von A nach B geflossen, also das Konto der italienischen Firma wird belastet und die 10.000 Euro werden dem Konto der deutschen Firma gutgeschrieben. Volkswirtschaftlich allerdings ist das höchst problematisch. Denn letztlich liegt das Kreditausfallrisiko damit in letzter Konsequenz beim deutschen Steuerzahler.

Die europäischen Südländer finanzieren so momentan den Import deutscher Güter, da es der viel günstigere Weg ist, als sich das Geld über den Kapitalmarkt zu besorgen. Wenn italienische Sparer ihren maroden Banken nicht mehr über den Weg trauen und ihr Geld zu einer deutschen Bank überweisen, passiert genau das Gleiche. Die Italiener wälzen damit ihre Risiken einfach auf das EZB-System ab und damit in letzter Instanz auf den deutschen Steuerzahler. Dieser muss bei einem großen Knall in der Eurozone den Großteil der Verluste tragen.

Manche Ökonomen reden die Target-Salden klein, weil sie nur einen fiktiven Buchhaltungsposten darin sehen. Das allerdings ist nur so lange der Fall, wie der Euro Bestand hat. Tritt Italien aus dem Euro aus, dann wären die Forderungen der Deutschen gegenüber den Italienern höchstwahrscheinlich weg. Die Target2-Verbindlichkeiten der Italiener gegenüber der EZB belaufen sich aktuell auf rund 500 Milliarden Euro. Bei einem Austritt aus dem Euro könnten die Italiener ihre Notenbank für pleite erklären, alle Forderungen der EZB aus dem Target-System ausfallen lassen und einfach eine neue Notenbank gründen.[57] Von dem Ausfall der Target-Forderungen wäre die Deutsche Bundesbank am schlimmsten betroffen. Sie hält mehr als 25 Prozent der Anteile am haftenden Eigenkapital der EZB.

Damit stellen die Target2-Salden ein riesiges Erpressungspotenzial dar. Durch diesen unkontrollierbaren Geldkanal von Frankfurt aus in den Rest der Eurozone sind die Schuldnerstaaten in eine starke Machtposition gebracht worden. Sie können die Deutschen extrem unter Druck setzen, um sie in eine vertiefte Schuldenunion zu drängen. Getreu dem Motto: Entweder ihr beugt euch und haftet zum Beispiel über Eurobonds für unsere Schulden oder wir gehen in den Konkurs und nehmen eure Target-Salden mit. Dies ist zwar eine sehr überspitzte Darstellung, allerdings darf man nicht den Fehler begehen, das Risiko der Target-Salden zu unterschätzen.

Dieses Risiko beträgt für Deutschland gegenwärtig 868 Milliarden Euro. So hoch ist die Forderung der Deutschen Bundesbank gegenüber der EZB – und damit indirekt gegenüber den anderen Zentralbanken in der Eurozone insgesamt. Fällt der Euro komplett auseinander, ist ein Vollverlust der Target-Salden möglich. Dies würde das Eigenkapital der Deutschen Bundesbank bei Weitem übersteigen und ein Multi-Milliarden-Loch in die Bilanz reißen. Wäre die Deutsche Bundesbank dann pleite? Nein! Im Gegensatz zu privatwirtschaftlichen Banken kann sie auch mit negativem Eigenkapital weiterarbeiten, obwohl sie damit faktisch überschuldet wäre. Sie könnte ihren Geschäftsbetrieb dennoch aufrechterhalten. Allerdings würde dies das Vertrauen in die Stabilität der Institution – und damit in die Stabilität des Geldes – massiv untergraben. Die Bundesbank könnte zwar Geld drucken, doch dies wäre sehr gefährlich. Im schlimmsten Fall droht eine unkontrollierte Inflation. Alternativ müsste der deutsche Staat der Deutschen Bundesbank sehr wahrscheinlich Geld geben, um ihr Eigenkapital wiederaufzubauen. Dieses Geld müsste er entweder durch höhere Steuern oder über höhere Schulden hereinholen – in beiden Fällen bedeutet dies finanzielle Belastungen für jeden einzelnen Bürger.

Es geistern aber noch andere Ideen für eine Vertiefung der Schuldenunion umher. Zum Beispiel eine europäische Einlagensicherung. Damit sollen die Kundengelder von notleidenden Zombiebanken vor der Insolvenz dieser Institute geschützt werden. Es handelt sich also primär um eine Versicherung für die Kunden von Pleitebanken in den südeuropäischen Ländern. Diese Geldhäuser haben massive Probleme aufgrund der vielen Zombiefirmen und haufenweise maroden Staatsanleihen in ihren Bilanzen. Grundsätzlich gilt in der EU: Kundeneinlagen bis 100.000 Euro bei Banken sind geschützt. Jedes Land hat bis dato sein eigenes nationales Einlagensicherungssystem. Diese werden in Südeuropa allerdings bei Weitem nicht ausreichen, wenn dort die Banken in Schieflage geraten.

Eine neue europäische Einlagensicherung soll deswegen Abhilfe leisten. Im Prinzip heißt das: Solide wirtschaftende deutsche Banken wie Sparkassen, Volks- und Raiffeisenbanken sollen in der Not für wackelige Zombieinstitute aus dem Süden einspringen. Die heimischen Banken haben dafür jedoch viel zu wenig Rückstellungen gebildet, als dass sie diesen Anspruch erfüllen könnten. Am Ende wird wieder der deutsche Steuerzahler einspringen müssen. Eine Zwangsfusion der Einlagensicherung der Südländer mit der Einlagensicherung der Nordländer bedeutet die Gefahr einer direkten Umverteilung. Deutsche Banken und möglicherweise auch der deutsche Steuerzahler müssten das Geld ausländischer Bankkunden retten.[58]

Kapitel 2

Auch die Idee von Eurobonds kommt immer wieder auf. Eurobonds stellen nichts anderes als die nächste Stufe einer Schuldenunion dar und bedeuten die völlige Abkehr vom »No-Bail-out«-Prinzip. Der größte Sündenfall der Eurokrise würde mit diesem Instrument verstetigt. Hoch verschuldete Staaten wie Griechenland oder Italien könnten sich mit Eurobonds Geld am Finanzmarkt zu günstigeren Konditionen leihen als bisher. Deutschland hingegen müsste höhere Zinsen zahlen als aktuell bei der Ausgabe eigener deutscher Staatsanleihen. Dies wäre noch zu verkraften, doch die Tatsache, dass alle Eurostaaten gesamtschuldnerisch haften sollen, ist mehr als bedenklich und zugleich unrealistisch.

Würde ein Staat wie Italien, bei dem es um Billionen-Summen geht, ausfallen, bringt das weitere Krisenstaaten in Bedrängnis. Diese könnten aufgrund ihrer eigenen Schuldensituation wahrscheinlich ihre Haftungsverpflichtungen nicht erfüllen. Letztlich bliebe der größte Anteil an den solventen Staaten hängen – und damit in erster Linie an Deutschland. Abgesehen davon, würden Eurobonds einige Staaten wahrscheinlich dazu motivieren, weiter ungebremst Schulden aufzunehmen.

Deutschland ist schon heute als größter Gläubiger der Eurozone erpressbar, insbesondere aufgrund der kontinuierlich steigenden Target-Salden. Je länger dieses System besteht, desto wahrscheinlicher wird es, dass Eurobonds oder die europäische Einlagensicherung irgendwann kommen. Letztlich wälzen andere Eurostaaten ihre Schulden- und Haftungsrisiken auf die deutschen Steuerzahler ab. Das kauft Ländern wie Italien, Frankreich, Spanien und Portugal zwar Zeit, ändert aber nichts an ihrer Schuldenproblematik. Die Eurozone kann durchaus über die 2020er-Jahre hinaus Bestand haben. Irgendwann stößt aber auch dieses System an seine Grenzen und führt aller Wahrscheinlichkeit nach zu einem großen Crash. Dieser wird nur künstlich hinausgezögert. Insofern erscheinen Ideen wie die Auflösung der gesamten Eurozone oder Austritte einzelner Länder durchaus verständlich. Aber auch in diesen Szenarien wird Deutschland am Ende als Verlierer dastehen.

2. Die Auflösung des Euro oder Austritte einzelner Länder

In Deutschland und auch in einigen anderen Ländern der Eurozone häufen sich seit einiger Zeit die Forderungen, den Euro ganz abzuschaffen. Eine geordnete Auflösung würde die alte Ordnung Europas wiederherstellen, die Konflikte beenden und jedem Land erlauben, mit der Hoheit über die eigene Währung das jeweils eigene Wirtschaftsmodell zu verfolgen. Klingt verlockend, ist in der Praxis aber nicht machbar. Es erscheint unrealistisch, dass eine Scheidung von 19 Euromitgliedsstaaten reibungslos über die Bühne geht. Der größte Streit wird sicherlich darüber entbrennen, ob und wie die Altschulden getilgt werden. Erhalten deutsche Investoren wie Banken und Versicherungen, die italienische, spanische und französische Staatsanleihen gekauft haben, ihr Geld in Euro oder in der neuen Lira, neuen Peseten und neuen Franc zurück?

Da die neuen Währungen dieser Länder wahrscheinlich gegenüber einer neuen D-Mark an Wert verlieren, werden diese Länder versuchen, ihre Schulden in der neuen Währung zu bedienen. Möglicherweise erklären sie auch einfach den Staatsbankrott und fangen sofort ganz von vorne an. Die deutschen Banken und Versicherungen müssten dann ihre

Kapitel 2

Forderungen abschreiben, was sie in eine enorme Schieflage manövriert. Die Folge: Für deutsche Firmen wird es schwerer, Kredite zu erhalten, weil die Banken hierzulande Eigenkapital verlieren und somit weniger risikotragfähig sind. Auch die Altersrücklagen deutscher Versicherungsnehmer bekommen einen kräftigen Dämpfer. Die Bundesregierung müsste die Banken wahrscheinlich abermals vor der Pleite retten. Die deutsche Wirtschaft stürzt zeitgleich aber in eine schwere Rezession. Der deutsche Exportboom wäre mit dem Zerfall des Euro dahin. Die D-Mark würde gegenüber den anderen Währungen in Europa stark aufwerten und die Wettbewerbsvorteile der deutschen Exportwirtschaft wären futsch. Zombiefirmen wandern in die Insolvenz, die Arbeitslosigkeit schnellt rapide in die Höhe. Im Prozess der digitalen Transformation würde dies unser Land gewaltig zurückwerfen.

Die Auflösung der Währungsunion bedeutet zudem ein Scheitern historischen Ausmaßes. Die EU wäre am Ende, die europäischen Nationalstaaten wären vollends auf sich selbst zurückgeworfen. Europa würde auf der Weltbühne massiv an Bedeutung verlieren. Den USA und China würde dies kurzfristig wahrscheinlich wirtschaftliche Probleme bereiten, da sie auf den Handel mit Europa angewiesen sind. Langfristig allerdings profitieren sie davon, indem sie größere Verhandlungsmacht erlangen. Wie könnte sich Deutschland allein gegenüber der harten Handelspolitik eines US-Präsidenten wehren, der die deutsche Schlüsselindustrie – die Automobilhersteller – ins Visier nimmt? Wie könnte Deutschland US-amerikanischen Digitalgroßmächten nahelegen, deutsche Datenschutzbestimmungen einzuhalten?

Dass ein einzelnes Land aus dem Euro austritt, erscheint realistischer als eine vollständige Auflösung der Eurozone.

Allerdings hängt das Gefahrenpotenzial stark davon ab, welches Land austritt. Ein Austritt Griechenlands zum Beispiel würde zwar unangenehme Forderungsausfälle in Milliardenhöhe nach sich ziehen, diese wären jedoch verkraftbar. Ein Austritt Italiens hingegen wäre ein finanzielles Desaster. 2200 Milliarden Euro beträgt die Schuldenlast der drittgrößten Volkswirtschaft der Eurozone. Anleihegläubiger hätten durch einen Zahlungsausfall von Italien Verluste von mehr als 700 Milliarden Euro zu befürchten. Auch die deutschen Banken wären mit knapp 100 Milliarden Euro betroffen, deutsche Versicherungen ebenfalls. Im schlimmsten Fall geraten die Einlagen der deutschen Bankkunden sowie die Altersrücklagen der deutschen Versicherungsnehmer in Gefahr. Banken und Versicherer müssten dann vom Staat aufgefangen werden. Heißt im Klartext: Der deutsche Staat muss neue Schulden machen oder aber wir alle müssen höhere Steuern bezahlen.

Daher erscheint es vielen als einzig mögliche Option, dass Deutschland aus dem Euro ausscheidet. Diese Position ist bei einigen deutschen Ökonomen mittlerweile populär. Auf den ersten Blick erscheint sie naheliegend. Die Bundesrepublik gilt in der Eurozone als Störenfried. Wir sind wettbewerbsfähiger als alle anderen Euroländer und weigern uns dennoch standhaft, einen gemeinsamen europäischen Haushalt einzuführen oder einer gemeinsamen Refinanzierung über Eurobonds zuzustimmen.

Dem Euroaustritt Deutschlands steht entgegen, dass die Eurozone ihren zahlungskräftigsten Partner verlieren würde. Zudem müsste Deutschland komplett aus der EU austreten. Nur auf den Euro zu verzichten, geht rechtlich nicht beziehungsweise bedarf der Zustimmung aller beteiligten Euroländer. Dass diese einwilligen, erscheint unrealistisch. Deutschland müsste sich also entscheiden: Euro und EU – oder gar nichts.

Nun könnte man argumentieren, der EU-Austritt Deutschlands wäre die logische Konsequenz. Die Kündigungsfrist dafür beträgt allerdings zwei Jahre. Es würde in der Zwischenzeit Folgendes passieren: Die Südländer überweisen sehr viel Geld nach Deutschland, um von der aufwertenden D-Mark zu profitieren. Das würde die Aufwertung der D-Mark verstärken und die deutsche Exportwirtschaft schwächen. Wir könnten unsere Waren nicht mehr so günstig im Ausland anbieten, möglicherweise wäre eine schwere Rezession die Folge. Gleichzeitig würden sich in dem Übergangszeitraum unsere Target-Forderungen erhöhen, sofern wir keine Kapitalverkehrskontrollen einführen. Die bereits bestehenden Target-Forderungen in Höhe von fast 1 Billion Euro würde Deutschland nach dem Euroaustritt wahrscheinlich komplett verlieren.

3. Schuldenschnitte für Krisenstaaten

Eine dritte Variante bestünde in Schuldenschnitten der südeuropäischen Staaten. Das hat Griechenland im Jahr 2012 bereits Erleichterung verschafft, ging allerdings zu Lasten der Investoren. Banken und Versicherungen mussten 60 Prozent ihrer Forderungen abschreiben. Im Fall von Griechenland hat dies funktioniert, weil die Summen überschaubar blieben. Die Schulden von Ländern wie Italien, Spanien und Frankreich sind aber dermaßen hoch, dass Schuldenschnitte das gesamte europäische Bankensystem ins Wanken bringen würden.[59] Die Banken müssten massive Abschreibungen vornehmen. Dies würde ihr Eigenkapital und somit ihre Möglichkeit, weitere Kredite zu vergeben, schmälern. Eine Kreditklemme für die deutsche Wirtschaft ist die Folge. Selbst gesunde Firmen würden keine Kredite mehr erhalten oder nur zu schlechten Konditionen. Dies ist Gift für die Wirtschaft, schwächt das Wachstum, sorgt für Firmenpleiten und führt zu Arbeitslosigkeit.

Da viele Banken bereits große Probleme haben, die nur durch den Nullzins der EZB bis dato verschleiert wurden, würde sich ein Schuldenschnitt katastrophal auf sie auswirken. Geraten mehrere Banken, die bereits heute Zombies sind, ins Trudeln, würden sie aufgrund des hohen Verflechtungsgrads untereinander weitere Banken mit in den Abgrund ziehen. Ein Schuldenschnitt bedeutet letztlich die Finanzkrise 2.0. Die Gläubiger der Banken, also die Inhaber von Bankanleihen, müssten mit hohen Verlusten rechnen. Abermals wäre der Staat in letzter Instanz gefordert – sprich: die deutschen Steuerzahler.

4. Inflation und Abschreibung von Schulden über die EZB-Bilanz

Lange Zeit war die Inflation in der Eurozone nahezu verschwunden, auch in Deutschland. Das allerdings hat sich in der zweiten Hälfte des vergangenen Jahres geändert. Im Oktober 2018 lag sie in Deutschland mit 2,5 Prozent so hoch wie zuletzt im Jahr 2008. Allerdings werden in der offiziell ausgewiesenen Inflation lediglich Güter und Dienstleistungen erfasst, also die Teuerungsraten von Strom, Benzin, Kleidung, Nahrungsmitteln oder Ausgaben für Freizeit und Kultur. Die Teuerung von Vermögenspreisen wie für Immobilien und Aktien bleibt außen vor. Bezieht man diese mit ein, hätte die Inflation in Deutschland im Jahr 2017 mehr als 8 Prozent betragen.[60]

Das mittelfristige Inflationsziel der EZB liegt bei 2 Prozent. Dieses Ziel zu erreichen, ist die vorrangige Aufgabe der EZB. Diesen Pfad hat sie mit der indirekten Staatsfinanzierung durch den massenhaften Ankauf von Anleihen verlassen. Sie finanzierte über Umwege südeuropäische Schuldenstaaten und sicherte ihnen das Überleben. Zugleich sorgte sie für Preisblasen auf dem deutschen Immobilienmarkt. Nun kommt die Inflation aber auch bei den Verbraucherpreisen in schnellen Schritten zurück. Da die Inflation in Deutschland tendenziell stärker steigt als in anderen europäischen Ländern, könnte theoretisch eine Strategie der EZB dahinterstecken. Diese könnte, einfach dargestellt, darin bestehen, die Inflation in Deutschland stärker anzuheizen als in anderen Ländern wie beispielsweise Italien. Dies würde die unterschiedliche Wettbewerbsfähigkeit innerhalb der Eurozone angleichen. »Deutschland müsste zehn Jahre lang um etwa 4,5 Prozent inflationiert werden, um das Problem der ungleichen Preise innerhalb der Eurozone zu lösen – während Griechenland, Italien und Co. null Inflation hätten«, sagt der Ökonom Hans-Werner Sinn dazu in einem Interview.[61]

So ließe sich theoretisch die Wettbewerbsfähigkeit der Euroländer auf lange Sicht wieder angleichen, sodass die Südländer und die Nordländer wieder unter gleichen wirtschaftlichen Ausgangspositionen operieren könnten. Aber widerspräche das nicht dem Mandat der EZB, die Inflation bei 2 Prozent zu halten? Nicht unbedingt! Sie könnte das 2-Prozent-Ziel auch als Durchschnitt interpretieren. Sie könnte die sinkenden Preise in den Südländern mit den steigenden Preisen in Deutschland verrechnen. Auch dieses Szenario belastet vor allem wieder deutsche Sparer und

Konsumenten. Durch den Nullzins und die steigende Inflation werden ihre Sparguthaben noch mehr angefressen als ohnehin bereits. Zudem müssen sie mehr Geld für ihr tägliches Leben ausgeben, sie können sich weniger leisten. Allerdings ist eine regional begrenzte Inflation eher unrealistisch. Ein kräftiger Anstieg der Preise hätte hierzulande im Boom der vergangenen Jahre längst erfolgen müssen. Das war nicht der Fall. Kräfte wie die schwache Produktivität, das Demografieproblem und die Existenz vielerlei Zombieunternehmen haben in die entgegengesetzte Richtung gewirkt.

Daher kommt eine zweite mögliche Strategie ins Spiel. Die EZB könnte über ihre Bilanz einen Teil der Staatsschulden, die über das Anleihekaufprogramm angehäuft wurden, abschreiben. 10 Prozent dieser Anleihen hält die EZB selbst in ihrer Bilanz, die restlichen 90 Prozent verteilen sich auf die nationalen Notenbanken. Die EZB könnte auf die Rückzahlung dieser Kredite verzichten und den Staaten somit Erleichterung verschaffen. De facto wäre das ein Schuldenschnitt, ohne dass Privatgläubiger wie Banken und Versicherungen auf ihren Forderungen sitzen blieben.

Dieses Szenario klingt zunächst verlockend, weil sich die Staatsschulden dieser Länder auf einen Schlag reduzieren würden. In der Praxis bedeutet das: Das Eigenkapital der EZB wäre auf einen Schlag vernichtet und rutscht in den negativen Bereich. Allerdings könnte auch sie – genau wie die Deutsche Bundesbank – ihren Geschäftsbetrieb weiter aufrechterhalten. Sie wäre nicht pleite wie eine Privatbank. Die Schuldentilgung über die EZB-Bilanz ist jedoch rechtlich problematisch, da es sich in diesem Fall um direkte Staatsfinanzierung handelt. Bislang war das Aufkaufprogramm der Anleihen nur eine indirekte Finanzierung, da die EZB

Kapitel 2

diese über den freien Markt aufkaufte und nicht direkt von den Staaten selbst. Der rechtliche Einwand ist aber nicht der entscheidende Faktor. Die zahlreichen Rechtsbrüche in der EU, wie zum Beispiel die Missachtung der 60-Prozent-Schulden-Regel aus dem Maastrichter Vertrag oder die Aussetzung der »No-Bail-out«-Klausel, haben gezeigt, dass die Institutionen in Europa bereit sind, Regeln außer Kraft zu setzen, wenn es ihnen nützt. Das wahre Problem dieser Maßnahme besteht darin, dass das Finanzsystem einen enormen Vertrauensverlust erleiden würde mit unabschätzbaren Folgen für die Stabilität des Euro-Geldsystems. Die EZB müsste also rekapitalisiert werden, um dies zu vermeiden. Eine explizite Nachschusspflicht der Deutschen Bundesbank zum Eigenkapital der EZB besteht zwar nicht, aber sehr wahrscheinlich müssten die nationalen Notenbanken das Eigenkapitel der EZB trotzdem auffüllen, sofern der EZB-Rat dies beschließen würde. Theoretisch könnte die EZB auch selbst neues Geld drucken. Genau das hat die Reichsbank nach dem Ersten Weltkrieg gemacht. Das führte jedoch zur Hyperinflation von 1923. Daher ist diese Maßnahme sehr unwahrscheinlich.

Eine dritte Variante bestünde darin, die angesammelten Staatsanleihen in den Bilanzen der EZB und der nationalen Notenbanken unbefristet zins- und tilgungsfrei zu stellen. Bilanziell wäre das unproblematisch. Die Forderungen blieben auf dem Papier bestehen. Aber auch hier besteht die Gefahr, dass das Vertrauen ins Geldsystem verloren geht. Im schlimmsten Fall hätte dies Signalwirkung. Wieso sollten Privatpersonen und Unternehmen ihre Schulden noch ordentlich bedienen, wenn Staaten es doch auch nicht müssen? Insofern birgt auch diese Variante die Gefahr enormer Folgekosten.

Zwischenfazit

Zum wahren Wesen der Eurokrise gehört, dass die Eurozone sich in eine Situation hineinmanövriert hat, die Deutschland schwere Verluste zufügen wird. Schon heute hat das Krisenmanagement der EZB mit Geldflut, Nullzinsen und einem billionenschweren Anleihekaufprogramm der deutschen Mittelschicht einen Bärendienst erwiesen. Die Eurokrise hatte zwar positive Effekte für die deutsche Konjunktur, weil die Nullzinsen den Außenwert des Euro niedrig hielten und so die deutsche Exportwirtschaft angekurbelt haben, aber die Mehrheit der Deutschen hat davon nicht profitiert.

Auf der Habenseite stehen eine gute Konjunktur und eine relativ niedrige Arbeitslosigkeit, auf der Sollseite ein massiver Rückgang des Produktivitätswachstums, der Grundlage volkswirtschaftlichen Wohlstands. Die Löhne und Gehälter der Mittelschicht stehen deswegen unter Druck. Zudem sind die Immobilienpreise und Mieten in vielen Regionen explodiert, der Spargroschen und die private Altersvorsoge wurden geradezu systematisch entwertet.

Zudem haben die Banken unter der Nullzinspolitik gelitten. Ihre Geschäftsmodelle wurden außer Kraft gesetzt. Da die EZB mit ihrer Geldpolitik viele Pleitefirmen künstlich am Leben hält, sind die Bankbilanzen vom Zombievirus infiziert. Im Süden Europas existieren massenhaft Zombiebanken, die kurz davor sind, in die nächste große Krise zu schlittern.

Durch die hohe Verflechtung der Banken in der Eurozone könnte sich dies zu einem europäischen Bankenbeben auswachsen. Die deutschen Banken wären davon ebenfalls betroffen. Letztlich steht die Finanzkrise 2.0 vor der Tür. Es ist ungewiss, wann sie eintreffen wird, aber sicher ist, dass die

Kapitel 2

deutschen Steuerzahler für die Verluste aufkommen werden – ähnlich wie im Jahr 2008.

Zudem steckt die Eurozone in einer Sackgasse. Der Kampf der Wirtschaftskulturen setzt sich fort, die Interessen der Mitgliedsstaaten klaffen immer weiter auseinander, der Rückhalt in der Bevölkerung nimmt stetig ab. Alle Optionen, die theoretisch möglich sind, um die Eurokrise zu lösen, kosten Deutschland Geld. Sehr wahrscheinlich wird sich Deutschland irgendwann fügen müssen und einer vertieften Schulden- und Haftungsunion durch Eurobonds zustimmen. Der Euro bliebe damit ein paar Jahre weiter am Leben, doch das würde die Probleme der Eurozone nur hinauszögern. Je länger der Euro in dieser miserablen Verfassung Bestand hat, desto größer werden die Gefahren. Die potenziellen Verluste für Deutschland können astronomische Summen erreichen.

Euroaustritte der Schuldenstaaten oder der Bundesrepublik Deutschland bieten ebenfalls keine adäquate Lösung. Auch dies bedeutet letztlich Verluste für die Deutschen. Einerseits über die Target-Forderungen der Deutschen Bundesbank, die zu einem großen Teil weg wären, andererseits über die große Gefahr einer schweren Rezession. Die Abschreibung der Staatsschulden über die EZB bietet ebenfalls keinen Ausweg. Ergo: Deutschland muss sich sehr wahrscheinlich im Zuge des Euro-Krisenmanagements auf finanzielle Verluste einstellen. Dies offen und ehrlich zu kommunizieren, wäre die Aufgabe der Politik. Leider ist dies bis dato nicht geschehen.

KAPITEL 3

WILLKOMMEN IM UNGLEICHLAND DER SCHEITERNDEN ELITEN

Auf der Rolltreppe nach unten – der Abstiegsdruck der Mittelschicht

Wenn es ums Eigenheim geht, haben viele Deutsche sehr präzise Vorstellungen. Hell soll es sein, gemütlich und ordentlich. Am besten in ruhiger, beschaulicher Lage irgendwo im Grünen.[1] Extravaganzen? Unerwünscht! Jeder Dritte favorisiert ein klassisches Einfamilienhaus. In dieser Vorstellung von dem perfekten Zuhause spiegelt sich der Wunsch nach einer bodenständigen und soliden Lebensführung wider – einer bürgerlichen Existenz in der Mitte unserer Gesellschaft. Die Mittelschicht ist der Sehnsuchtsort der Deutschen. Nicht nur Arbeiter und Angestellte verorten sich dort, sondern auch viele Top-Manager.[2] Als sich der Wirtschaftsanwalt und Multiaufsichtsrat Friedrich Merz im vergangenen Jahr um den CDU-Vorsitz bewarb, nötigte die *Bild am Sonntag* ihm auf, seine persönlichen Vermögensverhältnisse offenzulegen. Obwohl er als Millionär überdurchschnittlich wohlhabend ist, ordnete sich Merz dennoch der Mittelschicht zu. Er lebe Werte wie Fleiß, Disziplin, Anstand, Respekt und die Haltung, dass man der Gesellschaft etwas zurückgibt, wenn man es sich leisten könne. Diese Werte seien prägend für die Mittelschicht, sagte Merz.

Um sich zur Mitte der Gesellschaft zugehörig zu fühlen, spielen also nicht nur Aspekte wie Einkommen und Vermögen eine Rolle. Es kommt eine grundlegende Werthaltung hinzu. Familiensinn, Leistungsbereitschaft, Eigenverantwortung sowie bürgerliches Engagement sind für viele Deutsche elementare Werte. Für die Stabilität unserer Demokratie sowie die Wettbewerbsfähigkeit unserer Volkswirtschaft ist das ein Segen. Mit ihrer Präferenz für moderate Parteien bildet die Mittelschicht das Fundament unseres demokratischen Systems. Mit ihrem Leistungsvermögen garantiert sie den Wohlstand unserer Gesellschaft.

All das droht jedoch zu erodieren. Abstiegsängste sind in Deutschland zunehmend auf dem Vormarsch, besonders am unteren Rand unserer Gesellschaft. Die Furcht vor sozialem Abstieg hat aber auch weite Teile der Mittelschicht erfasst und ist selbst in der oberen Mitte angekommen. 44 Prozent aller Deutschen mit einem monatlichen Nettoeinkommen von 1500 bis 2500 Euro haben Sorgen, dass sich ihre finanzielle Situation in den kommenden Jahren verschlechtert. Im Einkommensbereich von 2500 bis 4000 Euro sind es 32 Prozent, im Bereich über 4000 Euro ebenfalls knapp ein Drittel.[3] Viele haben Angst, ihren Arbeitsplatz und ihren Lebensstandard zu verlieren und sozialen Status einzubüßen. Die Furcht vor Altersarmut gesellt sich hinzu sowie das diffuse Gefühl, übermächtigen Kräften wie der Digitalisierung hilflos ausgeliefert zu sein. Obwohl es Deutschland wirtschaftlich gut geht, hat sich in unserem Land eine tief sitzende Unsicherheit breitgemacht, flankiert von einem tief greifenden Vertrauensverlust in die Eliten aus Politik, Wirtschaft und den Medien.[4]

Woher stammt dieser Pessimismus? Eine Ursache besteht darin, dass ein wichtiges Prinzip unserer Wirtschaftsordnung nicht mehr gilt, welches die Bundesrepublik lange Jahre geprägt hat: die Maxime, dass zunehmender Wohlstand in allen Teilen der Bevölkerung ankommt – dass er von oben nach unten durchsickert. In den Nachkriegsjahrzehnten war diese Überzeugung fester Bestandteil unseres Gesellschaftsvertrags. Nach dem Desaster der NS-Diktatur etablierte sich in Deutschland eine stabile Demokratie, die freie Wahlen und bürgerliche Grundrechte garantierte. Die Ökonomen Walter Eucken, Alfred Müller-Armack und Ludwig Erhard legten mit der sozialen Marktwirtschaft das Fundament für eine florierende Wirtschaft und einen gut ausgebauten Sozialstaat. Die industrielle Massenproduktion ermöglichte steigende Löhne, fallende Preise für Konsumgüter – und damit »Wohlstand für alle«.

Von dem steigenden Lebensstandard profitierten alle gesellschaftlichen Schichten. Soziale Mobilität wurde grundsätzlich möglich, die Bildungschancen glichen sich an. Von nun an konnten auch Kinder aus Arbeiterfamilien studieren und ihre beruflichen Chancen verbessern. Ungleichheiten bei Einkommen und Vermögen blieben zwar bestehen, aber dies spielte keine allzu große Rolle. Insgesamt ging es allen besser, sowohl dem Arzt als auch der Krankenschwester. Es bildete sich eine breite Mittelschicht heraus. Diese fuhr zusammen mit der Oberschicht bis weit in die 1980er-Jahre hinein im sogenannten Fahrstuhleffekt nach oben, den der Soziologe Ulrich Beck für die deutsche Nachkriegsgesellschaft diagnostizierte.

Ähnliche Entwicklungen haben in den vergangenen Jahren rund um den Globus stattgefunden, speziell in den Schwellenländern. China und viele weitere asiatische Staaten haben einen rasanten ökonomischen Aufstieg erlebt. Dort ist eine vitale Mittelschicht entstanden, die sich mittlerweile Autos, Smartphones und ausgiebige Reisen erlauben kann. In China sind zwischen 1981 und 2011 mehr als 750 Millionen Menschen der Armut entkommen. Die Zahl der Personen, die von weniger als 1,90 US-Dollar pro Tag, das heißt in extremer Armut, leben, sank im gleichen Zeitraum weltweit sogar um mehr als eine Milliarde.[5] In Anbetracht dessen ist der Kapitalismus eine globale Erfolgsstory. Er hat vielen Menschen durch den Fahrstuhleffekt ein besseres Leben ermöglicht.

In Deutschland allerdings ist der Fahrstuhleffekt zum Erliegen gekommen. Laut dem Soziologen Oliver Nachtwey gleicht das System hierzulande inzwischen eher einer Rolltreppe, auf der sich der Abstand der Mitte zu den Wohlhabenden zusehends vergrößert. Während die Reichen schnurstracks weiter nach oben fahren, hat sich für die Mittelschicht die Fahrtrichtung geändert – sie fährt nach unten.[6] In weiten Teilen unserer Gesellschaft herrscht großflächiger Abstiegsdruck, während sich diejenigen, die ohnehin einen großen Teil des Wohlstandskuchens vereinnahmen, immer größere Stücke herausschneiden. Eine Passage aus dem Matthäusevangelium bringt dies treffend auf den Punkt: »Denn wer da hat, dem wird gegeben werden, und er wird die Fülle haben; wer aber nicht hat, dem wird auch, was er hat, genommen werden.« In Deutschland hat der Matthäus-Effekt den Fahrstuhleffekt längst abgelöst.

Der Wohlstand unseres Landes ist in den vergangenen Jahren, gemessen am sogenannten Volkseinkommen, stark gestiegen – der guten Konjunktur und dem brummenden Export sei Dank. Es zeigt sich aber auch: Die Firmengewinne und Einkünfte aus Vermögen wachsen seit vielen Jahren schneller als die Gehälter.[7] Das kommt besonders den Spitzeneinkommen zugute, den oberen 10 Prozent. Diese haben ihren Anteil am deutschen Wohlstandskuchen seit den 1990er-Jahren stark ausgebaut. Überproportional profitiert hat vor allem das oberste Prozent, also die Superreichen. Der Anteil der Mittelschicht stagniert hingegen, und die unteren Einkommensgruppen erlitten starke Einbußen. 90 Prozent unserer Gesellschaft nehmen also am deutschen Wohlstandszuwachs nur noch eingeschränkt teil. Bei den Einkommen weist Deutschland im internationalen Vergleich zwar noch keine hohe Ungleichheit auf,[8] doch der Trend ist unverkennbar: Die Einkommensschere öffnet sich immer weiter – die Konzentration von Reichtum nimmt in Deutschland seit den 1990er-Jahren stetig zu.

Nun könnte man argumentieren, es sei fair, dass die Unternehmer immer mehr von dem Kuchen abbekommen. Schließlich tragen diese auch ein größeres Risiko als ein Angestellter oder Beamter. Hohe Einkommenszuwächse belohnen die unsicheren Erfolgsaussichten der unternehmerischen Tätigkeit. Allerdings haben sich die unternehmerischen Risiken in den vergangenen Jahren stark minimiert. Durch den schwachen Euro konnten viele Firmen ihre Waren leichter exportieren, als es mit einer starken D-Mark möglich gewesen wäre. Die Unternehmen profitierten von einer währungsbedingten Sonderkonjunktur.

Gleichzeitig hat die Flexibilisierung des Arbeitsmarktes den Unternehmern größere Verhandlungsmacht gegenüber den Arbeitnehmern beschert. Zeit- und Leihverträge sorgen zwar für mehr Jobs, beschneiden aber auch die Arbeitsplatzsicherheit und üben Druck auf die Gehälter aus. Ein Arbeitsplatz mit geringerer Bezahlung sei immerhin besser als gar keiner, argumentierten die Wirtschaftsverbände – und das Argument hat verfangen. Gewerkschaften und Arbeitnehmer üben sich seit Mitte der 2000er-Jahren in Lohnzurückhaltung. Das ist einer der Gründe, warum es unserer Wirtschaft in den vergangenen Jahren so gut ging. Die höhere Flexibilität der Arbeitnehmer bedeutet ein höheres Maß an Flexibilität für die Unternehmen. Sie haben Gestaltungsspielräume im Personal- und Gehaltsmanagement gewonnen. Das Risiko des unternehmerischen Scheiterns wurde reduziert.

Während die Firmengewinne zulegten und die unternehmerischen Risiken sanken, verschliefen viele Unternehmen jedoch den digitalen Strukturwandel. Einige sind auf die technologischen Umbrüche der kommenden Jahre nicht ausreichend vorbereitet. Werden sie von digitalen Angreifern attackiert, droht ihnen der wirtschaftliche Abstieg. Gut möglich, dass in der digitalen Welt von morgen auch die Einkommen der oberen 10 Prozent unter Druck geraten. Insofern haben sie ein gesteigertes Interesse daran, private Vermögen anzuhäufen, um sich ein Sicherheitspolster zu schaffen. Dies ist in den vergangenen Jahren geschehen. Während die Investitionen in den Unternehmen in die Digitalisierung stagnierten, waren die Investitionen auf privater Ebene ungebremst auf dem Vormarsch. Im Gegensatz zur risikoscheuen deutschen Mittelschicht lassen die Reichen ihr Vermögen eben nicht auf dem Sparbuch versauern. Sie stecken es in renditestarke Anlageformen. Die hiesige Inflation auf den Immobilienmärkten ist ein Indiz dafür.

Dies verschärft die ohnehin starke Ungleichheit der Vermögen in Deutschland. Hier liegen wir im Vergleich mit anderen Ländern auf sehr hohem Niveau. 60 Prozent des gesamten Vermögens entfallen nur auf 10 Prozent der Haushalte, und 75 Prozent aller Deutschen liegen unter dem durchschnittlichen Nettovermögen von 214.000 Euro. Da dieser Durchschnittswert durch extreme Ausreißer nach oben verzerrt wird, ziehen Statistiker das sogenannte Medianvermögen vor. Dieser Wert bedeutet: Es gibt genauso viele Menschen in Deutschland, die ein höheres und die ein niedrigeres Vermögen besitzen. Das Medianvermögen liegt hierzulande bei 60.400 Euro.[9] Auf den ersten Blick ist auch das ein auskömmlicher Betrag. Allerdings haben 30 Prozent aller Deutschen entweder überhaupt keine Rücklagen oder nur so wenig Ersparnisse, dass sie nur wenige Wochen davon leben könnten. Weitere 30 Prozent könnten ohne Einkommen lediglich wenige Jahre überbrücken. Nur bei 15 Prozent reicht das Vermögen für mehrere Jahrzehnte.[10]

Erbschaften und Schenkungen zementieren die Ungleichheit. Sie sind der Hauptgrund, warum sich die Vermögensschere in Deutschland so stark spreizt.[11] Wohlstand beruht immer häufiger auf einem Geschenk oder einem Erbe als auf der eigenen Hände Arbeit. Bis zu 4 Billionen Euro werden in den nächsten zehn Jahren ihren Besitzer wechseln. Knapp zwei Drittel der Hinterlassenschaften kommen den reichsten 2 Prozent unserer Gesellschaft zugute.[12] Sehr wenige erhalten also sehr viel. Für zwei Drittel aller Hochvermögenden ist eine Erbschaft eine der maßgeblichen Ursachen ihres Wohlstands.[13] Es ist paradox: In Reichtum zu leben, gilt hierzulande als despektierlich, Reichtum zu vererben, hingegen als respektabel. Viele sehen es als Pflicht an, ihren Kindern und Enkelkindern eine gute finanzielle Absicherung zu hinterlassen.

Es verwundert kaum, dass Forderungen nach der Anhebung der Erbschafts- und Schenkungssteuer regelmäßig als sozialistische Neiddebatte abgekanzelt werden. Das zeigt, wie emotional und sensibel das Thema ist. Die Kontroverse berührt nicht nur Gerechtigkeits- und Verteilungsfragen, im Kern geht es um die Anerkennung und Wertschätzung von individuellen Lebensleistungen, um familiäre Solidarität und um Eigentumsrechte. Erbschaften sind per se keineswegs ungerecht, im Gegenteil. Doch der Befund, dass sie wesentlich zur Vermögensungleichheit in Deutschland beitragen, ist trotzdem nicht von der Hand zu weisen.

Zur ökonomischen Ungleichheit gesellt sich das Gefühl zunehmender sozialer Unsicherheit. Viele Menschen müssen immer heftiger darum kämpfen, ihren Status zu bewahren. Dahinter steckt der Trend, dass viele Firmen immer mehr Jobs, die nichts mit dem Kerngeschäft zu tun haben, an externe Dienstleister auslagern. In vielen Betrieben existiert eine Zweiklassengesellschaft, bestehend aus der Stammbelegschaft und ausgegliederten Arbeitskräften. Ingenieuren, IT-Experten, Industriefachkräften und Managern mit unbefristeten Verträgen, hohen Gehältern und Anspruch auf betriebliche Zusatzleistungen steht oftmals ein Heer aus Zeit- und Leiharbeitern mit niedriger Entlohnung und kaum vorhandener Arbeitsplatzsicherheit gegenüber. Vor allem Arbeitskräfte mit geringer Bildung und eher anspruchslosen Berufsfeldern stehen in dieser Konstellation auf der Verliererseite.

Nun bedroht die Digitalisierung aber auch altbewährte Berufsbilder mit hohem Qualifikationsniveau – sowohl in den Fabrikhallen als auch in den Verwaltungszentralen. Die zunehmende Unsicherheit auf dem Arbeitsmarkt frisst sich von unten in die Mitte unserer Gesellschaft hoch. Sinkt die Arbeitsnachfrage aufgrund fortschreitender Automatisierung, geraten bald auch gut bezahlte Berufe unter Lohndruck.[14]

Willkommen im Ungleichland der scheiternden Eliten

Wenn viele Berufsgruppen künftig nicht mehr in dem Maß benötigt werden wie heute, werden viele Unternehmen die heutigen Gehaltsniveaus dieser Jobs nicht mehr bezahlen. Die Betroffenen müssen wahrscheinlich starke Einbußen hinnehmen, um überhaupt noch eine Chance zu haben.

Die junge Generation, die frisch auf den Arbeitsmarkt strömt, hat bereits heute mit schwereren Startbedingungen zu kämpfen, als es noch im 20. Jahrhundert der Fall war. Selbst Hochschulabsolventen erhalten nur noch sehr selten Festanstellungen. Praktika und befristete Arbeitsverträge haben Hochkonjunktur, die Einstiegsgehälter sind gesunken. In manchen Berufsgruppen ist ein regelrechtes Dienstleistungsprekariat entstanden, das sich von Projekt zu Projekt hangeln muss. Aus eigener Kraft in die Mittelschicht aufzusteigen, wird für die Jungen immer schwerer.

Neben dem Abstiegsdruck auf die Etablierten und den hohen Einstiegshürden für Berufsanfänger kommt eine weitere beunruhigende Entwicklung hinzu. Wer die soziale Leiter nach oben erklimmen möchte, hat hierzulande schlechte Chancen. Unsere Gesellschaft ist sehr undurchlässig. Die Träume von Aufstieg und sozialem Prestige erfüllen sich trotz guter Bildung und hoher Leistungsbereitschaft für viele immer weniger. Forscher haben ermittelt, dass der soziale Status in Deutschland maßgeblich von dem der Vorfahren abhängt.[15] Je niedriger der gesellschaftliche Status der Eltern, Großeltern und Urgroßeltern einst war, desto geringer ist die Chance auf einen hohen Status heute. Die Chance auf soziale Mobilität war im Nachkriegsdeutschland zwar besser ausgeprägt als heute, blieb für viele aber ebenfalls nur theoretischer Natur.

Die Studie widerlegt damit die bisherige Annahme, dass die Aufstiegsmöglichkeiten in unserem Land nur zu einem geringen Grad von den Vorfahren abhängen. Lange Zeit galt es als ausgemacht, dass Talente, Engagement und Leistung für den heutigen Karriereerfolg wichtiger seien als die Herkunft. Dies jedoch ist eine Mär. In der Berufswelt entscheidet oftmals das sogenannte Sozialkapital, also der Stallgeruch, über berufliche Aufstiege in Top-Positionen.[16] Die wirtschaftlichen Eliten unseres Landes sind eine weitgehend homogene Gruppe, die sich zum Großteil aus Angehörigen des gehobenen Bürgertums zusammensetzt.[17] Für die Rekrutierung spielt die soziale Ähnlichkeit eine große Rolle. Gleich und Gleich gesellt sich gern. Das Leistungsprinzip, nach dem es prinzipiell jeder nach oben schaffen kann, wird damit untergraben.

Daraus ergibt sich ein gefährlicher Mix. Wenn die Ungleichheit zunimmt, die Gefahren eines sozialen Abstiegs größer werden und die Chancen für den Aufstieg durch Leistung immer kleiner, produziert das mehr Verlierer als Gewinner. Frust, Statuskämpfe und gesellschaftliche Konflikte sind die logische Folge. Unsere Gesellschaft ist stark von dem Gedanken der Leistungsgerechtigkeit geprägt. Persönliche Zufriedenheit und sozialer Zusammenhalt sind eng damit verbunden, ob die Verteilung des Wohlstands sowie die Chancen für gesellschaftlichen Aufstieg als gerecht empfunden werden. Dies scheint nicht mehr der Fall zu sein, im Gegenteil.

Auf der gesellschaftlichen Rolltreppe müssen immer mehr Menschen immer größere Anstrengungen unternehmen, um der abwärtsgerichteten Fahrtrichtung Paroli zu bieten. Während die Gehälter stagnieren, haben sich zeitgleich die beruflichen Leistungsanforderungen erhöht. Viele Firmen arbeiten mit einem aggressiven Kostenmanagement. Prozesse werden knallhart auf Effizienz getrimmt, viele Mitarbeiter bis zur Schmerzgrenze ausgelastet. Was auf den ersten Blick betriebswirtschaftlich einleuchtet, birgt jedoch auch die Gefahr, bulimische Unternehmensteile heranzuzüchten, denen die Luft zum Atmen fehlt und die Kraft, neue Wege zu gehen. Das hat Folgen für unser Arbeitsethos: Laut einer Studie des Beratungsunternehmens Gallup haben fünf Millionen Arbeitnehmer in Deutschland innerlich gekündigt. 71 Prozent der Befragten gaben an, nur noch Dienst nach Vorschrift zu verrichten.[18]

Wie soll in einer solchen Umgebung eine kreative Aufbruchsstimmung gedeihen, geschweige denn die Idee für »the next big thing«? Für andere hingegen artet der Beruf zu einer Dauerperformance aus. Sie verzichten auf eine ausgewogene Work-Life-Balance und stellen einen regelrechten Produktivitäts- und Selbstoptimierungswahn zur Schau. Befristete Arbeitsverträge und niedrige Einstiegsgehälter sind sicherlich nicht unschuldig daran. Die rasant angestiegenen Fehlzeiten aufgrund von chronischem Stress, Überforderung, Depressionen und Burn-out-Beschwerden sind die Symptome dieser ungesunden Entwicklung.

Für die Lebensgestaltung der jüngeren Generation hat die Unsicherheit in der Arbeitswelt massive Auswirkungen. Viele bewaffnen sich bis unter die Zähne mit Qualifikationen, können sich aber trotzdem nicht mehr auf ihren Job verlassen. Jeder muss ständig improvisationsbereit bleiben, flexibel und mobil. Um ein Mittelschichtsleben führen zu können, reicht ein Gehalt oft nicht mehr aus. Immer mehr Paare sind gemeinsam berufstätig – aus rein finanziellen Erfordernissen. Berufliches Fortkommen und auskömmliche Gehaltszuwächse lassen sich immer schwerer realisieren. Dies übt starken Druck auf die Familienplanung aus. Diese wird immer weiter nach hinten verschoben, oftmals sogar komplett ausgesetzt. Entscheiden sich junge Paare trotzdem für Nachwuchs, rückt das Problem der Kinderbetreuung in den Fokus. Die Kinderbetreuung in Kitas oder über Tagesmütter ist in großen Teilen Deutschlands immer noch mit Kosten verbunden. Der Traum von einem Häuschen mit Garten aus eigener Kraft rückt damit in schier unerreichbare Ferne. In manchen Vierteln der großen Städte wie Berlin, München und Hamburg sind selbst die Mieten so exorbitant gestiegen, dass sogar zwei Gehälter nicht mehr reichen, um eine Wohnung für eine kleine Familie zu bezahlen. Unsichere Arbeitsverhältnisse, stagnierende Gehälter, explodierende Mieten, großer Druck, privat fürs Alter vorzusorgen (bei gleichzeitigem Nullzins), zudem ein Spitzensteuersatz, der bereits ab 56.000 Euro Bruttoeinkommen für Singles und 112.000 Euro für Verheiratete greift – wer sich fragt, warum es gärt und brodelt in unserer Mittelschicht, der findet in dieser Aufzählung die Antworten.

Ist Ungleichheit per se etwas Schlechtes? Nein! Einige Ökonomen argumentieren, dass Ungleichheit ein zentrales Element der Marktwirtschaft sei. Sie führen zu Recht an, dass Gleichmacherei die falschen Anreize setzt. Wer strengt sich noch an im Beruf, wenn der faule Kollege genauso viel verdient wie der Leistungsträger? Wer denkt sich noch innovative Produkte aus, wenn ihm die Gewinne oder das angehäufte Vermögen vom Staat wieder abgenommen werden? Das sind berechtigte Einwände. Ökonomische Ungleichheit ist also nicht automatisch ungerecht, solange sie an das Leistungsprinzip gekoppelt ist. Dahinter steckt die meritokratische Erzählung, wonach derjenige, der sich anstrengt, in der Regel auch belohnt wird. Bildung und Leistung boten jahrzehntelang eine solide Basis für eine erfolgreiche Erwerbsbiografie. Gesellten sich Fleiß, Disziplin, Anstand und Respekt hinzu – also die Tugenden, die Friedrich Merz für sich und die gesamte Mittelschicht reklamiert –, bestand für Wohlstand und gesellschaftlichen Aufstieg immer eine faire Chance.

Das ist heutzutage anders. Die Chancengerechtigkeit hat sich deutlich vermindert. Bildung, Leistung und Einsatz garantieren vielen Berufseinsteigern nicht einmal mehr einen Arbeitsplatz – von einer Festanstellung ganz zu schweigen. Auch die Verteilungsgerechtigkeit hat abgenommen. Weite Teile unserer Gesellschaft profitieren nicht mehr von dem steigenden Wohlstandsniveau unseres Landes, obwohl sie einen gehörigen Anteil dazu beitragen. Das Wachstum kommt vielfach nur noch den Reichen und der oberen Mitte zugute. Für die untere Mitte und den harten Kern der Mittelschicht hingegen wird die Gefahr eines sozialen Abstiegs immer größer. Die Digitalisierung erhöht das Risiko von Arbeitslosigkeit und Statusverlust. Zugleich wird die Chance für einen gesellschaftlichen Aufstieg immer kleiner. Die Herkunft entscheidet stark über berufliches Fortkommen und begünstigt jene, die bereits aus bürgerlichen Verhältnissen stammen.

All das zusammen verweist darauf, dass wir es in Deutschland mit einer Ungleichheit zu tun haben, die weder gerecht noch ökonomisch gesund ist. Vielmehr untergräbt sie wichtige Prinzipien unserer Wirtschafts- und Gesellschaftsordnung, die einst den Garanten unseres Wohlstands bildeten. Der Traum von einer bürgerlichen Existenz in der Mitte unserer Gesellschaft wird für viele immer schwerer zu verwirklichen. Für die Wettbewerbsfähigkeit unserer Wirtschaft ist dies keineswegs förderlich. Angst, Stress und Frust bewirken das Gegenteil von unternehmerischer Aufbruchsstimmung. Die Grundlagen für Innovationen, neue Geschäftsmodelle und hervorragende Produkte sind Motivation, Engagement, Kreativität und ein starkes Arbeitsethos. Wenn wir hier nicht stark bleiben, fährt unsere gesamte Volkswirtschaft bald nicht mehr im Fahrstuhl nach oben. Dann geht es auf der Rolltreppe für uns alle bald abwärts.

Die polarisierte Gesellschaft und der schwierige Elite-Begriff

Neben der zunehmenden Einkommens- und Vermögensungleichheit sind weitere Trennlinien in unserem Land entstanden. Unsere Gesellschaft spaltet sich nicht nur ökonomisch, sondern auch in sozialer, politischer und kultureller Hinsicht. Laut dem Politikwissenschaftler Wolfgang Merkel zerfällt sie in zwei große Lager, deren Wertvorstellungen und Weltanschauungen immer weiter auseinanderdriften, ebenso wie ihre Interessen und Ziele. Auf der einen Seite stehen die Kosmopoliten, auf der anderen Seite die Kommunitaristen.[19] Der Konflikt der beiden gegensätzlichen Lager entzündet sich vor allem an der Gretchenfrage, ob die Grenzen der Nationalstaaten offen oder geschlossen sein sollen. Dies bezieht sich auf Flüchtlinge und Asylsuchende, aber auch auf die Arbeits-, Kapital- und Produktmärkte.

Die Kosmopoliten sprechen sich für offene Grenzen aus, für Freihandel, Globalisierung und die EU. Sie verfügen oft über eine hohe Bildung, überdurchschnittliche Einkommen und sind meist in der oberen Hälfte der Gesellschaft anzutreffen. Sie sehen sich selbst als Weltbürger und stellen dies selbstbewusst zur Schau. Weltoffenheit ist für sie ein Statussymbol. Multikulturalismus stehen sie aufgeschlossen gegenüber. Schutzsuchenden Asyl zu gewähren, ist für sie eine humanistische Pflicht. Von den wirtschaftlichen und gesellschaftlichen Entwicklungen der vergangenen Jahrzehnte haben sie profitiert.

Den Gegenpol bilden die Kommunitaristen. Sie empfinden sich als Verlierer der Globalisierung und sehnen sich zurück in die vermeintlich geordneten Verhältnisse der Nachkriegsjahrzehnte. Sie haben ein hohes Interesse an geschlossenen Grenzen. Sie verdienen in der Regel weniger als die Kosmopoliten, sind schlechter gebildet und eher in der Unter- und Mittelschicht zu verorten. Der EU stehen sie kritisch gegenüber, Multikulturalismus lehnen sie ab. Von Flüchtlingen und Asylsuchenden fühlen sie sich wirtschaftlich und kulturell bedroht. Zum einen konkurrieren sie mit ihnen um Arbeitsplätze, Sozialleistungen und Wohnraum, zum anderen fürchten sie den Verlust nationaler Identität. Diese garantierte ihnen ein Mindestmaß an Stabilität in unserer schnelllebigen Welt. Nun geht ihnen auch dieser Anker verloren.

Zugegeben, die sozioökonomische Beschreibung dieser beiden Gruppen ist ziemlich zugespitzt. Es handelt sich um theoretische Idealtypen. Schließlich gibt es auch Menschen am oberen Rand unserer Gesellschaft, die Freihandel und Einwanderung kritisch gegenüberstehen. Ebenso wie viele Menschen in prekären Verhältnissen beides eindeutig befürworten. Die Realität zeigt jedoch, dass sich unsere Gesellschaft an der Frage von offenen oder geschlossenen Grenzen immer weiter entzweit. Immer mehr Menschen neigen der einen oder der anderen Sichtweise zu und lehnen die jeweils andere Perspektive kategorisch ab. Es tut sich eine immer größere Kluft auf zwischen dem, was beide Seiten für richtig und wichtig halten. Die Gemeinsamkeiten im Denken, Fühlen und Handeln lösen sich zunehmend auf, begleitet von einem wachsenden Unverständnis für die Sicht der anderen.

Kapitel 3

In der Flüchtlingskrise ist der Konflikt zwischen den beiden Wertewelten erstmals offen zutage getreten. Der unkontrollierte Zustrom von Migranten war die Initialzündung für ein Wiedererstarken der kommunitaristischen Sichtweise in der öffentlichen Debatte. Zuvor wurden die gesellschaftlichen Diskurse in Deutschland von den Kosmopoliten beherrscht. Neue Lebensformen standen im Fokus: die gleichgeschlechtliche Ehe, Chancengleichheit der Geschlechter und ökologische Fragen. Die Kosmopoliten setzten die Themen und übten in der Gewissheit, moralisch auf der richtigen Seite zu stehen, die öffentliche Deutungshoheit aus. Ihre Anliegen empfanden die Kommunitaristen jedoch als abgehoben. In der kommunitaristischen Lebenswelt spielen diese Ideale politischer Korrektheit keine Rolle. Die kommunitaristische Perspektive fand kaum noch Berücksichtigung in der gesellschaftlichen Debatte, auch nicht in der Politik. Ihre Sehnsucht nach sozialem Zusammenhalt, kontrollierten Grenzen, begrenzter Zuwanderung und kultureller Identität wurde lange Zeit ignoriert. Viele Menschen in Deutschland fühlten sich im öffentlichen Diskurs nicht mehr repräsentiert, sogar regelrecht ausgegrenzt.

Dies rächt sich nun in Form einer Revolte gegen die moralische Scheinüberlegenheit der Etablierten. Lange Zeit war Kritik an den liberalen Positionen des Mainstreams verpönt, doch die Kommunitaristen begehren nun lauthals dagegen auf. Insbesondere die AfD kompensiert die mangelnde Repräsentanz vieler Menschen in der Öffentlichkeit. Sie inszeniert sich als programmatischen Gegenentwurf zum Establishment. Sie gibt vor, als einzige Partei die wahren Interessen der Bevölkerung zu vertreten. Von kosmopolitischen Positionen grenzt sie sich vehement ab. War die Anti-Haltung zum Euro einst der Gründungsmythos der Partei, hat sie mit der Migration und der Generalkritik am Islam neue Themen gefunden. Regelmäßig proklamiert sie ethnische und religiöse Unterschiede zwischen Deutschen und Ausländern. Mit gezielten Provokationen und Tabubrüchen stellt sie die politische Korrektheit der Kosmopoliten infrage. Nicht selten greift sie nationalsozialistische Semantik auf oder verharmlost die NS-Diktatur. Parteichef Alexander Gauland verkürzte im Sommer 2018 die Naziherrschaft auf einen »Vogelschiss in der deutschen Geschichte«.

Mit solchen Statements erzeugt die Partei regelmäßig mediale Aufmerksamkeit, aber auch öffentliche Empörung. Nach wie vor ächtet und verurteilt die Mehrheit in Deutschland solcherlei Äußerungen. Asyl- und Islamkritik sowie nationalistische und mitunter rassistische Positionen stoßen jedoch immer mehr auf fruchtbaren Boden. Die hohen Umfragewerte der AfD sind der beste Beweis dafür, ebenso die Pegida-Demonstrationen, die seit mehreren Jahren regelmäßig stattfinden. Auch der Wahlsieg von Donald Trump in den USA oder die Erfolge von Marine Le Pen bei den Präsidentschaftswahlen in Frankreich zeugen davon. Rechtspopulistische Parteien sind in nahezu jedem EU-Land Bestandteil der politischen Landschaft. Das Establishment ist alarmiert und warnt bereits eindringlich vor dem Verfall der demokratischen Ordnung und einer neuen Ära des Nationalismus. Die Fronten verhärten sich.

Der Kulturkampf zwischen beiden Lagern hat Folgen für unsere Gesellschaft. Wir befinden uns mitten in einem Prozess intensiver Polarisierung. Der Konflikt gewinnt immer mehr an Schärfe. Besonders unter den Kommunitaristen hat sich eine diffuse Wut Bahn gebrochen, es liegt eine latent aggressive Stimmung in der Luft. Die Kommentarspalten der Online-Medien und die sozialen Netzwerke mögen nur einen Teilausschnitt des gesellschaftlichen Klimas abbilden, doch sie sind trotzdem ein Indikator, wie es um den Gemütszustand unseres Landes bestellt ist. Die Diskussionen dort werden oft hitzig geführt, der Tonfall ist rüde. Auf Fakten und Meinungen, die vom eigenen Weltbild abweichen, reagieren viele mit harscher Kritik, Häme und Beleidigungen. Polemik dominiert den Diskurs. Darin kommt vor allem eine große Unzufriedenheit mit den herrschenden Verhältnissen zum Ausdruck. Langzeitstudien von Trendforschern zeigen, dass fast 90 Prozent der Deutschen eine grundlegende gesellschaftliche Neuorientierung für notwendig halten, gleichzeitig aber schwarzsehen für die Zukunft.[20]

Früher war dies oft nicht anders. Schon immer blickten viele Menschen pessimistisch in die Zukunft. Allerdings wurde unsere Gesellschaft im 20. Jahrhundert durch einen weitgehenden Wertekonsens in der Mitte zusammengehalten. Parteien, Kirchen, Gewerkschaften und Medien genossen ein hohes Maß an Zuspruch und Vertrauen. Dies ist heute nicht mehr der Fall. Es hat sich ein tief sitzendes Misstrauen gegenüber dem Establishment gebildet. Viele empfinden eine tief gehende Entfremdung gegenüber »denen da oben«. Manche fühlen sich getäuscht und manipuliert, ja regelrecht verraten von den Eliten. In den sozialen Medien ist pauschales Eliten-Bashing zu einer Art Volkssport avanciert. Das Internet bietet die Bühne für Verschwörungstheorien, Beschimpfungen und Hasskommentare.

Besonders Politiker werden zur Zielscheibe der öffentlichen Erregung. Ihr öffentliches Image ist so schlecht wie nie. Sie gelten als selbstverliebte Pöstchenjäger und inkompetente Abnicker von Gesetzesvorlagen, die es mit der Wahrheit nicht so genau nehmen. Oft werden sie sogar als Volksverräter geschmäht, die den Interessen der Nation absichtsvoll zuwiderhandelten. Einige Politiker werden im Netz mit Beleidigungen und anderen justiziablen Geschmacklosigkeiten bombardiert, sogar mit Morddrohungen. Auch der Berufsstand der Journalisten sowie das gesamte Mediensystem sind in Verruf geraten. Die »Lügenpresse« und der gebührenfinanzierte Rundfunk bilden in den Augen vieler ein linksgerichtetes Meinungskartell, das gezielt Desinformationen und Staatspropaganda verbreite.

Auch das Image unserer Wirtschaftsführer hat in den vergangenen Jahren gelitten. Nicht wenige halten Top-Manager für eine kungelnde Clique aus egomanischen Ich-AGs, die sich in ihren Konzernzentralen vom Rest der Gesellschaft abschotten. Sie kassieren Millionengehälter, die sie oftmals gar nicht wert seien. Ohne Unrechtsbewusstsein oder ethische Bedenken streichen sie selbst bei unternehmerischem Missmanagement hohe Boni ein, während die kleinen Leute die Konsequenzen ihrer Fehlentscheidungen ausbaden müssen. Allerdings wird in vielen Online-Foren geraunt, die Manager seien nur Handlanger der großen Wirtschaftsdynastien. Diese erlesenen Zirkel seien die wahren Machthaber, die hinter verschlossenen Türen die Weltgeschicke lenkten und die Menschheit schamlos ausbeuteten. Um ihre Interessen und Ideologien durchzusetzen, indoktrinieren sie sowohl die Politik als auch die Medien. Sie seien die größten Profiteure unseres kaputten Systems.

Nicht nur um den Leumund der milliardenschweren Superreichen ist es schlecht bestellt. In Deutschland genießen Wohlhabende generell kein hohes Ansehen. Viele sehen sie als habgierige Raffkes. Sie seien rücksichtslos, materialistisch und überheblich.[21] In der Vorstellung vieler Menschen frönen reiche Erben, die in ihrem Leben nichts geleistet haben, einem dekadenten und verschwenderischen Lebensstil. Sie verschanzen sich in protzigen Villen fernab vom Alltagsleben der normalen Menschen. Anstatt sich um die Gesellschaft verdient zu machen, beschäftigen sie Heerscharen von windigen Beratern, die für sie jedes noch so kleine Steuerschlupfloch ausloten, um ihr Vermögen in Steueroasen zu verschieben. Der im Grundgesetz verankerte Leitsatz »Eigentum verpflichtet« habe für sie keinerlei Bedeutung. Die Reichen seien nichts weiter als egoistische Nichtsnutze.

Handelt es sich dabei nur um kleingeistige Ressentiments und Sozialneid? Um ungerechtfertigte Vorurteile und pauschale Herabwürdigungen? Um fehlgeleitete Emotionen einer undankbaren Bevölkerung, die nicht begreift, welchen Mehrwert ihr die Leistungsträger bescheren? So oder ähnlich lauten oftmals die Argumente der Geschmähten, wenn sie sich gegen die Generalangriffe verteidigen. Diese Abwehrreflexe sind nachvollziehbar. Form und Inhalt des Eliten-Bashings sind in vielen Fällen indiskutabel und schießen völlig übers Ziel hinaus. Insbesondere die Drastik der Vorwürfe und die unsachlichen Argumentationen, die oftmals ins Postfaktische abdriften, machen es leicht, die Eliten-Kritiker als Spinner oder Verschwörungstheoretiker abzutun. Das allerdings ist ein schwerer Fehler. Das Unverständnis der Eliten für die Polarisierung der Öffentlichkeit offenbart zwei Dinge. Erstens: Ihre Lebenswelten haben sich von den normalen Bürgern längst entkoppelt, und sie können deren Probleme nicht mehr nachvollziehen. Zweitens: Unsere Gesellschaft entsolidarisiert sich nicht nur von unten nach oben, sondern auch von oben nach unten.

Die Eliten wären allerdings gut beraten, die Stimmungslage im Land ernst zu nehmen. Es stellt sich die Frage, ob die polemische und großteils überzogene Kritik an ihnen nicht doch ihre Berechtigung hat. Die cholerische Art sowie das

Willkommen im Ungleichland der scheiternden Eliten

diffuse Durcheinander der Anschuldigungen sollten nicht den Blick dafür versperren, dass sich dahinter verständliche und legitime Anliegen verbergen. Unreflektierte Pauschalkritik ist absolut deplatziert, doch letztlich ist sie nur das Symptom real existierender Missstände. Für diese tragen die Eliten durchaus eine Mitverantwortung. Um welche Probleme es sich konkret handelt, wird in den weiteren Kapiteln beschrieben.

Die Kritik an den Eliten muss sich allerdings dringend versachlichen. Wer wirklich etwas ändern möchte, erreicht dies nicht über unreflektiertes Eliten-Bashing. Ein erster Schritt besteht darin, sich klar zu werden, was unter dem Begriff »Elite« überhaupt zu verstehen ist. Wenn man Politiker, Top-Manager, Journalisten und ganz allgemein die Reichen in einen Topf schmeißt, dann erscheint dies reichlich willkürlich. Zählen wirklich alle von ihnen ausnahmslos zur Elite unseres Landes? Der Redakteur einer Lokalzeitung ebenso wie der Chef eines großen Medienkonzerns? Der Hinterbänkler im Kreistag ebenso wie die Kanzlerin? Daran zeigt sich, dass »Elite« zwar gern als Kampfbegriff benutzt wird, aber seine Bedeutung ziemlich schwammig ist. Nicht einmal in der Sozialforschung existiert eine allgemein gültige Definition. Vor allem eine Frage steht im Raum: Was ist das zentrale Kriterium, um zur Elite zu zählen? Leistung? Intellekt? Herkunft? Geld? Popularität? Prestige? Macht?

Gehört der Sprössling eines alten Adelsgeschlechts dazu, der mit einem Millionenvermögen gesegnet ist, aber keiner Arbeit nachgeht? Was ist mit einem Fußballprofi, der auf seinem Gebiet herausragende Leistungen erbringt, aber nur über geringe Bildung verfügt? Zählt ein Showsternchen dazu, auf dessen Meinung Hunderttausende Fans großen Wert legen? In allen Fällen verneinen es die meisten sicher, dass diese Personen zur Elite gehören. Warum aber gehört der Chef der Deutschen Bank eindeutig zur Elite, der Chef der örtlichen Sparkasse aber nicht?

Die Journalisten Georg Meck und Bettina Weiguny haben sich in ihrem Buch *Der Eliten-Report* für eine sinnvolle und weit ausgelegte Definition entschieden. »Elite bedeutet Führung, Macht, meistens auch Geld«, schreiben sie.[22] Wichtiger als Einkommen und Besitz ist der Faktor der Gestaltungs- und Entscheidungsmacht. Zur Elite gehören also nur Personen in einflussreichen Positionen, die in der Lage sind, gesellschaftliche Entwicklungen zu beeinflussen. Musiker, Sportler und Showstars zählen nicht dazu, auch wenn sie oft ungeheuer vermögend sind und auf viele Menschen großen Einfluss ausüben. Ihnen fehlt es schlicht an formaler Macht.

Wenn hohe Einkommen und Vermögen keine alleinigen Kriterien sind, um zur Elite zu gehören, dann ist die Pauschalkritik an diesen auch wenig zielführend. Selbstverständlich ist die Lebenswelt in Villenvierteln mit großzügigen Anwesen, prachtvollen Fassaden, noblen Restaurants, Bio- und Feinkostläden sowie Tennis- und Golfclubs eine ganz andere als in den Mittelschichtsquartieren oder den sozialen Brennpunkten unserer Republik. Dieser Befund ist nicht von der Hand zu weisen. Allerdings ist daran nichts anstößig. In unserer Gesellschaft steht es jedem frei, sein Leben so zu gestalten, wie er es für richtig hält, sofern er sich auf dem Boden von Recht und Gesetz bewegt. Zudem haben sich viele Wohlhabende ihren Wohlstand durch Bildung, Leistungsbereitschaft und Leistungsvermögen erarbeitet. Dies kam der Gesellschaft in Form von sinnvollen Produkten und Dienstleistungen, Arbeitsplätzen oder steuerlichen Transferleistungen zugute. Auch Reichtum, der über Erbschaften erlangt wurde, ist nicht verwerflich. Erbschaften repräsentieren das im Grundgesetz verankerte Recht auf Eigentum und den freiheitlichen Umgang damit. Dies stellt einen wichtigen Pfeiler unserer Wirtschaftsordnung dar.

Diese Klarstellung widerspricht keineswegs dem Befund, dass sich in unserer Gesellschaft eine ökonomisch ungesunde Ungleichheit entwickelt hat. Diese stellt eine potenzielle Gefahr sowohl für den Zusammenhalt als auch den Wohlstand unseres Landes dar. Allerdings sind die Reichen nicht die richtigen Adressaten für die Kritik an diesen Umständen. Die Eliten in Politik und Wirtschaft hingegen schon!

Die gefährliche Uniformität unserer Wirtschaftseliten

Was haben die Bundesrepublik Deutschland und der Tech-Gigant Apple gemeinsam? Beide sind ausgesprochen wohlhabend und genießen weltweit hohes Ansehen. Apple bescherte der Menschheit mit dem iPhone ein Produkt, das unseren Zeitgeist maßgeblich geprägt hat. Die Smartphone-Revolution beförderte den US-Konzern in die Riege der wertvollsten Firmen der Welt. Mittlerweile schüttet Apple so viel Gewinn an seine Aktionäre aus wie kein anderes Unternehmen auf der Welt. Der Konzern sitzt auf einem riesigen Cash-Berg und hortet mehr als 100 Milliarden Dollar Barreserven. Tim Cook, der Nachfolger von Steve Jobs an der Konzernspitze, investiert das Geld jedoch nicht in neue Produkte, sondern kauft lieber im großen Stil eigene Aktien zurück. Allein von Anfang 2016 bis Ende 2018 nahm Cook fast 130 Milliarden Dollar in die Hand, um seine Eigentümer bei Laune zu halten.[23]

Kapitel 3

Der Börse allerdings schmeckt das nicht mehr so recht. Die Aktie hat zuletzt deutlich an Wert verloren. Apple zehrt zwar immer noch von dem Nimbus, alles, was die Firma auf den Markt bringe, sei wegweisend und bahnbrechend, doch in Wirklichkeit ist es schon lange her, dass der Konzern etwas Bahnbrechendes auf den Markt gebracht hat. Seit dem Tod von Steve Jobs, dem genialen Mastermind des Konzerns, fehlen dem Unternehmen die Energie und das nötige Quäntchen Wahnsinn für den nächsten großen Wurf. Tim Cook verwaltet Jobs' Erbe zwar durchaus solide – mehr aber auch nicht.

Die Parallelen zwischen Deutschland und Apple sind kaum zu übersehen. Ähnlich wie das Logo von Apple, der berühmte angebissene Apfel, steht das Gütesiegel »Made in Germany« für technologisch erstklassige Produkte. Unsere Industrieunternehmen schwimmen im Geld und unser BIP erreicht Jahr für Jahr neue Rekordhöhen. Allerdings sind wir stark von dem Erfolg unserer Exportwirtschaft abhängig, ähnlich wie Apple vom Verkauf des iPhones. Zudem verschlafen einige deutsche Manager den digitalen Wandel, ebenso wie es Tim Cook versäumt, in neue Produkte zu investieren, die dem Nimbus des super-innovativen Tech-Konzerns gerecht würden.

Die wichtigsten Gründe für die Innovationskrise unserer Wirtschaft wurden im ersten Kapitel bereits erläutert. Allerdings lohnt sich ein weiterer genauer Blick in die deutschen Chefetagen. Statt um wirtschaftspolitische Versäumnisse, kaputte Entscheidungsmechanismen in den Unternehmen und unzeitgemäße Firmenkulturen geht es nun um die Top-Manager selbst. Diese sind von immenser Bedeutung für die Zukunftsfähigkeit unseres Landes. Sie verwalten Milliardensummen, bestimmen über Investitionen, und ihre Entscheidungen tangieren Zigmillionen Arbeitsplätze. Sie tragen eine enorme Verantwortung für die Gesellschaft. Aber wer sind diese Leute, die die Geschicke unserer Wirtschaft lenken? Der Soziologe Michael Hartmann hat sich dieser Frage angenommen. Seine Analyse liefert aufschlussreiche Ergebnisse. Die soziale Gleichförmigkeit unserer Managementeliten ist frappierend. 80 Prozent der Vorstandschefs der 100 größten Firmen Deutschlands stammen aus dem Bürger- und Großbürgertum, zumeist aus den oberen 4 Prozent unserer Gesellschaft. Bei den Aufsichtsräten sind es sogar 85 Prozent. Soziale Aufsteiger, Frauen und Ausländer sind in den Top-Positionen kaum zu finden. Bei den Bildungsabschlüssen dominieren Wirtschafts- und Ingenieurswissenschaften sowie Jura. Hartmann beschreibt den typischen deutschen Top-Manager so: männlich, hochgewachsen, aus gutem Hause.[24] Die deutsche Wirtschaftselite ist eine erstaunlich homogene Gruppe.

Dies hängt vor allem damit zusammen, wie die Top-Jobs in den Konzernen vergeben werden. In der Regel bestimmt der Aufsichtsrat über die Besetzung der Vorstandsposten. Das Verfahren ist oft sehr informell, die Auswahl hängt stark von persönlichen Faktoren ab. Es wird viel weniger nach rationalen Kriterien entschieden, als gemeinhin vermutet wird. Sympathie, Bauchgefühl und die gleiche Wellenlänge sind oft die ausschlaggebenden Kriterien.[25] Die Entscheider suchen – bewusst oder unbewusst – nach Leuten, die ähnlich ticken wie sie selbst. Wer in den Vorstand eines großen Unternehmens aufrücken möchte, sollte also vor allem über eines verfügen: habituelle Ähnlichkeit mit den Personen, die dort bereits sitzen. Dabei geht es um Weltanschauungen, Dress- und Benimmcodes, Souveränität im Auftreten, Vorlieben für Freizeitaktivitäten, Allgemeinbildung, manchmal

Kapitel 3

auch um das Zurschaustellen einer vermeintlichen Überlegenheit. Angehörige des Großbürgertums erwerben dieses Sozialkapital von Kindesbeinen an. Gegenüber Konkurrenten aus anderen gesellschaftlichen Schichten besitzen sie damit einen großen Vorteil. Bei ansonsten gleichen Bedingungen haben Bürgerkinder in großen Firmen eine bis zu 17-mal höhere Chance auf Vorstandsposten als Arbeiterkinder, lautet Hartmanns Befund.

Dieser Mechanismus der Elitenrekrutierung ist hochproblematisch und mit der Gerechtigkeitstheorie des Philosophen John Rawls nicht vereinbar. Rawls war überzeugt, dass ökonomische Ungleichheit fair und gerecht sei, wenn sie das Ergebnis individueller Leistung darstelle und jeder über dieselben Chancen verfüge, in ein Spitzenamt zu gelangen.[26] Das ist in unserer Wirtschaft ganz offensichtlich nicht der Fall. Die ungleiche Verteilung der Zugangschancen in die Managementelite widerspricht einem grundlegenden Prinzip unserer Wirtschaftsordnung, das viele Top-Manager immer wieder proklamieren, wenn sie das Hohelied des Wettbewerbs anstimmen.

Ohne Wettbewerb kein Wohlstand, lautet ihr Credo. Gesunde Rivalität treibe Menschen und Firmen an, zu tüfteln, zu optimieren und zu revolutionieren. Wettbewerb macht das Bessere zum Feind des Guten. Auf dem Arbeitsmarkt des eigenen Berufsstands scheint dieses Prinzip jedoch nicht zu gelten. Wenn die soziale Herkunft ein zentrales Kriterium für die Vergabe von Top-Jobs darstellt, dann kann von freiem Wettbewerb keine Rede sein. Im Zweifel setzen sich nicht die Besten durch, sondern diejenigen, in denen sich die angegrauten Herren als junge Männer wiedererkennen. Dieses System erinnert an die aristokratischen Verhältnisse vergangener Zeiten. Die mit Verve vorgetragenen Plädoyers für Wettbewerb muten aus dem Munde einiger Konzernchefs daher ziemlich bigott an.

Viele Bürger empfinden dies sicher als unfair, doch nur die wenigsten streben eine Karriere in den höchsten Wirtschaftskreisen an. Vielen war es daher gleichgültig, was »die da oben« mauschelten, solange es allen gut ging. Auch gegen die Tatsache, dass sich die Einkommen der Spitzenkräfte immer weiter von denen der Normalbürger entkoppelten, regte sich lange Zeit kein Widerstand. Die breite Masse nahm es murrend hin, dass sie im Aufschwung immer weniger Anteile von dem Wohlstandskuchen abbekam, während sich die Wirtschaftselite extreme Gehaltssteigerungen und Millionen-Boni gönnte. Viele Unternehmen begründeten das damit, dass sie in einem internationalen Kampf um die besten Köpfe stünden. Die exorbitanten Gehaltsniveaus der Amerikaner galten plötzlich als Maßstab. Man könne nur noch Zweite-Liga-Manager akquirieren, wenn man seine Top-Leute nicht ähnlich gut bezahle.

Diese Argumentation ist in doppelter Hinsicht falsch. Weder besteht im Ausland eine hohe Nachfrage nach deutschen Führungskräften für die Besetzung von Spitzenpositionen noch wurde der Aufschwung der vergangenen Jahre von besonders brillanten Managerleistungen getragen. Die Versäumnisse unserer Autoindustrie und die miserable Verfassung der deutschen Großbanken sind die besten Beispiele dafür. Der Aufschwung unserer Wirtschaft geht in weiten Teilen auf Sonderfaktoren zurück. Der globale Verschuldungsboom und der schwache Euro spielten den Konzernchefs in die Karten und trieben jahrelang die Gewinne.

Die Managergehälter geraten jedoch immer mehr in den Fokus der Öffentlichkeit und werden in den sozialen Medien lauthals kritisiert. Das hat seinen Grund. Viele Menschen sind alarmiert und beunruhigt angesichts der ungewissen Zukunftsperspektiven unserer Wirtschaft. Viele spüren: Das Fundament unseres Wohlstands bröckelt. Die 2020er-Jahre werden in ökonomischer Hinsicht wahrscheinlich ein ungemütliches Jahrzehnt. Die negativen Folgen müssen alle ausbaden, doch die Risiken sind ungleich verteilt. Die Fehler und Unterlassungen der Wirtschaftseliten wirken sich auf die breite Masse besonders negativ aus. Ganze Existenzen stehen auf dem Spiel. Rutscht ein normaler Angestellter in die Arbeitslosigkeit ab, trifft ihn das viel härter als den CEO eines großen Konzerns. Die Eliten fallen weich, denn sie erhielten zuvor Spitzengehälter und kassieren zum Abschied üppige Abfindungen, obwohl sie oft der Auslöser der Misere sind. Sie sind in der Regel dafür verantwortlich, wenn die Firmen Leute entlassen müssen. Meistens sind Fehlentscheidungen des Vorstands der Auslöser: verpasste Trends, unterlassene Investitionen, falsche Strategien.

Tummeln sich in den Chefetagen der Großkonzerne also nur Nieten in Nadelstreifen und kungelnde Blender? Diese Sicht ist in Deutschland ziemlich populär, aber sie stimmt nicht. Viele Manager sind äußerst smart, fleißig und effizient, einige sogar brillant. Das Problem besteht nicht darin, dass dort oben grundsätzlich die Falschen sitzen. Das Problem ist: Dort sitzen zu viele vom gleichen Schlag. Der Manager-Mainstream lässt sich in drei Worte fassen: Neoliberalismus, Shareholder-Value, Zahlenfixierung. Dieses hohe Maß an Homogenität ist brandgefährlich. Fußballteams, die nur aus Abwehrspielern oder nur aus Stürmern bestehen, können nicht gewinnen. Wie sollen sich kreative Diskurse entspinnen ohne Diversität in den Denkweisen und Weltanschauungen? Wie sollen Visionen entstehen ohne den berühmten Blick über den Tellerrand? Das Risiko ist groß,

Willkommen im Ungleichland der scheiternden Eliten

in den immer gleichen Routinen und Verhaltensmustern verhaftet zu bleiben. Statt mutige Wagnisse einzugehen, bedient man sich der Methoden, die schon immer erfolgreich waren.

In einer Zeit vielfältiger technologischer Umbrüche, die sich parallel und in wahnsinniger Geschwindigkeit vollziehen, ist das Gift. Heutzutage ist Querdenkertum gefragt: Revolution statt Evolution! Konzerne jedoch sind eher evolutionär angelegt – und das liegt auch an ihren Führungskräften. Große Ambitionen, am altbewährten Status quo zu rütteln, zeigen die wenigsten. Viele setzen nach wie vor auf das Vertraute, auf das, was sich kalkulieren und steuern lässt. Auf das Optimieren von Bestehendem mithilfe von Statistiken, Analysetools und einem prall gefüllten Baukasten vielfältiger Managementmethoden. Fällt einem gar nichts mehr ein, werden eben eigene Aktien zurückgekauft oder haufenweise Unternehmen übernommen. Dieser technokratische Ansatz allerdings hat sich längst überlebt.

Der Erfolg von Apple unter der Ägide von Steve Jobs fußte eben nicht darauf, die Firma mit Rationalisierungen auf Rendite zu trimmen oder mit Zukäufen aufzublähen. Der Konzern stellte immer wieder den technologischen Stand der Dinge infrage, entwickelte originelle Ideen und setzte sie konsequent um. Unter Jobs verfügte Apple über genügend Kreativität und anarchische Impulse für bahnbrechende Innovationen. So entstanden ganz neue Gerätekategorien wie der iPod oder das iPad, von denen keineswegs klar war, dass sich ein riesiger Markt für sie finden würde. Risikobereitschaft, Intuition und ein tiefes Verständnis für die Bedürfnisse der Menschen – das waren die Erfolgstreiber von Steve Jobs. Diese Eigenschaften werden immer wichtiger in der Wirtschaftswelt von morgen. Gekoppelt mit den neuen technologischen Möglichkeiten, ergeben sich für Unternehmen unglaubliche Potenziale.

Allerdings wird es schwer, diese mit klassischen BWL-Denkmustern auszuloten. Viele Manager hängen immer noch dem Irrglauben an, die Zukunft ließe sich mit Excel-Tabellen und Datenbanken planen. Marktprognosen, Produktkalkulationen und Kundenanalysen sind für einige nicht nur Hilfsmittel, sondern regelrechte Heilsbringer. Maximale Renditen sind oft das Primärziel statt nur der Gradmesser von Erfolg. Dieses Mindset hat seinen Ursprung in der ökonomischen Ausbildung. Lange Zeit sahen viele Ökonomen ihre Disziplin als eine Naturwissenschaft an. Es herrschte der fast schon religiöse Glaube, man könne die Wirtschaft mit Formeln und Modellen erklären, berechnen und lenken. Vielen Managern wurde in ihrer Ausbildung der Glaube an Mathematik und Rationalität eingebläut, als handelte es sich um die reine, unveränderbare Wahrheit.[27]

Impulse aus Fächern wie der Soziologie, Geschichte, Philosophie und Politik fehlen meist gänzlich. Geistiger Pluralismus scheint nicht erwünscht zu sein, das humboldtsche Bildungsideal spielt keine Rolle. »Gier ist gut«, der berühmte Spruch des Film-Bösewichts Gordon Gekko, ist immer noch das Mantra der ökonomischen Disziplin. Mit der Formel »Eigennutz ist rational« wird er nur netter verpackt. Die Dimension dieser drei Worte ist nicht zu unterschätzen. Dahinter verbirgt sich ein allumfassendes Welt- und Menschenbild, das die Denkweise vieler Top-Manager prägt: die Vorstellung, es sei legitim und zum Vorteil aller, danach zu streben, was für einen selbst am besten sei.

Profitieren wirklich alle davon, wenn man stets nur das Beste für sich selbst im Blick hat? Eher nein! Die Folgen können sogar fatal sein. Dieses Denkmuster fördert genau jene

Willkommen im Ungleichland der scheiternden Eliten

Uniformität in den Spitzenpositionen unserer Wirtschaft, die für unser Land so gefährlich ist. Nachwuchsmanager, die nach dieser Philosophie handeln, lernen schnell: Wer Karriere machen will, der sollte genau das tun, was für den direkten Vorgesetzten am nützlichsten ist. Nur das bringt einen weiter. Kurzfristige Zielvorgaben zu erfüllen, ist ergiebiger für den Aufstieg, als kreative Experimente mit ungewissem Ausgang voranzutreiben. Querdenkertum wird nur selten honoriert und deswegen kaum gelebt. Pragmatismus siegt. Die langfristigen Konsequenzen dieser Mainstream-Maxime für die Unternehmen oder die gesamte Gesellschaft geraten vollständig aus dem Blickfeld.

In so einem System profitieren vor allem diejenigen, die sich an die bestehenden Strukturen anpassen und persönliche Risiken vermeiden. Die Konzerne züchten so immer neue Nachwuchstechnokraten heran. Immer wieder wird der gleiche Menschenschlag nach oben gespült: smarte Optimierer, extrem intelligent und fachlich kompetent – letztlich aber glatt geschliffen, opportunistisch und konventionell. Sogar die Karrierewege der Managementeliten gleichen einander, als seien sie vorgefertigten Schablonen entsprungen. Auf einen MBA-Abschluss, oft mit Promotion veredelt, folgen in der Regel ein paar Jahre in einer großen Unternehmensberatung wie McKinsey, der Aufstieg zum Partner, der Wechsel in einen Konzern, die Übernahme von Auslandsdivisionen und letztlich die Berufung in den Vorstand. Wer diese Ochsentour hinter sich hat, ist sehr wahrscheinlich ein glänzender Performer, aber sicher kein kreativer Innovator.

Kaum verwunderlich, dass es Unternehmertypen meist nicht in die großen Firmen zieht. Sie haben keine Lust auf Bürokratie, festgefahrene Strukturen, Ränkespiele und Konzernpolitik. Sie wollen sich austoben, experimentieren,

Kapitel 3

Dinge schnell auf den Weg bringen, notfalls auch schnell wieder einstampfen. Diese Arbeitsweise ist großen Konzernen völlig wesensfremd. Die Chancen von Steve Jobs auf eine klassische Karriere in einem Großkonzern hätten folglich nahe null gelegen. Er bewegte sich gedanklich zu weit außerhalb des Mainstreams. Zudem galt er als sozial unverträglich, über großbürgerlichen Stallgeruch verfügte er ebenfalls nicht. Wahrscheinlich wäre er angesichts seiner Vita nicht einmal zum Bewerbungsgespräch geladen worden. Jobs war Studienabbrecher. Der mühsamen Uni-Paukerei zog er einen Selbstfindungstrip in Indien vor. Auch Bill Gates tüftelte in Harvard lieber im Computerraum herum, als Vorlesungen zu besuchen, und brach sein Studium vorzeitig ab. Und ein gewisser Mark Zuckerberg hängte sein Studium ebenfalls an den Nagel, nachdem sein neu gelaunchtes Online-Netzwerk binnen kürzester Zeit durch die Decke ging.

Nun ist ein abgebrochenes Studium freilich kein Indikator für unternehmerische Kreativität und Querdenkertum. Allerdings gibt es eine weitere verblüffende Auffälligkeit, wenn man die Bildungskarrieren weiterer erfolgreicher Entrepreneure betrachtet. Die Google-Gründer Larry Page und Sergey Brin studierten beide Informatik. Brin dazu Mathematik, Page Ingenieurswissenschaften. Amazon-Chef Jeff Bezos war in Elektrotechnik und Informatik eingeschrieben und Alibaba-Gründer Jack Ma ist ausgebildeter Englischlehrer. Kein Einziger von ihnen hat ein wirtschaftswissenschaftliches Fach studiert. In Deutschland hingegen liegt die BWLer-Quote bei den Konzernvorständen immer noch bei mehr als 50 Prozent.

In einer Zeit, in der Diversität, Methodenvielfalt und interdisziplinäres Denken zu zentralen Erfolgsfaktoren geworden sind, gibt die deutsche Wirtschaftselite ein erstaunlich homogenes Bild ab. Sowohl in puncto sozialer Herkunft als auch bei den Ausbildungs- und Karrierewegen. In den Top-Positionen unserer Wirtschaft herrscht ein zu hohes Maß an Uniformität. Für die Herausforderungen, die der disruptive Wandel mit sich bringt, ist das kein guter Mix. Die deutsche Managerzunft steht vor der Wahl: weitermachen wie bisher und den letzten Rest Kredit in der Bevölkerung verspielen oder endlich umsteuern und sich selbst konsequent infrage stellen. Es bleibt zu hoffen, dass Letzteres geschieht.

Das ist nicht nur im Interesse der Bevölkerung, sondern auch im Interesse der Manager selbst. Sie tragen eine große Verantwortung für ihre Kunden, Aktionäre, Mitarbeiter und die gesamte Gesellschaft. Das ist eine große Bürde – und bedeutet ein enormes Reputationsrisiko. Über die Leistungen der Chefs großer deutscher Industrieikonen richten letztlich die Geschichtsbücher. Dafür gibt es zahlreiche Beispiele. Der Name Jürgen Schrempp wird auf ewig mit der Fusion von Daimler und Chrysler verbunden sein. Diese angebliche »Hochzeit im Himmel« kostete Tausende Menschen ihren Arbeitsplatz und vernichtete Zigmilliarden Euro Börsenkapital. Martin Winterkorn hingegen, dem Ex-Chef von VW, droht die Gefahr, für alle Zeiten auf den Dieselskandal reduziert zu werden. In beiden Fällen paarte sich Hybris mit Renditedruck und überholten Denkmustern. Zusammen erzeugte dies einen giftigen Cocktail, der zu Lasten der Firmen und am Ende auch der Allgemeinheit ging.

Die Reputation der drei Herren ist infolgedessen deutlich angekratzt. Auch das viele Geld, das sie während ihrer Amtszeit verdient haben, macht die öffentliche Schmach nicht wett. Sie alle haben finanziell sicher ausgesorgt, aber das dürfte nur wenig Trost spenden. Bleibt zu hoffen, dass diese Beispiele den Top-Managern von heute eine Warnung sind.

Kapitel 3

Angela Merkel und das Versagen der politischen Klasse

Angela Merkel ist eine *lame duck*, eine lahme Ente. So bezeichnen die Amerikaner einen Präsidenten, der nicht mehr zur Wiederwahl antritt. Politisch geht dies meistens mit einem Stillstand einher. Zum einen beschäftigt sich die Öffentlichkeit in der Übergangszeit mehr mit der Nachfolgefrage, zum anderen verliert der Amtsinhaber in der Regel an Handlungsfähigkeit und Gestaltungsmacht. Es scheint, als habe Merkel mit ihrem Rückzug vom CDU-Parteivorsitz und der Ankündigung, 2021 nicht mehr als Bundeskanzlerin zu kandidieren, einen idealen Zeitpunkt für ihren Abgang gewählt. Vordergründig geht es Deutschland blendend. Merkel selbst wird nicht müde, dies zu betonen. In ihrer Amtszeit sind die Staatsschulden gesunken, es stehen so viele Menschen in Lohn und Brot wie noch nie, die Steuereinnahmen sprudeln, die Exporte boomen, und beim Umweltschutz gab es starke Fortschritte. Einen Großteil dieser Erfolge schreibt sich die Kanzlerin nur allzu gern selbst zu.

In Wirklichkeit hinterlässt Merkel ihrem Nachfolger im Kanzleramt kein bestelltes Haus. Obwohl unser Land in den vergangenen Jahren wirtschaftlich prosperierte, befindet es sich in einem desolaten Zustand. In sozialer, ökonomischer und politischer Hinsicht ist Deutschland gespalten wie nie. Trotz jahrelangen Wirtschaftsbooms geht es vielen Menschen nicht besser als vor zehn Jahren. Speziell der Mittelschicht, die nicht nur faul in der sozialen Hängematte gelegen hat, sondern fleißig mit anpackte, geht es oft sogar schlechter. Das Risiko, auf breiter Front Wohlstand einzubüßen, hat massiv zugenommen. Unser Land ist weder wirtschaftlich noch mental auf die technologischen Umbrüche der kommenden Dekaden vorbereitet. Hinzu kommt die noch immer ungelöste Eurokrise, in der sich die Wirtschaftskulturen der Nord- und Südländer feindlich gegenüberstehen und die Interessenkonflikte immer weiter verschärfen. Gleichzeitig strapaziert der massenhafte Zustrom von Flüchtlingen die Sozialkassen, sorgt für Verteilungsängste, kulturelle Überforderung und überlastete Kommunen. Politisch ist die CDU nach 14 Regierungsjahren unter Angela Merkel zerrissen, die SPD liegt auf dem Sterbebett, und die AfD ist fast ungebremst auf dem Vormarsch.

Die »Alternative für Deutschland« formiert sich aus ganz unterschiedlichen Milieus und Denkrichtungen. Sowohl konservative und wirtschaftsliberale Positionen sind dort vertreten als auch völkische, nationalistische und offen rassistische Strömungen. Dass derartige Weltanschauungen in Deutschland eine Renaissance erleben, ist Teil des politischen Erbes von Angela Merkel. Ihre Flüchtlingspolitik hat maßgeblich dazu beigetragen. Das lässt sich an der fast schon neurotischen Fixierung rechtsgerichteter Kommentatoren auf die Kanzlerin ablesen. Sie dient als Hassobjekt, Feindbild und Sündenbock zugleich. Viele neigen dazu, der Kanzlerin die Schuld für jede einzelne Fehlentwicklung in unserem Land in die Schuhe zu schieben – als wäre sie die alleinige Urheberin all unserer Probleme. Das ist unterkomplex und unreflektiert, im Duktus oft nah an der Grenze zur Schmähung.

Allerdings ist der angekündigte Rücktritt Merkels zweifelsohne längst überfällig. Für Deutschland ist es besser, dass Merkel bald nicht mehr regiert. Ihr Politikstil bietet in der heutigen Zeit weder Sicherheit noch Orientierung. Viele Menschen, die sie lange Jahre dank ihres sachlichen, unprätentiösen und unaufgeregten Wesens für sich einnahm, sind mittlerweile ernüchtert und enttäuscht. Im Wahlkampf 2013 hob sie noch mit dem Slogan »Sie kennen mich« darauf ab, dass sie verlässlich und vertrauenswürdig sei – quasi der Anker der deutschen Stabilität. Damit fuhr sie damals einen haushohen Wahlsieg ein. Heutzutage ist es mit der deutschen Stabilität allerdings nicht mehr weit her. Wir stehen mit dem Dekadenwechsel in die 2020er-Jahre vor dem Beginn einer Phase massiver Umbrüche und Diskontinuitäten. Viele Menschen fragen sich: Wohin steuert unsere Gesellschaft, wohin steuert unser Land? Welche Auswirkungen haben die neuen Technologien, der Plattform-Kapitalismus, die Umwälzungen unserer Industrien und der desolate Zustand des Euroraums auf unser Leben? Wie können wir unseren Wohlstand erhalten, wie wollen wir in Zukunft leben?

Merkel bemüht sich nicht einmal, auch nur den Ansatz einer Antwort auf die Zukunftsfragen der Menschen zu formulieren, geschweige denn eine vage Idee. In einer Zeit, in der es dringend geboten wäre, konstruktive Diskurse über die Gestaltung unserer Zukunft zu führen, hüllt sich die Bundeskanzlerin in Schweigen. Ihrer politischen Kultur der diskursiven Totalverweigerung bleibt sie treu. Sich aus den gesellschaftlichen Debatten herauszuhalten und erst spät Position zu beziehen, war lange Jahre vorteilhaft für sie. Doch der Zeitgeist hat sich gedreht. Merkels visionsloser Pragmatismus, der sie einst so erfolgreich und beliebt machte, hat sich überlebt.

Das Problem der Kanzlerin ist: Sie verfügt weder über eine eindeutige politische Haltung noch über klar erkennbare Prinzipien. Im Jahr 2003 fragte sie der Journalist Hugo Müller-Vogg nach dem Kern ihrer politischen Überzeugungen und erntete nur ein ironisches Lächeln samt Kommentar: »Ich weiß, ich weiß, das ist die Frage, auf deren Antwort ganz Deutschland wartet.«[28] Auf die Antwort wartet Deutschland bis heute. Der Philosoph Richard David Precht brachte dies süffisant auf den Punkt, als er in einem Interview rhetorisch fragte: »Hat Merkel ihre Ideale verraten? Mir nicht!«[29] Die Nichterkennbarkeit eines politischen Credos bestimmt ihr Bild in der Öffentlichkeit. Merkel gilt als Politikerin ohne politische Überzeugungen,[30] als Kanzlerin, die nur Kanzlerin ist, um Kanzlerin zu sein. Ihr gesamtes politisches Handeln ist nur von ihrem Willen zur Macht motiviert – und war bis zu ihrer Rückzugsankündigung auch nur auf den Machterhalt fixiert. Der Vorwurf ist hart, aber nicht ungerechtfertigt: Merkel ist eine weitgehend überzeugungsfreie Opportunistin.

Die Liste ihrer zahlreichen Politikwechsel zeugt davon. In den Wahlkampf 2005 zog sie mit einem neoliberalen Programm, womit sie sich als marktbejahende Ordnungspolitikerin inszenierte. Das hätte sie fast den Wahlsieg gekostet. Offenbar lernte sie daraus, dass das Beziehen eindeutiger Positionen aus machttaktischer Perspektive nachteilig ist – und unterließ es in der Folge. In der Großen Koalition gab sie ihre neoliberalen Positionen auf und begann nach und nach mit der »Sozialdemokratisierung« der CDU. Mindestlohn, Abschaffung der Wehrpflicht, Rente mit 63: All das wurde unter Merkels Ägide beschlossen. Viele Konservative in der Partei beäugten diese Beschlüsse äußerst skeptisch – und fühlten sich bei der programmatischen Verschiebung nach links nicht ausreichend mitgenommen.

Die Modernisierung der CDU rüttelte an ihrem Selbstbild. Dennoch fand kein echter Diskurs darüber statt – wie so oft unter Merkel. Sie präsentierte sich zwar als Change-Managerin, aber den Wandel verordnete sie eher, als dass sie ihn kommunizierte oder gar zur Diskussion stellte. Viele Konservative ihrer Partei sahen dem mit Grausen zu und witterten bald schon reines Kalkül. Aus ihrer Sicht verkaufte Merkel das konservative Weltbild, um links der Mitte Wählerstimmen zu gewinnen und so ihre Machtbasis zu sichern. Schließlich gab es vor dem Aufkommen der AfD rechts der Mitte keine wählbare Alternative zur CDU. Dafür aber einen Haufen SPD-Wähler links der Mitte, die Merkel den Sozialdemokraten abspenstig machen konnte – und dies auch tat. Die Kanzlerin leistete damit einen Beitrag, die ohnehin schwächelnde SPD, die sich nach den Hartz-IV-Reformen der Regierung Schröders in desolater Verfassung befand, immer weiter zu verzwergen.

Den zweiten großen Politikwechsel vollzog Merkel mit der überhasteten und bis heute für viele kaum nachvollziehbaren Kehrtwende beim Atomausstieg. Die promovierte Physikerin setzte zunächst alles daran, die von Sozialdemokraten und Grünen ausgehandelte Energiewende schnellstens einzukassieren. Nachdem dann aber die Bilder aus Fukushima über die TV-Bildschirme geflimmert waren, kam sie über Nacht zu dem Schluss, man müsse die Atommeiler doch abschalten. Eine rationale Antwort, was sie dazu bewogen hat, wegen eines Unglücks auf der anderen Seite des Globus den nur ein Jahr zuvor getroffenen Entschluss ins Gegenteil zu verkehren, bleibt sie nach wie vor schuldig.

In der Flüchtlingskrise vollführte sie ähnliche Volten. Als Ende 2015 massenhaft Flüchtlinge ins Land strömten, surfte sie erst auf der anfänglichen Euphorie- und Solidaritätswelle der Öffentlichkeit. Als die Stimmung jedoch kippte und die ersten Überforderungssymptome sichtbar wurden, ruderte sie Stück für Stück zurück. Nachdem sie im August 2015 vollmundig »Wir schaffen das« verkündet hatte, schloss sie später einen zweifelhaften Deal mit dem türkischen Präsidenten Erdogan. »Die Kehrtwendungen der Kanzlerin lassen auf ein extrem niedriges persönliches Konsistenzbedürfnis gegenüber anderen und sich selbst schließen, allerdings auch auf einen extrem konsistenten Willen zur Macht«, diagnostizierte der Soziologe Wolfgang Streeck in einem geharnischten Essay in der FAZ.[31]

Es zeigt sich ein deutliches Muster. Merkel reagiert oft überhastet auf eruptive Ereignisse und die damit einhergehenden Medienhypes. Aus den Diskussionen in der Öffentlichkeit versucht sie, binnen kürzester Zeit die vermeintliche Mehrheitsmeinung zu destillieren, und passt sich dieser an. Ebenso schnell ist sie jedoch bereit, ihren Kurs zu korrigieren, wenn der Wind sich dreht. Allerdings kommuniziert sie der Öffentlichkeit ihre Beweggründe meistens nicht. Der Prozess ihrer politischen Willensbildung ist vielfach nicht nachvollziehbar. Sie versäumt es, ihr Regierungshandeln öffentlich zu moderieren und in Zusammenhänge einzubetten. In Merkels Politikstil spiegelt sich der Zeitgeist des politischen Betriebs wider. Kurzfristiges, taktisches Reagieren ist der dominante Modus. Langfristiges, strategisches Agieren scheint aus der Zeit gefallen zu sein.

Das liegt nicht nur an der Person Angela Merkel, sondern vor allem an den Bedingungen, unter denen Politiker heute Politik betreiben. Die Welt dreht sich immer schneller, immer dynamischer, und sie ist politisch, wirtschaftlich und medial so vernetzt und verflochten wie nie. Merkel muss sich in einem Ausmaß um das Weltgeschehen kümmern wie kein Kanzler vor ihr. Ihr Terminkalender ist bis zum Bersten gefüllt, manchmal bereist sie drei oder vier Länder binnen einer Woche und muss gleichzeitig den nationalen Politikbetrieb und die heimische Medienmaschinerie im Blick behalten, die von einer extremen Hysterisierung geprägt ist. Die Ausschläge der kurzfristigen Erregung werden immer drastischer und treten in immer kürzeren Intervallen auf. Irgendeine Sau wird immer durchs Dorf getrieben. Stets wird eine Reaktion erwartet, ein Statement oder die Ankündigung eines gesetzlichen Vorhabens. Viel Zeit zum Reflektieren und Fokussieren bleibt da nicht. Merkel selbst sagte einmal, es falle ihr immer schwerer, an großen politischen Vorhaben zu arbeiten, da sie ständig auf etwas vermeintlich Bedeutendes reagieren müsse.[32]

Das ist trotzdem keine Entschuldigung dafür, dass die Kanzlerin es in 14 Jahren Regierungsverantwortung nicht vermocht hat, eine erkennbare politische Vision für die Zukunft unseres Landes zu formulieren. Wenn Merkel von großen politischen Vorhaben spricht, von denen sie in der Hektik des Alltagsgeschäfts abgehalten wurde, dann ist keineswegs klar, um welche Vorhaben es sich dabei handelt. Merkel hatte nichts anzubieten, was über Plattitüden und Allgemeinplätze hinausreicht. Natürlich: Unser Land soll erfolgreich bleiben, möglichst viele Menschen sollen Arbeit haben, und irgendwie soll es auch gerecht zugehen. Diese Ziele allerdings sind schwammig und nur wenig visionär. Auch die Antwort, wie sie diese Ziele umzusetzen gedenkt, bleibt Merkel bis heute schuldig.

Sie hat es versäumt, ihre Kanzlerschaft unter ein Leitbild zu stellen und einen großen gesellschaftlichen Entwurf zu skizzieren, einen »New Deal« für die digitale Ära. Zugegeben, ein hehrer Anspruch. Doch eine demokratische Gesellschaft hat das Recht zu erfahren, auf welches Ziel sie zusteuert – oder zumindest zusteuern soll. Erst dann können sich die demokratischen Diskursmechanismen konstruktiv und zukunftsgerichtet entfalten – jenseits pessimistischer Gegenwartsdiagnosen und angsterfüllter Zukunftsprognosen.

Ohne eine halbwegs konkrete Idee, wie die Zukunft unseres Landes aussehen könnte, bleibt sie in den Köpfen der Menschen ein nebulöses Nichts – und wird deswegen auch so wahrgenommen. Auch Top-Manager müssen unter den heutigen Bedingungen von Verdichtung und Beschleunigung agieren. Im Gegensatz zur Politik können sich Unternehmenslenker aber nicht auf das Management von kurzfristigen, operativen Sachzwängen beschränken. Zum Wesenskern ihrer Arbeit gehört die Formulierung einer langfristigen Firmenstrategie, um daraus konkrete Maßnahmen für die Gestaltung der Zukunft abzuleiten. Sie müssen ihren Aktionären sowohl eine Vision als auch einen konkreten Fahrplan präsentieren. Im Vergleich zu einem Spitzenpolitiker haben sie es etwas leichter, da sie in der Regel nur auf ein Primärziel ausgerichtet sind: den Gewinn des Unternehmens zu steigern. Kundenzufriedenheit, Produktqualität, Arbeitsplatzsicherheit und Wettbewerbsfähigkeit sind bei kluger Führung jedoch nicht nur positive Nebenfolgen, sondern die zentralen Erfolgstreiber langfristiger Gewinnmaximierung.

Insofern ist die Formulierung einer konkreten politischen Strategie jenseits von kurzfristigem Klein-Klein unerlässlich. Diese kann sich jedoch nur aus einer visionären Perspektive entspinnen. Ohne Vision keine Strategie – und ohne Strategie keine Führung. Das alles stellt noch lange keine Garantie für Erfolg dar, schließlich können jederzeit plötzlich und unerwartet schwarze Schwäne am Horizont auftauchen – man denke nur an 9/11 –, und unsere Welt ist so komplex und dynamisch, dass sie kaum zu beherrschen ist. Ein klar umrissenes Fernziel allerdings würde zumindest Orientierung geben und die Wahrscheinlichkeit erhöhen, dass man trotz widriger Routenführung irgendwo ankommt. Dass Merkel den Deutschen diese Orientierung nicht gewährt oder nicht zu gewähren vermag, ist ihr größtes Versagen. Darin kommt ihre Führungsschwäche zum Ausdruck, die sie in starkem Maße von ihren Amtsvorgängern unterscheidet.

Sämtliche Kanzlerschaften der Bundesrepublik Deutschland, denen Historiker eine zentrale Bedeutung für unser Land zuschreiben, wurden von einer klaren politischen Leitidee getragen. Bei Konrad Adenauer ging es um den wirtschaftlichen Wiederaufbau, die Etablierung demokratischer Strukturen und die politische Anbindung der noch jungen Bundesrepublik an den Westen. Willy Brandt wollte das Verhältnis zu den Ostblockstaaten und zur DDR entspannen und trieb im Inneren die gesellschaftliche Liberalisierung unter dem Slogan »Mehr Demokratie wagen« voran. Und Helmut Kohl machte sich um die Wiedervereinigung Deutschlands verdient und strebte mit größter Energie danach, die Europäische Union zu erweitern und zu vertiefen.

Nur Helmut Schmidt fällt aus der Reihe. Seine Kanzlerschaft war geprägt von permanentem Krisenmanagement. Er hatte sowohl mit einem deutlichen Wirtschaftsabschwung zu kämpfen als auch mit dem Terrorismus der RAF. Pragmatismus prägte sein Regierungshandeln. Sein Ausspruch »Wer Visionen hat, soll zum Arzt gehen« ist mittlerweile legendär. Schmidt selbst sagte später dazu, dass es sich lediglich um eine pampige Antwort auf eine Journalistenfrage gehandelt habe.[33] Sie wurde dennoch tausendfach zitiert und zu einem regelrechten Bonmot. Der Satz brachte – möglicherweise ungewollt – sein Politikverständnis auf den Punkt. Indem er den Begriff der politischen Vision ironisch in den Bereich des Pathologischen verschob, reduzierte er das politische Handeln auf das gegenwärtig Machbare. Visionen sind in dieser Auffassung nichts weiter als unrealistische Utopien, möglicherweise getragen von naivem Gutmenschentum und Sozialromantik. Zwar sind sie normativ wünschenswert, aber eben nicht wirkungsmächtig, da sie ja ohnehin nur theoretischer Natur sind. An utopistischen Hirngespinsten haben die Deutschen kein Interesse. Wir sind ein bodenständiges, pragmatisches Land. Wahrscheinlich lässt sich damit auch die Popularität des Schmidt'schen Ausspruchs erklären. Allerdings darf man nicht den Fehler begehen, Visionen vorschnell als illusorische Fantasiegebilde abzutun. Positiv gedeutet, stellen sie das Fundament dar für die Ausformulierung einer politischen Strategie – und diese wiederum ist in ihrem Wesenskern hochpragmatisch. Man kann das Ganze mit dem Entstehungsprozess einer neuen Produktidee beschreiben. Sagen wir, ein Ingenieur entwickelt auf der Basis einer bereits existierenden Maschine eine verbesserte Variante. Die neue Maschine verfügt über bestimmte Eigenschaften, besitzt bestimmte Funktionen und bietet dem Nutzer zahlreiche Vorteile, die er mit dem alten Produkt nicht hatte. Sind diese Parameter definiert, kann man einen Bauplan zur Herstellung der Maschine entwickeln, quasi die Strategie. Die konkrete Umsetzung in der Produktion ist, übertragen auf den Politikbetrieb, das gesetzgeberische Alltagsgeschäft. Diesen Dreiklang lässt die Politik momentan vermissen. Sie flickschustert beständig an einer ins Stocken geratenen Maschine herum und ist nur noch damit beschäftigt, den brüchig gewordenen Status quo zu restaurieren.

Merkel war genau wie Helmut Schmidt während ihrer Amtszeit fast nur mit dem Management von Krisen beschäftigt: Finanzkrise, Eurokrise, Flüchtlingskrise. Die Rolle der Krisenmanagerin hat ihr gelegen, sie entsprach ihrem Naturell. Handlungsoptionen durchspielen, Wahrscheinlichkeiten kalkulieren, Maßnahmen einleiten. Im Chaos der Finanz- und Eurokrise behielt sie einen kühlen Kopf und bewies erstaunliche Durchsetzungsstärke. Auch wenn viele Deutsche mit ihren Entscheidungen in der Euro-Rettungspolitik zu Recht hadern, so hatte man doch stets den Eindruck, dass Merkel es erstaunlich gut verstand, anderen ihren Willen aufzudrücken. Davon zehrte sie jahrelang.

Der permanente politische Krisenmodus übertünchte allerdings, dass die Kanzlerin keine progressive Idee für die langfristige Entwicklung unseres Landes anzubieten hat. Sie dokterte stets an einzelnen Bauteilen unseres sanierungsbedürftigen Systems herum. Eine Anpassung hier, eine kleine Korrektur dort. War die eine Notreparatur abgeschlossen, stand sofort die nächste an. Ihr politisches Handeln ist gekennzeichnet von steter Durchwurstelei. Darüber vergaß sie, an den notwendigen Bauplänen für die Zukunft zu feilen. Ihrer Politik mangelte es an historischem Gestaltungswillen jenseits der nächsten Wahlperiode. Gut möglich, dass besonders die zweite Hälfte ihrer Amtszeit als verlorene Jahre in die Geschichte der Bundesrepublik eingeht.

Es gibt kein einziges politisches Thema, das Merkel proaktiv vorangetrieben hätte. Das zeigt sich auch an der notdürftig zusammengeschusterten KI-Strategie der Bundesregierung. Die USA, China und sogar Frankreich haben ihre Strategiepapiere zum Teil mehrere Jahre vor der Bundesregierung vorgelegt und mit der Umsetzung längst begonnen. Wir hetzen abermals hinterher, anstatt uns zur Speerspitze des digitalen Wandels aufzuschwingen. Hinzu kommt: Merkel versäumt, die Ängste vieler Menschen vor dem Verlust ihrer Arbeitsplätze in einen Diskurs einzubetten. Sie verweist lediglich auf die Notwendigkeit lebenslanger Weiterbildung und den Umstand, dass die Digitalisierung das Potenzial berge, den Fachkräftemangel einzudämmen.[34] Dass es durchaus auch gegenteilige Prognosen gibt, verschweigt sie geflissentlich. Sie unterdrückt damit künstlich die dringend notwendige Debatte, was die digitale Revolution für unsere Gesellschaft bedeutet. Der Diskurs über das wohl wichtigste Thema der kommenden Dekaden fristet auch deswegen ein Nischendasein in der Öffentlichkeit, weil unsere Regierungschefin dem Thema nicht genügend Aufmerksamkeit widmet und keinerlei diskursive Akzente setzt.

Den politischen Diskurs auf Sparflamme zu halten, gehörte schon immer zur kommunikativen Strategie der Kanzlerin. Unliebsame Störgeräusche in der Öffentlichkeit ignorierte sie. Ähnlich ist Merkel in der Flüchtlingspolitik vorgegangen. Sie stellte die Bevölkerung vor vollendete Tatsachen und argumentierte, dass ein gut situiertes Land wie Deutschland einer moralischen Verpflichtung unterliege, Menschen in Not zu helfen. Das ist nachvollziehbar und keineswegs unsympathisch. Unsympathisch mutete hingegen oftmals der rhetorische Stil der Protestler an. In die nachvollziehbaren Argumente, warum die unkontrollierte Zuwanderung von mehr als einer Million Menschen binnen eines Jahres gesellschaftlich nicht zu bewältigen sei, mischten sich allzu oft rassistische Ressentiments. Dies machte es der Regierungschefin leicht, die Kritik an ihrem Kurs moralisch zu delegitimieren und in die »rechte Ecke« zu stellen. Abermals zeigte sich der Unwille oder die Unfähigkeit der Kanzlerin, in einen offenen Diskurs einzutreten. Die Sorgen und Nöte vieler Menschen nahm sie offenbar nicht ernst oder ignorierte sie geflissentlich. Nicht einmal die sachlichen und später zunehmend verzweifelten Mahnungen der kommunalen Politiker, Behördenleiter, Lehrer und Sozialarbeiter fanden im Kanzleramt Gehör.

Kapitel 3

Doch mit der Flüchtlingskrise erwachte die Öffentlichkeit aus ihrer diskursiven Narkose, in der sie fast ein Jahrzehnt vor sich hingeschlummert hatte. Viele Menschen begehrten auf gegen die Flüchtlingspolitik der Regierung, andere verteidigten sie vehement. Die Flüchtlinge repolitisierten unser Land. Das ist begrüßenswert. Dass die Gesellschaft wieder im kritischen Zwiegespräch mit sich selbst steht, eröffnet die Chance auf einen neuen Wettstreit um die besten politischen Ideen und Argumente. Im Idealfall kann sich daraus endlich eine politische Vision für die Gestaltung unseres Landes in den 2020er-Jahren entspinnen. Leider verschenken die politischen Eliten in Berlin die Chance, die Debatte zukunftsgerichtet und konstruktiv zu führen. Stattdessen verhärten sich die Fronten der Kosmopoliten und der Kommunitaristen. Den Thesen der einen stehen die Antithesen der anderen gegenüber. Die Politik findet keine Strategie, daraus eine Synthese zu basteln. Stattdessen schmähen sich beide Seiten gegenseitig als »linksversiffte Gutmenschen« oder vermeintliches »Nazipack«.

Diese Methode hat System. Seit Jahren verweilen die Politiker in dem Modus, lediglich die Stimmungen und Weltbilder ihrer potenziellen Wähler zu bestätigen und diese so für sich zu mobilisieren, aber im Kampf um die politische Deutungshoheit vergessen viele, ein konkretes Lösungsangebot für die Zukunft zu präsentieren. Die Politiker rufen ihrer jeweiligen Klientel nur das zu, was diese hören möchte. Der Applaus ist ihnen gewiss. Das erinnert mehr an Showbusiness als an Politik. Die sozialen Medien befeuern diese Form der politischen Selbstinszenierung.

Der moderne Politikertypus neigt dazu, Tag für Tag unzählige Tweets und Facebook-Postings in den öffentlichen Orbit zu jagen. Unter den Gesichtspunkten von Transparenz und inhaltlicher Positionierung mag das durchaus sinnvoll sein und für Wiedererkennungswert sorgen. Allerdings stellt sich die Frage, ob diese Form der politischen Kommunikation wirklich in erster Linie dem politischen Meinungswettstreit dient oder der persönlichen Profilierung der Politiker selbst. Der Verdacht, dass es primär um Letzteres geht, ist nicht von der Hand zu weisen. Viele Politiker bedienen sich systematisch der Methoden des Marketings und der PR. Zielgruppenanalysen, Meinungsumfragen und Politbarometer sind gängige Instrumente, um die öffentliche Meinung auszuloten. Das kann förderlich sein, schließlich beweisen die Politiker, dass sie den Sorgen und Nöten der Menschen Gehör schenken möchten, doch dies scheint nur vorgeschoben. Viele Menschen sind mittlerweile überzeugt, dass der Politik die Wahrhaftigkeit verloren gegangen ist und die Repräsentanten des Volkes nur Schauspieler seien, die mit ihren angeblichen Überzeugungen nur posieren. Die Volksvertreter haben massiv an Authentizität und Glaubwürdigkeit eingebüßt. Viele Politiker stehen in dem Ruf, extrem effizient in der Realisierung machttaktischer Vorteile zu sein, aber extrem flexibel in ihrer persönlichen Haltung. Klassische Karriereristen eben. Und so ist es nicht verwunderlich, dass es um den Leumund der politischen Klasse sehr schlecht bestellt ist. Wer vertraut schon gern Menschen die Verantwortung für die politische Gestaltung der eigenen Lebensumstände an, wenn man befürchten muss, dass diese ihre Versprechen rasch über Bord werfen, wenn es ihnen gerade opportun erscheint?

Das haben viele Politiker in der Vergangenheit bereits zur Genüge unter Beweis gestellt. Die Gefahr, dass dies in Zukunft vermehrt geschieht, hat deutlich zugenommen. Die zunehmende Zersplitterung der Parteienlandschaft bildet das Hauptrisiko. Spätestens nach der nächsten Bundestagswahl wird sich zeigen, dass für eine mehrheitsfähige Regierung nicht mehr zwei Koalitionspartner vonnöten sein werden, sondern mindestens drei, vielleicht sogar vier. Das wird den Prozess der Regierungsbildung extrem verkomplizieren. Alle beteiligten Parteien werden immer mehr Kompromisse eingehen müssen und von einem Großteil ihrer zuvor vollmundig getätigten Wahlversprechen abweichen müssen. Damit droht die gegenwärtig vitale Mobilisierung der einzelnen Wählergruppen zu einem reinen Strohfeuer zu verkommen. Im Prinzip gibt es nur zwei denkbare Szenarien: Entweder die Parteien arbeiten konstruktiv zusammen und nehmen in Kauf, ihre jeweiligen Profile immer stärker zu verwaschen, oder aber die Regierungsarbeit artet zu einem Gezeter und Gezänk aus, um den eigenen Wählerschichten gegenüber Prinzipientreue unter Beweis zu stellen.

Beide Szenarien führen fast unweigerlich dazu, dass die Politikverdrossenheit in Deutschland zunehmen wird. Viel schlimmer noch: In beiden Fällen ist die Wahrscheinlichkeit sehr gering, eine langfristig nachhaltige Agenda für die Zukunftsfähigkeit unseres Landes auf den Weg zu bringen. Die systemischen Missstände in unserem Politikbetrieb wachsen sich in einer Welt, die geprägt ist von technologischen Umwälzungen und sozialen Spaltungstendenzen, zu einem gefährlichen Giftcocktail aus. Die politischen Eliten agieren ohne Vision und strategische Ausrichtung. Taktisches Kalkül und Opportunismus prägen den Betrieb, der zunehmend an Handlungsfähigkeit verliert. Die Bundesrepublik steckt in einer schweren politischen Gestaltungskrise. Sollte sich dies nicht grundlegend ändern, droht unserem Land dasselbe Schicksal wie Angela Merkel in ihren letzten Amtsjahren: Dann wird Deutschland endgültig zu einer lahmen Ente.

Willkommen im Ungleichland der scheiternden Eliten

Die Angst vor der Volatilität – das deutsche Mentalitätsproblem

»Volatilität« ist ein unsympathisches Wort. Es klingt sperrig, abstrakt und befremdlich. Das Konzept, das sich dahinter verbirgt, und das Umfeld, in dem es angewendet wird, sind vielen Deutschen suspekt. Börsianer verwenden die Volatilität als Risikomaß für Aktien oder andere Wertpapiere. Je höher die Volatilität, umso stärker schlägt der Kurs nach oben und unten aus, und desto riskanter, aber auch chancenreicher ist eine Investition. Damit ist Volatilität in doppelter Hinsicht schlecht beleumundet. Die große Mehrheit der Deutschen hält weder viel von der Börse noch von Risiken. Viele Deutsche assoziieren Volatilität und Risiko mit Stress, Unsicherheit, Unheil und Verlusten. Beides entspricht ganz und gar nicht unserem Naturell. Wir streben nach Stabilität, Kontrolle und geordneten Verhältnissen. Unwägbarkeiten empfinden viele als Bedrohung. Brüche mit Altbewährtem sind nicht erwünscht – aus gutem Grund. Kontinuität bedeutet letztlich Ruhe und Sicherheit.

Dass wir Deutschen so viel Wert auf Beständigkeit legen, lässt sich historisch begründen. Fast kein anderes Land der Welt war im 20. Jahrhundert härteren disruptiven Erschütterungen ausgesetzt als Deutschland. Diese brachen nicht als übermächtige Kräfte über das Land herein, sondern waren oftmals selbst verschuldet. In der historischen Bilanz stehen zwei verlorene Weltkriege, mit dem Holocaust eines der barbarischsten Verbrechen der Menschheitsgeschichte, eine Hyperinflation, drei politische Systemwechsel (ohne Wiedervereinigung) und drei Währungsreformen sowie die Teilung des Landes in ein sozialistisch-autoritäres Regime und eine kapitalistisch-demokratische Nachkriegsordnung.

Kapitel 3

Während die Bürger der DDR jahrzehntelang unter Mangelwirtschaft und bürgerlicher Unfreiheit litten, entwickelte sich die prosperierende Bundesrepublik immer mehr zu einer pluralen, aber weitgehend stabilen Gesellschaft, die dem wirtschaftlichen und politischen Sicherheitsbedürfnis der Deutschen nach dem Zeiten Weltkrieg Rechnung trug. Der Fall des Eisernen Vorhangs und die Wiedervereinigung schienen schließlich zu bewahrheiten, dass sich mit der Synthese aus Kapitalismus und liberaler Demokratie das bestmögliche System unserer Zeit etabliert hatte. Der Politologe Francis Fukuyama brachte dies pointiert auf den Punkt, als er in den 1990er-Jahren verkündete, die großen politischen und weltanschaulichen Konflikte der Moderne seien endgültig vorbei und die Geschichte komme an ihr Ende.[35] Von nun an gehe es lediglich darum, den Wohlstand zu maximieren.

Tatsächlich schien Fukuyama jahrelang recht zu behalten. Zwar schwächelte Deutschland Anfang der 2000er-Jahre ökonomisch und galt noch als der kranke Mann Europas, doch die Schröder'sche Hartz-IV-Reform brachte die wirtschaftliche Trendwende, auch wenn sie mit gesellschaftlichen Protesten einherging, die den »Genossen der Bosse« das Amt kosteten. Nur die Finanzkrise 2008 störte kurzzeitig die wirtschaftliche Kontinuität der Bundesrepublik. Dank der beherzten Maßnahmen der Großen Koalition mit Kurzarbeit, Abwrackprämie und milliardenschweren Finanzspritzen für Banken meisterte Deutschland jedoch auch diese Krise, und es entwickelte sich ein dynamischer wirtschaftlicher Aufschwung. Die Bundesrepublik der vergangenen zehn Jahre war geprägt von einem hohen Maß an wirtschaftlicher Prosperität. Das billige Geld der EZB sowie der schwache Euro bescherten unserem Land eine der längsten

Hausse-Phasen seiner Geschichte. Selbst die Eurokrise vermochte den Aufschwung nicht abzuwürgen. In dieser Phase des ungebremsten Aufschwungs bildete sich in Deutschland ein Zeitgeist heraus, der sich wohl am trefflichsten als Neobiedermeier beschreiben lässt. Die Gestaltung des Privaten gewann immer mehr an Bedeutung. Den zunehmenden Performancedruck im Beruf glichen viele durch Selbstverwirklichung im Privatleben aus, eine Art von Eskapismus. Und dank des politischen Führungsstils der Kanzlerin war auch der politische Diskurs aus der Öffentlichkeit weitgehend verschwunden – zumindest bis zur Flüchtlingskrise und zur Wahl Donald Trumps zum US-Präsidenten.

Doch die Anzeichen mehren sich, dass der wirtschaftliche Aufschwung seinen Zenit erreicht hat und bald an sein Ende kommt. Gleichzeitig beschleunigt sich der technologische Wandel, dessen Folgen für unsere Gesellschaft, unsere Wirtschaft, unsere Arbeitswelt nicht absehbar sind. Das disruptive Potenzial allerdings ist nicht zu unterschätzen. Sowohl die Chancen als auch die Risiken sind immens. Somit wird Volatilität in den 2020er-Jahren sehr wahrscheinlich zu einem immer wichtigeren Faktor in unserer Gesellschaft, doch wir sind mental keineswegs gut darauf vorbereitet. In den vergangenen zehn Jahren standen weite Teile unserer Gesellschaft auf der Sonnenseite des Lebens und ließen sich blenden von dem wirtschaftlichen Erfolg unseres Landes. Gemeinsam mit unserem sehr ausgeprägten Sicherheitsbedürfnis bildet das einen unguten Mix. Auch wenn es sich paradox anhört: Unser Streben nach einem Leben frei von Volatilität erhöht unsere Anfälligkeit dafür, denn es lässt uns zu fragilen Menschen werden, die mit Erschütterungen nicht gut umgehen können, im schlimmsten Fall sogar daran zerbrechen.

Kapitel 3

Lassen Sie mich das am Beispiel des fiktiven Herrn Müller verdeutlichen. Herr Müller ist ein zuverlässiger und extrem pünktlicher Mensch. Jeden Tag kommt er um Punkt 18 Uhr nach Hause. Seine Familie kann die Uhr nach ihm stellen. Was aber würde passieren, wenn es Herr Müller eines Tages nicht pünktlich nach Hause schafft? Seine Familie würde sich garantiert sehr große Sorgen machen, möglicherweise gar in Panik verfallen, je länger er fernbleibt. Was aber wäre, wenn Herr Müller jeden Tag um 18 Uhr plus/minus 30 Minuten zu Hause aufschlägt? Dann würde sich seine Familie wahrscheinlich auch dann keine größeren Sorgen machen, wenn er erst um 19 Uhr nach Hause käme. Ergo: Systeme mit einer gewissen Grundvolatilität sind robuster als sehr starre und scheinbar stabile Systeme. Letztere bieten nur eine trügerische Scheinsicherheit. »Stabilität ist ohne Volatilität nicht zu haben«, wie der Finanzmathematiker und Philosoph Nassim Nicholas Taleb in seinem Bestseller *Antifragilität* schreibt.[36]

Die wirtschaftliche Stabilität der vergangenen Jahre, gepaart mit unserer Abneigung gegenüber Volatilität, macht uns also extrem fragil gegenüber der bevorstehenden Dekade. Die 2020er-Jahre werden wahrscheinlich einige alte Gewissheiten ins Wanken bringen, im Extremfall sogar unsere Wirtschaftsordnung und unser politisches System auf den Prüfstand stellen. In einer Zeit, in der Risiken auf individueller und kollektiver Ebene eindeutig zunehmen, stehen wir uns mit unserem Bedürfnis nach Kontinuität und unserer Aversion gegenüber einem verträglichen Maß an Schwankungen selbst im Weg. Wir sollten uns schleunigst darauf einstellen, dass wir künftig womöglich gewaltigen äußeren Stressoren ausgesetzt sein werden – und lernen, in der Volatilität eine Chance statt nur die Gefahr zu sehen.

Willkommen im Ungleichland der scheiternden Eliten

Der Befund, dass wir Deutschen einem übertriebenen und ungesunden Sicherheitsbedürfnis frönen, entspringt nicht nur einem diffusen Gefühl oder gar einem Vorurteil. Es zeigt sich unter anderem an der Art und Weise, wie wir mit unserem Geld umgehen. Obwohl wir beim sogenannten BIP-pro-Kopf-Einkommen zu den 20 reichsten Ländern der Welt gehören und im EU-Vergleich immerhin auf Platz acht liegen,[37] haben wir nur sehr wenig Vermögen auf der hohen Kante. Italiener, Franzosen, Spanier, ja sogar die vermeintlichen »Pleite-Griechen« verfügen über höhere Medianvermögen als wir Deutschen.[38] Dabei liegen wir mit einer Sparquote von 10 Prozent weit über dem, was in der Eurozone sonst so üblich ist. Die Spanier legen fast gar nichts zur Seite, die Italiener und Franzosen ebenso. Zwar ist es richtig, dass sich die deutschen Vermögensverhältnisse deutlich verbessern, wenn man die Anwartschaften aus der gesetzlichen Rente einbezieht, allerdings handelt es sich dabei um noch nicht realisierte Zahlungen in der Zukunft, auf die man nicht nach Gutdünken zugreifen kann.[39] Es bleibt also festzuhalten, dass die deutschen Sparer aus ihrer sehr guten Ausgangsposition mit hohen Einkommen und einer relativ hohen Sparquote einfach zu wenig machen.

Das liegt vor allem an der Präferenz für vermeintlich sichere Geldanlagen. Sparbücher und Lebensversicherungen sind die Lieblingskinder der Deutschen. Man erhält auf den ersten Blick immer mindestens das zurück, was man eingezahlt hat – nebst Zinsen, versteht sich –, und zumindest auf dem Sparbuch kommt man schnell wieder heran an seine Sicherheitsreserve. Diese Denke ist weit verbreitet. Sie lässt nur außer Acht, dass man in einer Nullzinswelt mit dieser Form des Sparens garantiert Verluste erleidet. Wir sitzen lediglich einer Scheinsicherheit auf. Wenn man 0,1 Prozent

Zinsen erhält, aber 1,8 Prozent Inflation herrscht, dann verliert man unterm Strich 1,7 Prozent an Kaufkraft. Dieses Risiko allerdings ist abstrakt und nicht sichtbar. Dass wir jährlich Geld verlieren, können wir nicht sehen. Anders ist das bei einer Aktie, die um 20 Prozent in den Keller rauscht. An der Börse kann man täglich – ja sekündlich – nachvollziehen, ob man sein Geld vermehrt hat oder nicht. Allerdings handelt es sich bei einer Aktie, deren Wert unter dem Einstandskurs notiert, noch nicht um einen reellen Verlust. Erst wenn man die Aktie verkauft und der Gegenwert aufs Konto fließt, materialisiert sich der Geldverlust. Solange die Aktie im Depot verbleibt, sind die Kurse nichts weiter als kurzfristige Preisinformationen.

Zugegeben, Börsenkurse bündeln eine Vielzahl sehr komplexer und mannigfaltiger Informationen, und es fällt vielen Menschen schwer, einen Zugang dazu zu finden, doch das oft bemühte Argument »Mit der Börse möchte ich nichts zu tun haben, denn damit kenne ich mich nicht aus« ist nur allzu oft ein vorgeschobenes, um den gemütlichen Status quo zu rechtfertigen. Ein Sparbuch ist zwar leicht zu verstehen, leicht zu handhaben, schnell einzurichten – kann sich aber langfristig als hochtoxisch entpuppen. Die ausgeprägte Verlustangst der Deutschen sowie ein gewisser Hang zur Phlegmatik behindern den dringend notwendigen rentierlichen Aufbau von Geldvermögen.

Dies allerdings wird in Anbetracht der desolaten Situation unserer gesetzlichen Rentenversicherung immer wichtiger. Jeder Fünfte, der zwischen 2031 und 2036 in Rente geht, wird von Armut bedroht sein, ermittelten Forscher des DIW.[40] Ihr Befund: Die Altersarmut in Deutschland wird regelrecht explodieren, während die Demografie den alten Generationenvertrag immer weiter aushöhlt. Anders als in ähnlichen

Studien beziehen die Forscher neben der gesetzlichen Rente auch das Einkommen des Partners, private Versicherungen und Kapitaleinkünfte mit ein. Wenn 20 Prozent der Deutschen aus der Generation der Babyboomer trotz privater Vorsorge Altersarmut droht, dann liegt die Schlussfolgerung nahe, dass die Deutschen nicht mit Geld umgehen können.

Sollte sich die Prognose des DIW bewahrheiten, wird das Heer der altersarmen Pfandsammler wohl weiter anwachsen und der Ansturm auf die Tafeln noch größer werden. Für ein wohlhabendes Land wie Deutschland ist das im wahrsten Sinne des Wortes ein Armutszeugnis. Wir müssen schleunigst die richtigen Schlüsse daraus ziehen und unsere Grundhaltung zur Volatilität verändern. Dass Deutschland immer noch ein Land der Börsenmuffel ist, hängt mit fehlender finanzieller Allgemeinbildung zusammen – und vor allem mit der Mentalität, Volatilität künstlich zu unterdrücken. Mit der Furcht, kurzfristig Schaden zu nehmen, fügen wir uns langfristig gewaltige Schäden zu, die heute nur noch nicht sichtbar sind. Der legendäre Ausspruch von US-Präsident Franklin D. Roosevelt bei seiner Amtseinführung bringt es treffend auf den Punkt. Er sagte damals: »The only thing we have to fear is fear itself.« Höchste Zeit, dass die Deutschen dies beherzigen.

KAPITEL 4

GAME OVER? NEIN, AUFBRUCH! WAS WIR TUN KÖNNEN

Deutschland 2019 – ein Land voller Widersprüche

Als ich mit der Recherche zu diesem Buch begann, trieb mich vor allem eine Frage um: In was für einem Land würden meine Kinder einmal aufwachsen? Ebenso wie viele andere Bürger in Deutschland hatte auch mich ein seltsames Unbehagen erfasst, dass es um die Zukunft Deutschlands nicht zum Besten bestellt ist. Diese diffuse Ahnung trieb mich schon seit Längerem um. Als Journalist beschäftige ich mich mit vielerlei Themen, recherchiere Fakten und versuche, diese in einen größeren Zusammenhang einzubetten. Dennoch wollte sich für mich lange Zeit kein schlüssiges Gesamtbild unserer Lage einstellen, und so verblieb meine pessimistische Zukunftsprognose zunächst intuitiver Natur.

Die ökonomische Faktenlage in Deutschland bot zudem ein ganz anderes Bild. Die Wirtschaft wuchs, die Steuereinnahmen sprudelten, unsere Unternehmen präsentierten

Kapitel 4

sich robust und wettbewerbsfähig, der Dax erklomm neue Rekordhöhen. Obwohl ich mir vieler misslicher und kritikwürdiger Zustände rund um den Globus selbstverständlich bewusst war, wollte sich mir einfach nicht erschließen, warum ich an der Zukunftsfähigkeit unseres wohlsituierten Landes immer stärkere Zweifel hegte. Zumal ich mich als grundsätzlich optimistischen Menschen sehe. Gesunder Optimismus spielte immer eine große Rolle in meinem Leben. Eine positiv gestimmte Grundhaltung bildet in meinen Augen die Voraussetzung für persönliches Glück und Erfolg, egal, ob privat oder beruflich. Das mag nach einer Plattitüde klingen, aber letztlich steckt darin ein wahrer Kern. Natürlich darf sich Optimismus niemals zu Naivität auswachsen, aber davon wähnte ich mich – als halbwegs kritischen Geist – weit entfernt. Mein Credo lautete stets: Gehe alles, was du tust, guten Mutes an, wäge zuvor Chancen und Risiken ab – und verlass dich auf deine Intuition.

Aus diesem Grund befand ich mich lange Zeit in einem Zwiespalt. In der psychologischen Fachsprache nennt man dies »kognitive Dissonanz«. Einerseits spiegelten mir die Fakten, dass Deutschland – trotz aller Probleme – für die Zukunft gut gerüstet sei, andererseits war ich zunehmend beunruhigt. Dieser Widerspruch löste sich auf, als ich begann, für *Focus-Money* zusammen mit drei Redaktionskollegen den YouTube-Kanal »Mission Money« aufzubauen. »Mission Money« bietet seinen Zuschauern ausführliche und tief gehende Interviews zum aktuellen Börsen- und Wirtschaftsgeschehen. Im Zuge dessen führte ich viele intensive Gespräche mit renommierten Ökonomen verschiedenster Denkrichtungen und diskutierte mit jahrzehntelang erfolgreichen Börsenprofis. Die Analysen und Befunde meiner Gesprächspartner zur Lage unseres Landes ließen mich aufhorchen. Fast

Game Over? Nein, Aufbruch!

alle waren der Auffassung, dass Deutschland harten Zeiten entgegengehe, und unterfütterten dies mit nachvollziehbaren Argumenten. Vieles von dem, was ich zuvor nur diffus empfunden hatte, bekam nun eine rationale Grundlage. Ich entschloss mich, der Frage, in was für einem Land meine Kinder aufwachsen würden, nun selbst auf den Grund zu gehen. Primär wollte ich klären, ob wir im Jahr 2030 noch immer in einem wohlhabenden und friedvollen Land leben werden. Um diese Frage zu beantworten, erschien es mir sinnvoll, nicht nur ökonomische Denkmuster zu berücksichtigen, sondern auch Disziplinen wie die Soziologie, Politologie und Wirtschaftspsychologie einzubeziehen. Als politisch und ökonomisch weitgehend ideologiefreier Mensch wollte ich mich für meine Recherche von so vielfältigen Denkrichtungen wie möglich inspirieren lassen. Mein Ziel bestand darin, eine ganzheitliche Analyse zu erarbeiten, die ökonomische, politische und soziologische Perspektiven miteinander verwebt. Das Ergebnis dessen sind die vorangegangenen Kapitel dieses Buches.

Wie wird Deutschland im Jahr 2030 aussehen? Diese Frage würde ich Ihnen an dieser Stelle gern beantworten, aber es geht nicht. Ein apokalyptisches Szenario zu entwerfen, wäre angesichts der gravierenden Missstände zwar durchaus plausibel, doch die Prognosegüte wäre mehr als wackelig. In einer VUCA-Welt, die höchstwahrscheinlich von starken Diskontinuitäten geprägt sein wird, eignet sich die lineare Fortschreibung der aktuellen Lage nicht als Methode für Vorhersagen. Im schlimmsten Fall artet dies zu einer Fantasterei aus, die von den künftigen Entwicklungen widerlegt wird.

Deswegen erspare ich Ihnen jegliche Prophetien von Wirtschafts- und Börsencrashs und verzichte auf eine fiktive Beschreibung der künftigen Verhältnisse. Stattdessen möchte

Kapitel 4

ich die Analyseergebnisse der vorangegangenen Kapitel zu einem schlüssigen Gesamtbild zusammenfügen. Bislang standen diese unverbunden nebeneinander, doch nur wenn man sie miteinander verzahnt, erschließt sich, warum die 2020er-Jahre sehr wahrscheinlich eine extreme Dekade werden. Die Diagnose, wie es um die gegenwärtige Lage unseres Landes bestellt ist, fällt leider düster aus. Die Risiken, dass Deutschland in den kommenden Jahren an Wohlstand einbüßt, sind deutlich größer als die Chancen, dass es schafft, ihn zu erhalten.

Der Status quo in unserem Land wird vor allem von zahlreichen Paradoxien geprägt, die vielfältiges Konfliktpotenzial heraufbeschwören. Obwohl unser BIP Jahr für Jahr neue Rekordhöhen erklimmt, kommen die zusätzlichen Einnahmen bei immer weniger Menschen in unserer Gesellschaft an. Die soziale Spaltung unserer Gesellschaft ist keine Mär der Linken, sondern eine soziale Tatsache, die zunehmend auch in der Mittelschicht ankommt. Ebenjenem Teil unserer Gesellschaft, der unserer Demokratie Stabilität verleiht und unserer Gesellschaft die nötige soziale Energie in die Blutbahn pumpt. Die Gehälter der Mittelschicht stagnieren seit mehr als einem Jahrzehnt, während die Mieten exorbitant in die Höhe geschnellt sind. Obwohl wir insgesamt immer reicher werden, strampeln sich immer mehr Menschen ab, um auf der sozialen Rolltreppe nicht nach unten durchgereicht zu werden. Doch die Gefahr, dass genau das passiert, hat eindeutig zugenommen. Viele, die heute im Arbeitsleben stehen, müssen sich wohl darauf einstellen, dass sie im Zuge der Digitalisierung entbehrlich werden, dass sie mit Gehaltseinbußen zu rechnen haben, dass sie sich neu erfinden müssen.

Dieses Schicksal hat die untere Mitte längst ereilt. Trotz des viel beschworenen War for Talents und rund 800.000 of-

Game Over? Nein, Aufbruch!

fener Stellen in Deutschland[1] müssen sich immer mehr Menschen mit befristeten Stellen, Leiharbeit und Minijobs über Wasser halten.[2] Bizarrerweise ist das neben der Sonderkonjunktur, die der schwache Euro unserem Exportgeschäft beschert hat, der Hauptgrund unseres aktuellen Wohlstands. Wenn sich aber das Wirtschaftswachstum bereits in Aufschwungphasen von den Arbeitern und kleinen Angestellten entkoppelt, was passiert dann erst in der nächsten Krise?

Der Euro und die EU befinden sich bereits seit Beginn der 2010er-Jahre in einer Krise. Die Institutionen in Brüssel werden zwar immer mächtiger, aber das Vertrauen der Menschen in diese nimmt fortwährend ab. Weil sie zum Teil auch keiner mehr versteht. Mechanismen und Abläufe in der EU-Kommission bleiben für viele ein Buch mit sieben Siegeln, gelenkt von Personen, die niemand kennt und denen niemand ein demokratisches Mandat dafür erteilt hat. Europa wird von oben verordnet von einer technokratischen Elite, deren Bürokratieapparat sich die vollkommene Uniformität des gesamten Kontinents zum Ziel gesetzt hat und den Staaten stetig neue Vorschriften aufs Auge drückt. Die Rufe aus Brüssel, die EU weiter zu vertiefen, ernten in der Bevölkerung nur ungläubiges Kopfschütteln. Warum man ein undurchschaubares Behördenwesen mit noch mehr Macht ausstatten sollte, leuchtet vielen nicht ein. Zumal die EU einige ihrer zentralen Versprechen bis heute nicht erfüllt hat.

Eigentlich sollte die EU das außenpolitische Gewicht des Kontinents erhöhen, doch davon ist nur wenig zu spüren. Nach wie vor müssen alle außenpolitischen Beschlüsse einstimmig von allen Nationalstaaten gefällt werden, und dabei schert immer jemand aus. Die Wirtschaftszwerge Griechenland, Ungarn und Malta können mit ihrem Veto ganze Beschlüsse torpedieren. Im Vergleich zu Großmächten wie den

Kapitel 4

USA, China und Russland wirkt die EU wie ein außenpolitischer Gnom, dessen Stimme auf der Weltbühne nur wenig Gehör findet, sofern sie überhaupt zu vernehmen ist. Auch das Ziel, die wirtschaftliche Dynamik der Mitgliedsländer zu steigern, ist krachend gescheitert. Die EU-Wohlstandsstory verstummt spätestens vor den Türen Millionen arbeitsloser Südländer, deren wirtschaftliche Entfaltungsmöglichkeiten gen null tendieren. Kein Wunder, dass linke und rechte Protestparteien in Italien, Spanien & Co. wie Pilze aus dem Boden sprießen und mit antieuropäischen Ressentiments breite Wählerschichten mobilisieren.

Je mehr die EU darauf drängt, ihre Machtfülle auszubauen, die ohnehin als bedrohlich, mindestens aber als suspekt empfunden wird, desto stärkeren Anklang findet die Idee der Renationalisierung der Politik. Wenn sich außenpolitische Handlungsunfähigkeit mit ökonomischer Schwäche paart und sich als Sahnehäubchen überbordender Bürokratismus hinzugesellt, darf man sich nicht wundern, dass einem die Herzen der Menschen nicht zufliegen.

Das Motto der EU,»Geeint in Vielfalt«, mutet innerhalb der Eurozone ohnehin nur noch wie eine Farce an. Während der Eurokrise hat sich eine permanente Konfliktlinie zwischen dem Norden und dem Süden Europas gebildet. Geber- und Nehmerländer stehen sich in binärer Opposition gegenüber, ihre Interessen divergieren immer weiter auseinander, die jeweiligen Wirtschaftskulturen sind einfach nicht unter einen Hut zu bringen. Deutschland hat seit dem Aufflammen der Krise scheinbar profitiert, allerdings nur von den Exporten außerhalb des Euroraums. Innerhalb des Euroraums hat sich mit den Target2-Salden ein buchhalterischer Mechanismus etabliert, der dem Prinzip »Gewinne privatisieren, Verluste sozialisieren« erstaunlich nahekommt.

Game Over? Nein, Aufbruch!

Während die deutsche Exportindustrie munter Gewinne einstreicht, erhöhen sich in der Bilanz der Deutschen Bundesbank ungebremst die Forderungen gegen das EZB-System. Damit verschaffen wir uns kurzfristige Vorteile, indem wir unser BIP steigern, erhöhen aber auch langfristig die Finanzrisiken unseres Landes im Falle eines Totalzusammenbruchs des Euro. Angesichts des desolaten Zustands der Eurogruppe, der ständigen Streitereien und des fortwährenden Erfolgs der antieuropäischen Protestparteien sollte man dieses Risiko keineswegs unterschätzen. Für Deutschland bedeutet das ein Billionen-Risiko.

EZB-Präsident Mario Draghi hat zwar mit seinem »Whatever it takes«-Mantra den festen Willen bekundet, dies keineswegs zuzulassen, doch seine Politik des billigen Geldes will einfach nicht fruchten. Statt die Wirtschaften im Süden anzukurbeln, stärkte er die ohnehin prosperierende deutsche Exportwirtschaft. Das befeuerte nicht nur die ökonomischen Ungleichheiten in der Eurozone, sondern auch die sozialen Ungleichheiten in Deutschland. Die Reichen werden hierzulande immer reicher, die Armen immer ärmer. Gepaart mit der Präferenz der Deutschen für Zinsprodukte wie Lebensversicherungen und Sparkonten, bedeutet das eine finanzielle Enteignung der Mittelschicht kolossalen Ausmaßes.

Allein im vergangenen Jahr haben deutsche Sparer 40 Milliarden Euro verloren.[3] Der Realzins-Verlust erreichte im vierten Quartal 2018 einen neuen Negativrekord. Die Inflation lag in Deutschland im Schnitt bei 2,15 Prozent, während Sparkonten & Co. nur mickrige 0,17 Prozent Verzinsung abwarfen. In einem prosperierenden Land, in dem viele Menschen nach wie vor gut verdienen, wird die private Vermögensbildung zu einem Verlustgeschäft. Obwohl die private Vorsorge fürs Alter immer wichtiger wird, wird sie zugleich immer schwerer.

Kapitel 4

Das Schlimme ist: Das System des billigen Geldes wird auf absehbare Zeit kein Ende finden. Was als kurzzeitige Maßnahme gedacht war, um staatliche Insolvenzen zu verhindern, ist zu einem Dauerzustand mutiert, der sich nicht auflösen lässt. Hebt die EZB ihre Zinsen an, rutschen einige Eurostaaten, in erster Linie Italien, Griechenland und Portugal, schnurstracks in die Pleite. Deutsche Sparer verlieren dann sehr viel Geld über ihre Lebensversicherungen, weil deutsche Lebensversicherer auch in Staatsanleihen dieser Staaten investiert haben. Belässt die EZB den Zins bei null, verlieren die Ersparnisse der Deutschen fortlaufend an Wert. Egal, wie die EZB vorgeht, es bedeutet Ungemach für die deutsche Mittelschicht.

Daran zeigt sich wieder einmal: Das Gegenteil von gut ist gut gemeint. Die EZB wollte wirtschaftliche Volatilitäten unterdrücken – und erschuf dabei stetig neue Stressoren. Einige wirken tödlich, wie sich am Beispiel des europäischen Bankensystems zeigt. In den Bilanzen vieler Banken haben sich massenweise Kredite an Zombiefirmen angesammelt. Einige Geldinstitute haben sich mittlerweile selbst in Zombies verwandelt. Mit ihrer Nullzinspolitik raubte die EZB den Banken ihre Lebensgrundlage, indem sie das Zinsgeschäft der Geldinstitute praktisch abschaffte. Paradoxerweise hält die EZB die Banken damit auch künstlich am Leben. Die Risiken in den Bankbilanzen werden sich erst mit den nächsten Zinserhöhungen vollends entfalten und einigen Geldhäusern eine bilanzielle Katastrophe bescheren. Wenn nicht bereits die nächste Rezession vielen Instituten die Lichter ausbläst – und diese wirft bereits ihre Schatten voraus.[4] Viele Zombiefirmen werden dann in die Pleite rutschen und viele angeschlagene Geldhäuser mit nach unten ziehen.

Das Fatale ist: Die EZB kann die nächste Rezession weder verhindern noch lindern. Sie hat ihr geldpolitisches Arsenal weitgehend verbraucht. Draghi sprach zwar noch im Januar 2019 davon, der Werkzeugkasten der EZB sei immer noch prall gefüllt, ließ allerdings offen, welche Werkzeuge das sein sollen.[5] Helikoptergeld? Weitere Wertpapierkaufprogramme? Oder gar ein negativer Leitzins? Alle Instrumente wären hochriskant – und blieben letztlich auch wirkungslos. Ein negativer Leitzins wäre nicht nur ein Novum, sondern auch Irrsinn, der die Banken noch schneller ruinieren würde. Das ausgelaufene Ankaufprogramm wieder aufleben zu lassen und möglicherweise Aktien zu kaufen, würde eine vollständige Verzerrung der Kapitalmärkte nach sich ziehen – Kursblasen und drastische Crashs inklusive. Und selbst wenn die EZB Geld aus Helikoptern auf die Verbraucher regnen lassen würde, so ist kaum anzunehmen, dass diese das Geld mit vollen Händen ausgeben und somit die Wirtschaft ankurbeln würden. Wahrscheinlich landet es einfach auf dem Sparkonto oder wird zur Tilgung von Schulden eingesetzt.

Aber wer soll es richten, wenn es die EZB nicht kann? Die Staaten selbst mit üppigen Konjunkturprogrammen? Dazu besteht wenig Spielraum. Viele Staaten in der Eurozone sind bis unters Dach verschuldet. Deutschland steht in dieser Hinsicht noch einigermaßen solide da, allerdings wird uns eine Rezession genauso hart treffen wie alle anderen. Fällt die Nachfrage nach unseren Exportwaren, werden wir massive Probleme bekommen, da können unsere Staatsfinanzen noch so geordnet sein. »Die nächste Krise wird sehr gefährlich«,[6] konstatiert ifo-Chef Clemens Fuest – und er hat recht. Sowohl die Geld- als auch die Fiskalpolitik haben ihr Instrumentarium, das sie zur Bekämpfung von Rezessionen einsetzen könnten, bereits vor der Krise ausgereizt.

Die Nullzinswelt hat noch weitere Absurditäten zu bieten, die alte Gewissheiten der ökonomischen Theorie auf den

Kapitel 4

Kopf stellen. Obwohl Geld billig ist wie noch nie und der Investitionsdruck dank der Digitalisierung ungeheuer groß, sparen sich die Unternehmen fast zu Tode. In solch einem Umfeld hätte die Wirtschaft eigentlich boomen müssen bis zur Überhitzung. Doch die Konjunktur loderte nur auf Sparflamme. Die Firmen parkten ihr Geld lieber auf Nullzinskonten, als kräftig zu investieren. Während Ökonomen und Top-Manager gebetsmühlenartig das Mantra vom permanenten Wachstum herunterbeten, hat sich unser Produktivitätswachstum bereits vor zehn Jahren die Letzte Ölung verpasst.

Die Digitalisierung wird uns aus diesem Dilemma herausführen, meinen viele Wirtschaftsexperten. Und tatsächlich steckt in ihr eine Riesenchance, dass die Faktoren Arbeit und Kapital wieder deutlich produktiver werden. Doch auch hier offenbart sich Deutschland als Land der Widersprüche. Als eines der innovativsten und technologisch stärksten Länder der Welt, ausgestattet mit vielen klugen Köpfen und technischem Know-how, hinken wir beim wichtigsten Megatrend der kommenden Dekaden vollkommen hinterher. Die kleinen Firmen haben das Thema noch gar nicht auf dem Schirm, und die großen setzen die falschen Akzente. Dass die Digitalisierung sich nicht auf automatisierte Abläufe in einer *smart factory* beschränkt, sondern zwingend mit neuen Erlösmodellen einhergehen muss, hat sich in vielen Köpfen noch nicht festgesetzt.

Allerdings bringt auch der digitale Wandel selbst Paradoxien mit sich. Einerseits müssen wir die Digitalisierung vorantreiben, und zwar schnell, um nicht irgendwann digitalen Angreifern zum Opfer zu fallen, andererseits birgt dies die Gefahr, dass Millionen von Jobs verloren gehen. Je schneller die Automatisierung voranschreitet, desto größer wird das Risiko von Massenarbeitslosigkeit. Im schlimmsten Fall sind unsere Firmen zwar hochautomatisiert, weil Roboter, Künstliche Intelligenz und das Internet der Dinge die Arbeit in den smarten Fabriken erledigen, und trotzdem nicht mehr wettbewerbsfähig, weil der Industriestandort Deutschland zu sehr dem Denken der Old Economy verhaftet ist und es daher massiv an Ideen für digitale Erlösquellen mangelt.

Die Wahrscheinlichkeit, dass es so kommt, ist durchaus hoch. In der Wirtschaftswelt von morgen werden diejenigen Firmen an der Weltspitze stehen, die sich in der Schlüsseltechnologie KI durchgesetzt haben. Doch um diese zu trainieren, braucht man Daten. Daten, die Deutschland nicht hat. Google, Amazon & Co. können deswegen so viele neue Geschäftsmodelle in Angriff nehmen, weil sie über ebenjenen Rohstoff in Hülle und Fülle verfügen. Anstatt diesen extremen Wettbewerbsnachteil auszumerzen oder ihn zumindest zu thematisieren, schustert unsere Regierung ein KI-Strategiepapier zusammen, das gegenüber den Programmen der Chinesen und US-Amerikaner wie ein Treppenwitz anmutet. Deutschlands Wirtschaft hat dem Plattform-Kapitalismus nur wenig entgegenzusetzen. Man kann nur hoffen, dass nicht allzu viele digitale Angreifer in die angestammten Geschäftsmodelle der deutschen Erfolgsbranchen eindringen.

In solch einer Zeit bedürfte es klarer politischer Führung. Doch die Politik präsentiert sich als überfordertes System, das den aktuellen Entwicklungen nur noch hinterherhechelt, anstatt selbst Akzente zu setzen. Die Welt dreht sich immer schneller, immer dynamischer, und die Politik verkümmert zu einem Hybrid aus kommunikativer Hysterie und operativer Trägheit. Eigentlich müsste sie strategisch agieren, proaktiv, doch stattdessen ist kurzsichtige Taktiererei im Klein-Klein an der Tagesordnung. Die visionäre Kraft vieler Spitzenpolitiker reicht gerade bis zur nächsten Landtagswahl. Die Politiker sind Getriebene der Aktualität und der Hypernervosität des medialen Betriebs – und versuchen dabei stets den Eindruck zu erwecken, sie hätten alles unter Kontrolle. Von einem Staatswesen, das sich als strategischer Gestalter versteht, die richtigen Diskurse in Gang bringt und zur Not schnell und agil handelt, ist die Bundesrepublik momentan weit entfernt. Im Bundestag werden einfallslose Mini-Reförmchen durchgewunken, obwohl jeder weiß, dass es eines wirklich großen Wurfs bedarf, um unsere maroden Sozialsysteme in die digitale Ära hinüberzuretten. Doch die Bereitschaft zur radikalen Wende ist der Politik nicht inhärent, und unsere Politiker passen sich den gewandelten Anforderungen an die Politik nicht an. Damit riskieren sie die Zukunft unseres Landes zugunsten kurzfristiger Vorteile für sich selbst. Frei nach der Devise: Wer nichts wagt, wird stets gewählt. Dass vielen die Begriffe »Politik« und »Haltung« wie zwei unvereinbare Gegensätze vorkommen, ist nur allzu verständlich. Von der Haltungs- und Gestaltungskrise der Politik profitieren vor allem Protestparteien von links und rechts.

Auch unsere Wirtschaftseliten verhalten sich oft scheinheilig. Dem Staat werfen sie – oftmals zu Recht – Inkompetenz, Trägheit und Technokratie vor, dabei agieren viele unserer Top-Manager momentan ähnlich. Risiken eingehen? Lieber nicht! Visionäre Wagnisse? Fehlanzeige! Die Vorwürfe, die sie an den Staat richten, müssen sich viele Firmenchefs selbst ans Revers heften. Während sie ihre Aktionäre mit Ausschüttungen und Kurspflege bei Laune halten, unterlassen sie notwendige Investitionen – und verzocken damit die Zukunft ihrer Belegschaften. Diese sind am Ende die Leidtragenden, wenn massenhaft Stellen abgebaut werden, nur weil in den Vorstandsetagen offenbar immer noch nicht verstanden wurde, dass Shareholder-Value und visionärer Tatendrang keineswegs Widersprüche sind. In den vergangenen Jahren waren insbesondere jene Unternehmen an der Börse gefragt, die auf Kennzahlen wie Eigenkapitalrendite oder operative Margen nicht viel gaben. Das beste Beispiel ist Amazon, das jahrelang tiefrote Zahlen schrieb und dessen Börsenkurs trotzdem explodierte.

Den Gipfel der Bigotterie erklimmen unsere Wirtschaftsführer, wenn sie die Freiheit der Märkte als Endstufe der göttlichen Schöpfung proklamieren, in Krisenzeiten aber ungeniert nach staatlichen Rettungspaketen oder Konjunkturprogrammen rufen. Das entspricht genau jenem rotzlöffeligen Verhalten, das kleine Jungs an den Tag legen, wenn sie die Mutter barsch aus dem Kinderzimmer schicken, aber, sobald sie sich beim Toben ein blaues Auge geholt haben, wieder lauthals »Mami« schreien. Die durchaus begrüßenswerten Ideen des Neoliberalismus scheitern auch daran, dass seine Verfechter ihn nicht konsequent leben. Den wirtschaftlichen Eliten unseres Landes mangelt es eklatant an Glaubwürdigkeit.

Die Widersprüche unserer Zeit sind verheerend. Die Fehlentwicklungen und Paradoxien in unserer Wirtschaft, der Politik, unserem Finanzsystem und unserer kollektiven Mentalität sind mittlerweile so massiv, dass nicht nur unsere vergangenen Errungenschaften in Gefahr geraten sind, sondern auch unsere Fähigkeit, den künftigen Herausforderungen mit Elan, Tatkraft und Optimismus zu begegnen. Im schlimmsten Fall droht uns eine Erosion auf mehreren Ebenen. Die Kombination aus einer schweren Bankenkrise, einem unkontrollierten Zerfall des Euro und einer Wirtschaft, die immer weniger Menschen Arbeit bietet und zugleich immer weiter an Wettbewerbsfähigkeit einbüßt, wäre das

Kapitel 4

Worst-Case-Szenario der 2020er-Jahre. Die Konsequenzen für unsere Gesellschaft und unsere Demokratie wären katastrophal. Die heutige Mittelschicht wäre der größte Verlierer. Menschen, die jahre- oder jahrzehntelang hart gearbeitet haben, stehen dann vor den Trümmern ihrer Existenz. Das Frustpotenzial vieler zuvor gut situierter Menschen, die ins Prekäre abrutschen, könnte eine Revolutionsstimmung erzeugen, die unser demokratisches System und den sozialen Frieden massiv infrage stellen würde.

Die Risse, die sich bereits heute in unserem gesellschaftlichen Zusammenhalt auftun, sind kaum verwunderlich. Ängste, Überforderung, Nervosität und Resignation prägen das Seelenleben unserer Nation. Immer mehr Menschen verfallen in rückwärtsgewandte Denkmuster. Die vermeintlich heile Welt der Nachkriegsjahrzehnte heraufzubeschwören, bringt uns aber nicht weiter. Der Wandel lässt sich nicht aufhalten. Aber er lässt sich gestalten. Die Zukunft stürzt nicht über uns herein, auch wenn es uns oft so vorkommt. Wir können sie selbst in die Hand nehmen und in einem gewissen Maß zu unseren Gunsten organisieren. Und genau damit sollten wir endlich anfangen!

Sieben Ideen für die Zukunft

1. Ein »New Deal« für die 2020er-Jahre

Man muss sich die Bundesrepublik im Jahr 2019 wie eine gemütliche Altbauwohnung vorstellen, in der man jahrzehntelang sehr gut gelebt hat. Mit der Zeit ist sie, oberflächlich betrachtet, stets ein bisschen moderner geworden. Mal gab es neue Fenster, mal ein neues Sofa, einen neuen Fernseher oder eine neue Küche – und es wurden zwischenzeitlich zwei Wohnungen zu einer vereint. Allerdings täuschte das zeitgemäße Mobiliar darüber hinweg, dass die Wohnung langsam renovierungsbedürftig wurde. Die Heizungen funktionieren nicht mehr richtig, die Haustür fällt aus den Angeln, der Parkettboden ist abgenutzt, Decken und Wände bekommen Risse, die Leitungen sind marode. Die Anzahl der Bewohner, die glauben, dass eine Kernsanierung dringend geboten ist, mehrt sich stetig. Manche befürchten sogar, tragende Wände könnten einstürzen, sofern sich nicht bald etwas ändert.

In der Politik finden diese Mahnungen momentan wenig Gehör. Die Hausherrin stellt sich taub und blind und verweist immer wieder darauf, die Wohnung sei, abgesehen von ein paar kleineren Mängeln, in bestem Zustand. Sie sei immer noch funktional und gemütlich, beschwichtigt sie. Größere Veränderungen seien nicht notwendig. Nur das Internet sei ärgerlicherweise etwas langsam, aber das sei ja auch noch »Neuland«. Das Einzige, worauf sich die Hausherrin einlässt, sind Streitereien darüber, ob man die Tür wieder einhängen sollte, damit nicht so viele Fremde ins Haus gelangen.

Den Restaurierungsbedarf zu ignorieren, ist ein schwerer Fehler. Die Politik muss endlich anerkennen, dass ein Umbau bestehender Strukturen dringend notwendig ist. Wir müssen anfangen, konstruktiv darüber zu reden, wie unsere Wohnung nach einer umfassenden Generalüberholung aussehen soll. Die Geschmäcker sind verschieden. Die einen präferieren ein modernes Loft, andere pochen mit Nachdruck auf die Wiederherstellung der alten Behaglichkeit des Altbaus. Viele hegen den Wunsch, mehrere Wohn- und Einrichtungsstile so miteinander zu verquicken, dass alle Bewohner einen Platz finden, um sich wohlzufühlen.

Kapitel 4

Es wird endlich Zeit, dass sich ein klares Bild abzeichnet, wie Deutschland im Jahr 2030 aussehen soll. Es ist dringend geboten, die Diskurse darüber aus ihrem Nischendasein zu befreien und sie in der Mitte unserer Gesellschaft breit zu verankern. Es wäre wünschenswert, wenn jede Partei spätestens zur nächsten Bundestagswahl eine bildhafte 3D-Vorschau präsentieren würde, wie sie sich die Innenausstattung unserer gemeinsamen Wohnung vorstellt, mitsamt eines konkreten Umbauplans. Nur dann können sich die Bewohner darauf einstellen, dass es in der Zeit des Umbaus vorübergehend etwas ungemütlicher werden könnte. In einer Baustelle zu leben, macht nie Spaß. Wer aber klar vor Augen hat, wie die Wohnung später aussehen soll, der weiß, dass es sich lohnt, diese Zeit des Übergangs in Kauf zu nehmen.

Nur wer ein Ziel hat, kann darauf hinarbeiten – und genau daran krankt unser Land. In Ermangelung eines kollektiven Ziels, das über schwammige Plattitüden hinausreicht, verwalten wir in scheinbar rasendem Stillstand unseren Status quo. Uns fehlt das Bewusstsein, dass wir gerade dabei sind, Geschichte zu schreiben. Dass unsere Kinder, Enkel und Urenkel in 20, 50 oder 100 Jahren zurückblicken werden und unsere Handlungen und Unterlassungen von heute das Fundament ebnen, auf dem ihre künftigen Lebensumstände fußen.

Dieses historische Bewusstsein ist ein wichtiges psychologisches Moment, das kollektive Kräfte mobilisieren kann. Chinas größte Stärke liegt darin, dass ein Großteil der Bevölkerung sich dessen gewahr ist, Teil eines großen Umbruchs zu sein: der einzigartigen historischen Chance, zur globalen Wirtschaftsmacht Nummer eins aufzusteigen. Insofern sind die Wirtschaftspläne Chinas durchaus vorteilhaft. Sie definieren feste Meilensteine und verbinden diese mit konkreten Maßnahmen. So handeln auch Unternehmen. Als

Grundprinzip könnte sich die Politik diese Methode zum Vorbild nehmen. Verstehen Sie mich bitte nicht falsch, ich fordere keinesfalls eine zentralistisch gelenkte Staatswirtschaft nach chinesischem Vorbild, an dem sich offenbar Bundeswirtschaftsminister Peter Altmaier bei seiner »Industriestrategie 2030« orientiert hat. Es geht mir vielmehr um die Formulierung eines »New Deal«, eines neuen Gesellschaftsvertrags in Zeiten von Digitalisierung, Globalisierung und geopolitischen Umbrüchen. Einen solchen »New Deal« zu entwerfen, ist die Aufgabe der Politik und unserer gesamten Gesellschaft, möglichst noch in den kommenden zwei Jahren. Im Gegensatz zu China, wo Ziele und Maßnahmen vom Zentralkomitee von oben verordnet werden, können wir im gesellschaftlichen Selbstgespräch miteinander aushandeln, wo die Reise hingehen soll – und unseren Willen zur Wahlurne tragen. Die Voraussetzung dafür ist, dass sich die Diskurse endlich der Zukunft zuwenden, dass sich endlich ein Wettbewerb der Ideen und Strategien entspinnt anstatt ein Wettbewerb konkurrierender Welt- und Menschenbilder.

Es wird endlich Zeit, sich aus alten Ideologien und festgefahrenen Denkschemata zu lösen. Hayek vs. Keynes, Markt vs. Staat, Kosmopoliten vs. Kommunitaristen, links gegen rechts: Wie lange noch wollen wir uns in diesen Lagerkämpfen verbeißen und uns selbst lähmen? Währenddessen rennt uns die Zukunft davon, an der im Silicon Valley und in Peking mit Hochdruck gearbeitet wird, während in Berlin, Brüssel, Paris und allen anderen politischen Machtzentren Europas nur hilflos zugeschaut wird. Je stärker sich die Fronten verhärten, desto mehr verlieren wir den Anschluss. So wie unsere Wirtschaft begreifen muss, dass sie mit den Grundsätzen und der Mentalität der »Old Economy« in Zeiten des Plattform-Kapitalismus nicht mehr reüssieren kann, muss ein »New Deal« den »Old Deal« der Bundesrepublik in allen Belangen infrage stellen.

Die zentralen Fragen ranken sich um die Zukunft des Euro, der EU, um den digitalen Umbau unserer Wirtschaft, um die radikale Erneuerung unseres Sozialstaats, um Fragen der Zuwanderung, die Bekämpfung von Altersarmut, um die Optimierung unseres Bildungswesens. Jede Partei ist gefordert, für jede dieser Fragen konkrete Zielvorstellungen für das Jahr 2030 zu formulieren. Erst daraus lassen sich Maßnahmen ableiten und ein Finanzierungsbedarf errechnen. Auch die Wirtschaft, die Verbände, die Medien und jeder einzelne Bürger muss sich konstruktiv an diesem Prozess beteiligen.

Im Folgenden unterbreite ich sechs Vorschläge, die mir geeignet erscheinen, innerhalb eines langfristig orientierten »New Deal« für Deutschland eine wichtige Rolle zu spielen. Wohl wissend, dass diese weder erschöpfend sind noch auf ungeteilte Zustimmung stoßen werden, sind diese Ideen aus reiflichen Überlegungen entstanden und berücksichtigen sowohl liberale, konservative als auch soziale Perspektiven. Ich hoffe, dass sie einen kleinen Beitrag dazu leisten, die Diskurse in Deutschland auf die Zukunft auszurichten. Vor allem auf die Frage: Wie schaffen wir es, dass unsere fetten Jahre – auch wenn sie vorerst bald vorbei sein mögen – möglichst bald wieder beginnen?

2. Die radikale Erneuerung des Euro

Soll Deutschland im Jahr 2030 noch Teil der Eurozone sein? Und wenn ja: Welche Bedingungen sollen vorherrschen, damit dies möglich ist? Ich bin der Auffassung: Ja, Deutsch-

Game Over? Nein, Aufbruch!

land sollte dem Euroraum auch in zehn Jahren noch angehören. Aber nur unter der Bedingung, dass das Risiko, für die Schulden anderer Länder aufkommen zu müssen, komplett ausgemerzt wurde. Zwei Aspekte spielen dabei eine wichtige Rolle. Zum einen muss dringend eine Lösung her, die gegenwärtige Schulden- und Transferunion zu stoppen. Zum anderen müssen die Länder des Südens eine faire Chance für einen wirtschaftlichen Neuanfang erhalten. Ohne einen Kompromiss, der einen vernünftigen Ausgleich der finanziellen Interessen zwischen den Nord- und Südländern schafft, wird es nicht gehen. Das setzt voraus, dass die Politik sich endlich ehrlich macht und offenbart, dass der Euro zwar eine gute Idee war, die aber schlecht umgesetzt wurde. Die Eurokrise hat die Probleme offen zutage gefördert. Das Prinzip »One size fits all« kann man nicht 19 Ländern überstülpen, die keine gemeinsame Sprache sprechen und deren Gesellschaften mangels eines europäischen Mediensystems nicht in ein diskursives Gespräch mit sich selbst treten können. Europäische Finanz- und Fiskalpolitik wird unter solchen Bedingungen niemals über nationale Egoismen hinausreichen. Die Eurozone ist kein optimaler Währungsraum und wird es aufgrund der kolossal unterschiedlichen Wirtschaftskulturen ihrer Mitgliedsländer niemals werden.

Der gegenwärtige Kurs der Eurozone, eine Fiskal- und Bankenunion zu installieren, läuft letztlich nur auf eines hinaus: auf Eurobonds. Das kauft dem Euro lediglich Zeit, löst aber seine Probleme nicht und verhärtet die Fronten zwischen dem Norden und dem Süden. Möglicherweise hat die Gemeinschaftswährung mit Eurobonds tatsächlich über die 2030er-Jahre Bestand, aber der große Knall wird dann umso heftiger. Auch ein europäischer Finanzminister mit fiskalischen Vetorechten wird die Schuldenprobleme der südeuropäischen Länder nicht beheben können. Sie können sich nicht aus der Pleite sparen, sie werden weiterhin Schulden machen müssen. Die Eurobonds ermöglichen ihnen lediglich, ihre Refinanzierung zu verbilligen. Irgendwann stößt dieses System der fortlaufenden Verschuldung aber an seine Grenzen – und dann wird es aufgrund der gemeinschaftlichen Haftung sehr teuer für Deutschland. Hinzu kommen die Risiken, die sich währenddessen im Target2-System weiterhin aufbauen werden. Über diesen Dispokredit im EZB-System hat Deutschland keine Kontrolle, denn der Verfügungsrahmen ist unbegrenzt, man kann ihn niemals fällig stellen.

Den Euro komplett abzuschaffen, ist allerdings keine vernünftige Option. Diese Variante endet im Chaos und wird die europäischen Errungenschaften der vergangenen 60 Jahre vollends zerstören. Ein einseitiger Austritt Deutschlands wird ebenfalls nicht helfen. Dies würde die EU zersetzen und einen unkontrollierten Zerfall Europas nach sich ziehen. Die langfristigen Folgekosten wiegen die mittelfristigen Vorteile nicht auf.

Mein Vorschlag lautet: Der Euro soll weiterhin Bestand haben, allerdings in modifizierter Form und in einem System, in dem sich die unterschiedlichen Wirtschaftskulturen der Länder frei entfalten können. Dies wird nur über die Einführung eines Nordeuro und eines Südeuro möglich sein – eine Idee, die der ehemalige BDI-Präsident Hans-Olaf Henkel bereits 2011 ins Spiel brachte und die nach einer kurzen hitzigen Diskussion in der Öffentlichkeit wieder in der Versenkung verschwand. Dennoch ist sie die geeignetste Variante für alle Beteiligten, auch wenn sie allen Staaten – sowohl den Schuldnern als auch den Gläubigern – kurzfristige

Game Over? Nein, Aufbruch!

Strapazen abverlangt. Deutschland zum Beispiel wird auf Forderungen verzichten müssen und Geld verlieren. Da der Nordeuro, zu dem Deutschland gehören wird, sehr wahrscheinlich gegenüber dem Südeuro stark aufwerten wird, büßt Deutschland vorübergehend auch an wirtschaftlicher Wettbewerbsfähigkeit ein. Diese kurzfristigen Nachteile gilt es in Kauf zu nehmen. Sie sind überschau- und kontrollierbar. Eine Vertiefung der Schulden- und Fiskalunion wäre hingegen ein Fass ohne Boden.

Fünf Schritte sind zur Reform des Eurosystems notwendig:

a) Die sofortige Abschaffung des gegenwärtigen Target2-Kreditsystems und die Überführung der Salden in ein regulär zu tilgendes Kreditverhältnis zwischen den Notenbanken mit einer festen Laufzeit und festen Zinssätzen. Im Prinzip handelt es sich um die Umwandlung eines Dispokredits in einen Konsumkredit, der zurückgeführt wird. Das Target-System muss im Anschluss umfassend reformiert werden. Zum Beispiel müssen Obergrenzen für Kreditlinien definiert werden, um zu große Ungleichgewichte zu vermeiden. Die Gläubiger müssen zudem Einfluss auf das Management der Salden erhalten, zum Beispiel indem sie Sicherheiten verlangen können wie die Hinterlegung von Goldreserven oder Wertpapieren.

b) Im Gegenzug muss sich Deutschland solidarisch zeigen und der Bündelung von Staatsschulden in einem Schuldentilgungsfonds zustimmen. Das bedeutet: Sämtliche Schulden der Mitgliedsstaaten, die über der Konvergenzschwelle von 60 Prozent des BIP liegen, werden in ein solches Vehikel überführt. Die Laufzeit beträgt mindestens 25 Jahre. Die Gegenfinanzierung findet über Eurobonds statt, für die alle Staaten gemeinschaftlich haften. Das deutsche Finanzrisiko beschränkt sich damit nur auf einen Teil der gegenwärtig angehäuften Schuldenstände.

c) Der Währungsraum wird in einen Nordeuro und einen Südeuro gespalten. Sofern es einer Übergangszeit bedarf, müssen befristete Kapitalverkehrskontrollen eingeführt werden, um eine Kapitalflucht aus dem Süden in den Norden zu verhindern.

d) Nach der Einführung der beiden Eurovarianten ratifizieren alle Eurostaaten nochmals verbindlich die »No-Bailout«-Regel. Die Südländer erhalten das Recht, maximal 30 Prozent ihrer bereits bestehenden Schulden in der neuen Südwährung zu tilgen, was durch die Abwertung des Südeuro gegenüber dem Nordeuro einem Schuldenschnitt gleichkommt. Die Nordeurostaaten müssen prüfen, ob sie Teilverluste privater Gläubiger wie Versicherungsgesellschaften und Banken auffangen und ausgleichen.

e) Jeder Staat erhält wieder das uneingeschränkte Recht, über seinen Haushalt zu bestimmen, und muss sich nicht mehr mit den Europartnern abstimmen. Die Südländer können ihre Wettbewerbsfähigkeit über Konjunkturprogramme und die Abwertung des Südeuro herstellen. Sollte dieses System nicht funktionieren, liegt das Scheitern bei ihnen selbst. Müssen sie im schlimmsten Fall den Staatsbankrott erklären, können sie dies niemand anderem als sich selbst vorwerfen. Die Nordeurostaaten müssen hingegen die Aufwertung ihrer Währung in den Griff

Game Over? Nein, Aufbruch!

kriegen und mit einer Anpassungskrise rechnen. Diese bedeutet aber letztlich die Chance, ihre Produktivität wieder zu erhöhen.

Auf dieser Grundlage kann auch die Rolle der EU neu ausgerichtet werden. Während der Binnenmarkt weiterhin bestehen bleibt und die Eurokrise eingedämmt wird, kann sie sich um eine Neudefinition ihrer Rolle, ihrer Strukturen und ihrer Aufgaben kümmern. Besonders die Entwicklung eines neuen Narrativs, das über das Postulat der Friedensidee hinausgeht, sollte in den Mittelpunkt rücken. Wahrscheinlich macht es Sinn, sich auf absehbare Zeit von der Idee der Vereinigten Staaten von Europa zu verabschieden und sich stattdessen auf eine verstärkte Zusammenarbeit in der Außen- und Sicherheitspolitik zu konzentrieren. Dies geht zwingend mit dem Abbau von Bürokratie einher.

Auch eine stärkere Zusammenarbeit im Bereich KI und die Bündelung von Daten in einem gemeinsamen EU-Pool ist wünschenswert, um den Anschluss an die KI-Großmächte China und USA nicht vollends zu verlieren. Der Erhalt des europäischen Binnenraums wird auch deswegen notwendig sein, damit neue digitale Unternehmen ihre Geschäftsmodelle schnell skalieren können. Insofern bietet der EU-Binnenraum auf der wirtschaftlichen Ebene weiterhin vielfältige Chancen. Mit einer radikalen Reform des Euro, einer Verlangsamung der politischen Union, die den Nationalstaaten mehr Freiräume lässt und die Bürger nicht überfordert, sowie einer deutlichen Verschlankung bürokratischer Strukturen könnte die EU zu einer wesentlich schlagkräftigeren und sympathischeren Institution werden. Vielleicht entzündet sich die Leidenschaft für Europa dann wieder ganz von selbst.

Kapitel 4

3. Kooperationen, Kapital und Krisenpläne – ein Superministerium für die Digitalisierung

Wie Deutschlands Wirtschaft im Jahr 2030 dastehen wird, hängt stark davon ab, welche weiteren Trends und technologischen Entwicklungen sich in den 2020er-Jahren Bahn brechen werden und wie die Politik und die Unternehmen selbst den digitalen Wandel gestalten. Eines allerdings ist klar: Deutschland muss seine heutige Wirtschaftsstruktur modernisieren. Es gilt, die Prinzipien der digitalen Ökonomie auf unsere mittelständisch geprägte Wirtschaft zu übertragen. Wir müssen uns von einem Industriestandort in einen industriell geprägten Digitalstandort verwandeln und unseren Mittelstand in die digitale Ära überführen.

Der Versuch, auf nationaler oder europäischer Ebene eine eigene große Social-Media-Plattform, eine Suchmaschine oder einen Online-Handelsriesen als Gegengewicht zu den etablierten Großmächten aufzubauen, ist allerdings keine geeignete Strategie. Die Vorstellung, die Politik könne, staatlich verordnet, digitale Champions aus dem Boden stampfen, so wie es sich Wirtschaftsminister Altmaier in seiner »Industriestrategie 2030« ausmalt, ist absurd. Der Vorsprung der amerikanischen und chinesischen Digitalbarone ist uneinholbar. Zudem erscheint es mehr als zweifelhaft, dass die neuen Unternehmen großen Anklang bei den Nutzern finden würden. Der Fehlstart der Login-Plattform Verimi, ein Gemeinschaftsprojekt von Allianz, Lufthansa, Deutscher Telekom, Daimler, Axel Springer sowie der Deutschen Bank, ist der beste Beweis dafür. Nur 13.000 Nutzer hatten sich zwei Monate nach dem Start dort angemeldet.[7]

Deutschlands Wirtschaft muss andere Wege finden zu reüssieren. Dabei bietet sich das Modell an, das unsere Wirt-

Game Over? Nein, Aufbruch!

schaft in den vergangenen Jahrzehnten so erfolgreich gemacht hat: sich in hoch spezialisierten Nischen zu etablieren und dort die Marktführerschaft anzustreben. Dies müssen wir weiterführen – und in einem digitalen Kontext weiterdenken. Wahrscheinlich macht es Sinn, wie ein Mittelständler zu agieren, der den Großen das Geschäft nicht streitig machen kann mangels Kapazitäten. Dafür aber kann man sich in bestimmten Segmenten so stark spezialisieren, dass es für Wettbewerber schwer wird, sich dort einzunisten. Die großen Powerhäuser wie Alphabet und Amazon drängen nur in riesige Multi-Milliarden-Märkte hinein. An kleinen Nischenbereichen werden sie wegen der zu geringen Losgrößen wohl wenig Interesse zeigen.

Allerdings ist es noch ein weiter Weg für viele Firmen, sich diese digitalen Spezialkompetenzen anzueigen. Viele Unternehmen – besonders im Mittelstand – werden das auf sich allein gestellt nicht stemmen können. Daher sollten sich viele Branchen zu digitalen Joint Ventures zusammenschließen und eng miteinander kooperieren, möglicherweise auch branchenübergreifend. Der Digitalexperte Christoph Bornschein schlug unlängst vor, eine große, bundesweite 4.0-Plattform ins Leben zu rufen, in der die Daten aller angeschlossenen Unternehmen in einem großen Pool zusammenfließen.[8] Der Vorteil: Gewisse Probleme müssten beim Training von KI nur einmal gelöst werden. Predictive Maintenance – die vorausschauende Wartung von Industriemaschinen über schlaue Algorithmen – ist so ein Anwendungsgebiet, das sich aus Sicht von Bornschein für eine breite Kooperation eigenen könnte. Für den Aufbau des Algorithmus spielt es keine große Rolle, um welche Art von Maschine es sich handelt und in welcher Branche sie verwendet wird. Insofern macht es wenig Sinn, dass jeder für sich allein kämpft – denn jeder ist mit ähnlichen Problemstellungen konfrontiert. Die deutsche Autoindustrie schwingt sich hier erfreulicherweise zum Vorreiter auf. VW, BMW und Daimler streben ein Bündnis für das autonome Fahren an. Gemeinsam mit großen Zulieferern möchten die Konzerne ein eigenes System fürs autonome Fahren entwickeln. Es hat sich offenbar die Erkenntnis durchgesetzt, dass es einer alleine nicht schafft, gegen Alphabet zu bestehen.[9]

Gleichzeitig muss sich zwingend ein neues Verständnis von Führung in den Chefetagen durchsetzen. Die Erkenntnis allein, der digitale Wandel sei wichtig, reicht längst nicht mehr aus. Digital Leadership muss endlich von einem hohlen Schlagwort zu einem konsequent gelebten Führungsprinzip werden. Es bedeutet die Abkehr von traditionellen Strukturen und traditioneller Führung. Manager bleiben weiterhin wichtig, allerdings nicht als hierarchische Machthaber, die mit dem spitzen Bleistift operative Kennzahlen avisieren. Sie müssen vielmehr die organisatorischen Rahmenbedingungen schaffen, um den Wandel voranzutreiben und eine Kultur der Angstfreiheit etablieren. Nur dann können Experimente entstehen und gelingen.

Es wird Zeit, dass sich viele Chefs ihrer gewandelten Rolle bewusst werden. Statt Gewinnmaximierung steht Transformationsmaximierung an erster Stelle. Der Renditeoptimierer von heute ist vielleicht der Firmenkiller von morgen. Klassische BWL-Maximen helfen in dieser Zeit nicht weiter. Investitionen, Kooperationen, Offenheit und Transparenz entlang der gesamten Wertschöpfungskette werden zwingend notwendig, um neue Dienste und Produkte zu kreieren. Möglicherweise bedeutet das auch für einige, ihre Gewinne mit Partnern und Zulieferern teilen zu müssen. Ein geteilter Gewinn ist aber allemal besser als gar keiner. Und

Game Over? Nein, Aufbruch!

bis es so weit ist, müssen Firmen sich in der Übergangsphase erlauben dürfen, auch Verluste zu schreiben.

Das Gelingen des Wandels hängt in starkem Maße auch von der Politik ab. Es wird allerhöchste Zeit für ein Digitalministerium. Es muss mindestens auf Augenhöhe mit dem Wirtschafts-, wenn nicht gar mit dem Finanzministerium agieren. Das Digitalressort lässt sich als eine Art Querschnittsressort verstehen. In vielen Ministerien sind bereits heute Abteilungen angesiedelt, die sich mit digitalen Zukunftsthemen befassen, unter anderem in den Bereichen Wirtschaft, Justiz, Verkehr und Infrastruktur, Bildung und Forschung sowie der Innenpolitik. Das ist gut so – und soll auch so bleiben, damit die jeweiligen Minister sich nicht aus der Verantwortung stehlen können. Allerdings fehlt in der gegenwärtigen Struktur das verbindende und bündelnde Element. Vieles läuft zwar im Kanzleramt bei Kanzleramtsminister Helge Braun zusammen, der jedoch nicht ausschließlich mit der Digitalisierung befasst ist, sondern mit zig anderen Themen. Daneben wurde mit Dorothee Bär eine Staatsministerin für Digitales installiert, die nicht viel mehr als eine Frühstücksdirektorin ist.

Ein Digitalministerium im Range eines Superministeriums könnte diesen Mangel beheben. Es muss konkrete Leitplanken für die Digitalisierung entwickeln und deren Umsetzung in den jeweiligen Ministerien unterstützen und betreuen. Zu seinen Aufgaben gehört die intensive Auseinandersetzung mit neuen Technologien wie der Blockchain oder Quantencomputing. Das Digitalressort sollte wie ein interdisziplinär besetzter Thinktank agieren, der Chancen und Risiken abwägt, Impulse setzt und über genügend Budget sowie operative Kompetenzen verfügt, um schnell agieren zu können.

Kapitel 4

Eine der wichtigsten Aufgaben besteht darin, die Bedingungen für den deutschen Risikokapitalmarkt zu verbessern. In den USA wurden 2017 umgerechnet fast 64 Milliarden Euro in junge Start-ups investiert. Deutschland kam im selben Jahr nur auf den Kleckerbetrag von 4,3 Milliarden Euro. Das ist zu wenig, der deutsche Markt für Risikokapital muss größer werden. Wagniskapital bildet den Treibstoff für Innovation, Wachstum und Beschäftigung. Es eröffnet die Chance, dass sich junge deutsche Unternehmen mit frischen Ideen am Markt etablieren. Viele Ideen der jungen Wilden bieten oft großes Potenzial, wie eine Studie der Universität Duisburg-Essen zutage förderte. Der dortige Lehrstuhl für E-Business und E-Entrepreneurship kam zu dem Ergebnis, dass mehr als 70 Prozent der von deutschen Start-ups kreierten Produkte einen hohen Innovationsgrad aufweisen. Es besteht also durchaus Potenzial, dass womöglich auch in Deutschland in den kommenden Jahren ein neuer digitaler Champion heranwächst. Das allerdings erfordert eine gut ausgebaute finanzielle Infrastruktur, die auch große Beträge jenseits von 50 oder 100 Millionen Euro problemlos stemmen könnte. Junge Firmen in der Startphase gelangen momentan relativ leicht an Geld, doch sobald sie eine gewisse Größe erreicht haben und ihr Kapitalbedarf wächst, wird es immer schwerer für sie. Das Digitalministerium sollte den privaten Markt für Risikokapital schleunigst mit steuerlichen Anreizen in Schwung bringen.

Die allerdings wichtigste Aufgabe der Politik besteht darin, unsere Gesellschaft mental auf den digitalen Wandel vorzubereiten. Sie muss klar kommunizieren, dass es nicht nur positive Szenarien gibt, sondern auch negative. Sie muss den Spagat schaffen, eine optimistische Grundhaltung zu vermitteln und gleichzeitig die Sorgen und Ängste der Menschen aufzugreifen und ernst zu nehmen. Sie muss begründen, warum die Digitalisierung ökonomisch notwendig ist, aber auch eingestehen, dass sie im schlimmsten Fall drastische Auswirkungen auf den Arbeitsmarkt haben kann. Das Risiko steigender Arbeitslosigkeit sollte klar thematisiert werden. Dies bietet die Chance, sich proaktiv zu positionieren mit staatlich geförderten Weiterbildungs- und Umschulungsmaßnahmen, die Politik und Wirtschaft gemeinsam erarbeiten. Das allein wird allerdings nicht reichen. Die Politik kommt nicht drum herum, endlich einen großen sozialpolitischen Wurf auf den Weg zu bringen. Unser Sozialsystem muss dringend radikal reformiert werden. Die Einführung eines bedingungslosen Grundeinkommens muss eines der politischen Kernthemen der kommenden Jahre werden.

4. Das bedingungslose Grundeinkommen als umfassende Steuer- und Sozialreform

Geld vom Staat für alle, vollkommen ohne Gegenleistung und Erwartungshaltung, das war lange Zeit eine Utopie, die in der Realpolitik und in den Diskursen der Öffentlichkeit kaum Beachtung fand. Das hat sich geändert. Das bedingungslose Grundeinkommen (BGE) ist mittlerweile zu einem Thema avanciert, das ernsthaft diskutiert wird. In der Schweiz fand im Jahr 2016 sogar eine Volksabstimmung darüber statt. Auch wenn die Mehrheit dagegen stimmte, so erreichten die Befürworter des BGE mit 23 Prozent ein erstaunlich gutes Ergebnis.

Seither beschäftigt sich auch die Öffentlichkeit in Deutschland intensiv mit dem BGE. Besonders der Philosoph Richard David Precht hat mit seinem Buch *Jäger, Hirten, Kritiker* ein flammendes Plädoyer dafür gehalten. Precht fordert die Zahlung eines bedingungslosen Grundeinkommens in Höhe von 1500 Euro monatlich, finanziert durch Mikrosteuern auf Finanztransaktionen. Der technologische Umbruch bedinge eine Neudefinition von Arbeit, glaubt Precht. Anstelle des existenziellen Zwangs einer Lohn- und Erwerbsarbeit werde Arbeit zu einem Konzept, das vor allem auf Sinn, Glück und Erfüllung ausgerichtet ist und auf Freiwilligkeit basiert.[10] Precht hält das BGE für dringend geboten. Sowohl ökonomisch als auch aus humanistischer Sicht.

Zahlreiche Kritiker sprechen sich dagegen aus, es gibt vielfältige Einwände. Das BGE würde das gesellschaftliche Arbeitsethos zersetzen, heißt es aus der Wirtschaft. Viele Firmen in Deutschland fürchten negative Auswirkungen auf die Motivation ihrer Beschäftigten, die Leistungsbereitschaft würde sinken.[11] Die Angst vor der Faulheitsfalle ist groß. Kritiker des BGE glauben, das Gros der Menschen würde nur noch auf der Couch liegen, Fernsehen schauen und Playstation spielen. Auch sei unklar, wie es finanziert werden soll. Widerstand gegen das Grundeinkommen regt sich auch in den Gewerkschaften und Sozialverbänden. Diese sehen das BGE als eine Art Stillhalteprämie, die den Sozialstaat aushöhlt und lediglich dem Ausbau des Niedriglohnsektors diene. Zudem sei es ungerecht, wenn auch Top-Verdiener und Vermögensmillionäre das BGE erhielten, mahnt der Politikwissenschaftler Christoph Butterwegge.[12] Wieder einmal stoßen vermeintlich unvereinbare Interessen aufeinander sowie weit auseinanderklaffende Menschenbilder.

Unabhängig davon, aus welcher Motivlage man das BGE befürwortet oder ablehnt, es wird höchstwahrscheinlich Realität werden – sogar werden müssen. Wenn man sich vor den möglicherweise verheerenden Folgen des digitalen Wandels für den Arbeitsmarkt wappnen möchte, ist das BGE dringend geboten. Die aktuellen Wahlerfolge der Protestparteien sind nur der Vorbote dessen, was uns blüht, wenn Millionen Menschen durch die Automatisierung ihren Arbeitsplatz verlieren. Die humanistischen Argumente für das BGE leuchten zwar ebenso ein, aber sie geben nicht den entscheidenden Ausschlag.

Freilich betrachtet in unserer heutigen Arbeitsgesellschaft nicht jeder seinen Beruf als Berufung und als sinnstiftende Lebensaufgabe. Das gilt vor allem für diejenigen, die monotone, körperlich anstrengende oder gar gefährliche Tätigkeiten verrichten. Fließbandarbeiter, Klofrauen, Maurer, aber womöglich auch Finanzbeamte springen morgens sicher nicht unter Jubelarien aus dem Bett vor lauter Vorfreude auf den Arbeitstag. Das erklärt aber noch lange nicht, warum sich unsere gesamte Gesellschaft auf das BGE einlassen sollte. Schließlich basiert die Berufswahl auf einer individuellen Einzelentscheidung.

Betrachtet man also nur die aktuellen Bedingungen des Arbeitsmarktes, dann braucht man das BGE sicher nicht. Doch der Arbeitsmarkt bleibt nicht statisch. Er unterliegt der Dynamik des technologischen Wandels. Sobald Technologien wie die Künstliche Intelligenz in Kombination mit Robotern und dem Internet der Dinge auf breiter Front in die Arbeitswelt einziehen, wird sich das Bild wandeln. Nicht nur gefährlichen und stupiden Berufen, denen Menschen noch nie gern nachgegangen sind, droht das Aus. Auch Berufsgruppen, die unter annehmbaren Umständen hohe Gehälter verdient haben, werden betroffen sein. Kommt es infolgedessen zu einer großflächigen Erosion der Mittelschicht, wird das BGE zu einem sozialpolitischen Muss. Ich sehe es als Notwendigkeit, um den sozialen Frieden in Deutschland zu wahren und unsere freiheitlich-demokratische Ordnung aufrechtzuerhalten.

Am Ende kommt es vor allem darauf an, wie das BGE konkret ausgestaltet wird. Der Ökonom Thomas Straubhaar hat dafür ein schlüssiges Gesamtkonzept nebst Finanzierung vorgelegt.[13] Das System funktioniert so: Jeder Bürger bekommt vom Säugling bis zur Bahre monatlich einen bestimmten Betrag ausgezahlt. Nehmen wir der Einfachheit halber einen Betrag von 1000 Euro an. Man muss keinen Antrag stellen, die Auszahlung ist nicht an Bedingungen geknüpft. Allerdings ersetzt das Grundeinkommen alle weiteren steuer- und abgabenfinanzierten Sozialleistungen. Es gibt weder eine gesetzliche Renten- und Arbeitslosenversicherung noch Arbeitslosengeld, Sozialhilfe, geschweige denn Wohn- oder Kindergeld.

Das Grundeinkommen erhalten alle steuerfrei, unabhängig von ihren Einkommens- und Vermögensverhältnissen. Alle zusätzlichen Einkommen – also Lohn und Gehalt, Gewerbeumsätze, Kapitalerträge, Mieten – werden vom ersten bis zum letzten Euro als steuerpflichtiges Einkommen herangezogen und in dem Modell von Straubhaar mit einem einheitlichen Steuersatz von zum Beispiel 40 Prozent erfasst. Das BGE revolutioniert somit nicht nur das Wesen des Sozialstaats, es stellt zugleich eine radikale Reform der Einkommensteuer dar.

Straubhaar sieht das BGE als »zutiefst liberales wie auch egalitäres und individualistisches Konzept«.[14] Dafür gibt es gute Gründe. Es behandelt alle gleich, knüpft die staatliche Hilfe an keinerlei Vorbedingungen und bricht mit den überholten Vorstellungen klassischer Familienstrukturen sowie lebenslanger Erwerbsbiografien. Es verschafft damit allen eine finanzielle Grundausstattung, um frei von ökonomi-

Game Over? Nein, Aufbruch!

schen Zwängen ihren eigenen freiheitlichen Lebensentwurf zu gestalten. Zudem gleicht es die in den vergangenen Jahrzehnten auf dem Rückmarsch befindliche Verteilungsgerechtigkeit wieder an. Bezieher von sehr hohen Einkommen werden durch die angepasste Einkommenssteuer höher belastet als die unteren und mittleren Einkommensgruppen. Zum gegenwärtigen Zeitpunkt würde die Mittelschicht also stark profitieren.

Aber wäre das BGE in der Praxis umsetzbar und finanzierbar? Sehr wahrscheinlich schon. Es kommt auf die Frage an, wie hoch das Grundeinkommen sein soll. Davon hängt die Höhe des einheitlichen Einkommenssteuersatzes ab. Für ein Grundeinkommen von 1000 Euro pro Person benötigt man einen niedrigeren Steuersatz als für ein Grundeinkommen von 1500 Euro. Laut Berechnungen von Straubhaar ist mit dem heutigen Sozialetat des Bundes bereits ein BGE in Höhe von 925 Euro für alle finanzierbar. Ein einheitlicher Steuersatz von circa 40 Prozent liegt dem zugrunde. Das erscheint zunächst hoch, entspricht aber weitgehend der heutigen Staatsquote, in die die Abgaben für Sozialleistungen mit einbezogen sind.

Am Ende muss unsere Gesellschaft festlegen, was ihr wichtig ist. Ein sehr hohes Grundeinkommen wird wahrscheinlich dazu führen, dass die Leistungsbereitschaft nachlässt, sich in der Erwerbsarbeit zu engagieren, da eine hohe Umverteilung die Leistungsanreize beschneidet. Ein sehr geringes Grundeinkommen hingegen wird möglicherweise als unfair empfunden und geht mit Zukunftsängsten, sozialen Spannungen und politischen Instabilitäten einher.

Ein vernünftiges Maß an Ausgleich wäre wünschenswert. 1000 Euro werden für ein BGE wahrscheinlich nicht reichen. Ein heutiger Hartz-IV-Empfänger erhält 424 Euro als Regelsatz. Hinzu kommen Mietzuschüsse sowie Unterstützung zur Kranken-, Pflege- und Rentenversicherung. Insgesamt bekommt ein Alleinstehender je nach Wohnregion zwischen 950 und 1200 Euro vom Staat. 1000 Euro würden für viele also eine Verschlechterung bewirken, wenn man die Krankenversicherung selbst bezahlen und aus eigener Tasche die Miete stemmen muss.

Daher erscheint es angebracht, ein höheres BGE als das heutige Hartz-IV-Niveau zu zahlen. Der Betrag von 1500 Euro, den Precht ins Spiel gebracht hat, erscheint vernünftig. Wenn man das BGE in der Erwartung steigender Arbeitslosigkeit befürwortet, um den sozialen Frieden zu wahren, dann ist das nur folgerichtig. Wenn immer mehr Menschen keinen Anteil mehr an der ökonomischen Wertschöpfung haben, dann benötigen wir ein alternatives Einkommen, das die soziale und finanzielle Sicherheit erhöht. Andernfalls hätten die Sozialverbände recht, und es handelte sich wirklich um eine reine Mogelpackung, die den Sozialstaat aushöhlt. Allerdings müssen sich auch Einsatz und Leistung im Beruf weiterhin lohnen, damit unsere Wirtschaft stark bleibt. Die Unternehmen benötigen auch künftig kluge und vor allem kreative Köpfe, die im Zusammenspiel mit den neuen Technologien Einkommen generieren. Die Leistungsanreize dafür dürfen nicht durch übermäßige Steuerbelastungen zerstört werden.

Eine mögliche Lösung für diesen Widerspruch könnte eine leichte Modifizierung des Straubhaar-Modells liefern. Zum Beispiel, dass die volle Höhe des Grundeinkommens erst ab dem 18. Lebensjahr ausgezahlt wird und es zuvor in einer festgesetzten Staffelung ansteigt. Zudem könnte man das bedingungslose Grundeinkommen um die Möglichkeit ergänzen, gesellschaftliche Wertschöpfung steuerfrei zu entlohnen. Das BGE bliebe bedingungslos – wie in dem Modell von Straubhaar skizziert –, aber die Zuverdienstmöglichkeiten in sozialen oder kulturellen Bereichen könnten einen steuerlichen Sonderstatus erhalten. Der Staat könnte gewisse Tätigkeiten wie Alten- und Krankenpflege oder Nachhilfeunterricht von der Einkommenssteuerpflicht befreien und damit soziales Engagement honorieren. Dabei soll keinesfalls die Kommerzialisierung dieses Engagements im Vordergrund stehen. Es geht vielmehr um einen gesellschaftlichen Interessenausgleich zwischen denjenigen, die ökonomische Wertschöpfung erbringen, und denjenigen, die der Gesellschaft mit sozialen Dienstleistungen weiterhelfen. Auf diese Weise ließen sich die unterschiedlichen Interessen in Einklang bringen.

Die Fürsprache für das BGE ist keineswegs ein Plädoyer für eine sozialistische Wirtschaftsordnung. Die Marktwirtschaft hat sich als das bestmögliche System für Wohlstand und technologischen Fortschritt bewährt. Im Ökosystem freiheitlicher Marktwirtschaften konnten sich die Wohlstandstreiber der vergangenen 150 Jahre – Wettbewerb, Innovationsgeist und kreative Zerstörung – optimal entfalten. Die Vorteile dieses Wirtschaftssystems sind offenkundig. Überall auf der Welt, wo sich marktwirtschaftliche Strukturen etabliert haben, führen die Menschen ein besseres Leben. Im Zuge der Globalisierung hat die Armut weltweit stark abgenommen, und die medizinische Grundversorgung hat sich deutlich verbessert. In vielen Ländern sind vitale Mittelschichten entstanden, deren Lebensstandard ein annehmbares Niveau erreicht hat. Immer mehr Menschen führen ein Dasein in materieller Sicherheit und können sich dank ihrer Kaufkraft Produkte und Dienstleistungen erlauben, die ihnen das Leben ein wenig erleichtern.

Kapitel 4

Ich bin zutiefst davon überzeugt, dass dieses System nicht an sein Ende kommt, auch wenn in den Industrieländern bereits ein gewisser Sättigungsgrad erreicht ist. Auch die Digitalisierung vermag dies grundsätzlich nicht infrage zu stellen. Der Mensch mag zwar als Arbeitnehmer an Bedeutung einbüßen, aber er wird in ökonomischer Hinsicht als Konsument und Unternehmer weiterhin gebraucht. Das BGE trägt dem Rechnung. Es überführt die maroden und reformbedürftigen sozialen Sicherungssysteme in die digitale Ära. Die Marktwirtschaft wird durch das BGE nicht abgeschafft, sondern lediglich modifiziert. Es ist bloß ein Instrument, das in volatilen Zeiten, in denen der Faktor der menschlichen Arbeit in der ökonomischen Wertschöpfung an Bedeutung verliert, der heutigen Mittelschicht ein Mindestmaß an sozialer Sicherung bietet. Aber machen wir uns nichts vor, das BGE ermöglicht keine Riesensprünge beim Lebensstandard. Wer sich weiterhin einen gehobenen Lebensstil leisten möchte, wird auch künftig Einkommen generieren müssen. Und wer seinen Wohlstand im Alter erhalten möchte, kann sich nicht nur auf das BGE verlassen, sondern muss nachhaltig Vermögen aufbauen.

Zugegeben, die Einführung des BGE bedeutet ein sozialpolitisches Wagnis mit weitreichenden Folgen für unsere Volkswirtschaft. Das BGE wird sicher Auswirkungen haben auf die Preise der Konsum- und Dienstleistungsmärkte. Wenn potenziell mehr Geld zur Verfügung steht, können Unternehmen auch ihre Preise nach oben setzen. Auch die Mieten könnten steigen. All diese Faktoren muss man berücksichtigen und kritisch unter die Lupe nehmen. Möglicherweise macht testweise ein großflächiger Feldversuch Sinn. Jeweils in einem Dorf, einer Klein- und einer Großstadt, um möglichst valide Daten zu sammeln. Einen Versuch ist es allemal wert. Denn das BGE bedeutet nicht nur eine tief greifende Modernisierung des Sozialstaats. Es dient vor allem als Präventivmaßnahme zum Erhalt unseres friedlichen Zusammenlebens. Allein aus diesem Grund lohnt es sich, das Wagnis BGE einzugehen.

5. Zuwanderung – Grenzschutz und Verteilungsquoten

Migration war in den vergangenen Jahren das beherrschende Thema in der Öffentlichkeit – und das zweifellos zu Recht. Leider war es fast nicht mehr möglich, sachlich über das Thema zu sprechen, weder mit den Befürwortern noch mit den Gegnern. Diejenigen, die Migration aus humanitären Gründen befürworten, stellten sich auf den Standpunkt: »Kein Mensch ist illegal.« Es sei eine humanistische Pflicht, Menschen in Not zu helfen, gerade auch weil Deutschland ein reiches Land sei. Die Gegner hingegen verwiesen immer wieder darauf, dass viele Migranten lediglich in die Sozialsysteme einwanderten, dass es vielen an Integrationswillen mangele, dass manche sogar islamistisches Gedankengut und im schlimmsten Fall Terror importierten. Wohl wissend, dass eine differenzierte Position fast nur auf Widerstand stoßen kann, versuche ich an dieser Stelle dennoch, eine solche einzunehmen.

Unsere Gesellschaft steht vor der Wahl zwischen Mitgefühl und Wohltätigkeit einerseits sowie einem Mindestmaß an gesellschaftlichen und ökonomischen Realismus andererseits. Sehr wahrscheinlich wird es unumgänglich sein, Letzteres wieder in den Vordergrund zu rücken, um weiteren Überforderungs- und Spaltungstendenzen in unserer

Gesellschaft und der Europäischen Union entgegenzuwirken. Es lässt sich nicht leugnen, dass viele Migranten aus dem Nahen Osten und aus Afrika in unsere Sozialsysteme einwandern – und dort sehr wahrscheinlich für lange Zeit verbleiben werden. Die große Ablehnung, die Flüchtlingen aus Teilen der Bevölkerung entgegenschlägt – oftmals in kaum zu akzeptierender Weise –, rührt vor allem aus der gefühlten Ressourcenkonkurrenz um Wohnraum, Sozialleistungen und Arbeitsplätze. Aufgrund geringer Qualifikationen und einem oftmals geringen Bildungsniveau haben viele Migranten nur wenig Chancen, auf dem Arbeitsmarkt Fuß zu fassen. Dort wird es aber künftig ohnehin zu einem verstärkten Wettbewerb kommen. Die digitale Modernisierung der westlichen Volkswirtschaften bietet selbst vielen Angehörigen der Mittelschicht keine Sicherheit mehr für ununterbrochene Erwerbsbiografien. Daher wird das bedingungslose Grundeinkommen wahrscheinlich unumgänglich werden.

Man muss die Grundsätze der Migrationspolitik also im Zusammenhang mit dem BGE denken. Eines ist dabei klar: Ein bedingungsloses Grundeinkommen, das über dem heutigen Niveau der Grundsicherung liegt, und offene Grenzen für jedermann schließen sich aus. Ein Sozialstaat mit offenen Grenzen ist per se schon eine schwierige Angelegenheit, ein Staat mit einem bedingungslosen Grundeinkommen und offenen Grenzen würde zweifelsohne überrannt werden. Der Schutz der europäischen Außengrenzen ist also ein Muss. Wir müssen den Spagat bewerkstelligen, die humanistischen Werte Europas in Einklang zu bringen mit dem finanziell Machbaren. Ohne Obergrenzen für die Aufnahme von Flüchtlingen wird es sehr wahrscheinlich nicht gehen.

Game Over? Nein, Aufbruch!

Auch im Kontext des BGE sollen diejenigen, die vor staatlicher Verfolgung fliehen, selbstverständlich das Recht auf ein faires Asylverfahren haben. Für Kriegsflüchtlinge sollte es ebenfalls humanitären Schutz geben, der allerdings auf die Dauer des Krieges begrenzt ist. Dieser Status sollte möglichst unkompliziert verliehen werden. Nach Beendigung des Krieges müssen die Kriegsflüchtlinge in der Regel in ihr Heimatland zurückkehren. Dieses System muss auf europäischer Ebene durchgesetzt werden.

Alle Mitgliedsstaaten müssen sich mit Finanzmitteln und sonstigen Ressourcen daran beteiligen, dass an den europäischen Außengrenzen Asylzentren eingerichtet werden, die schnell und effektiv den jeweiligen Status der Flüchtlinge prüfen. Die Verfahren müssen schnell und fair ablaufen – und bei negativen Bescheiden müssen Abschiebungen zügig durchgeführt werden. Dabei wird sich herausstellen, dass das Gros der Menschen, die versuchen, nach Europa einzureisen, kein Recht auf Asyl sowie einen vorübergehenden Aufenthalt hat. Das wird zu individuellen Härten führen, die jedoch zwingend notwendig sind.

Bei positiven Entscheiden müssen die Menschen allerdings selbstverständlich Schutz in Europa erhalten. Diese Aufgabe muss von allen EU-Ländern solidarisch übernommen werden. Das macht jedoch auch endlich einen innereuropäischen Verteilungsmechanismus notwendig. Dass das »Dublin-System«, nach dem in erster Linie derjenige Staat für die Prüfung eines Asylantrags zuständig ist, in dem eine Person erstmals das Territorium der EU betreten hat, auf Dauer keinen Bestand haben kann, scheint indes klar. Die Geflüchteten, die einen Asyl- oder Duldungsstatus erhalten haben, müssen nach einem festgelegten Schlüssel auf die EU-Länder verteilt und dort registriert werden. Dies scheint momentan auf EU-Ebene nur schwerlich umsetzbar, da einige Staaten wie Ungarn, Polen, Tschechien und die Slowakei einen Verteilungsmechanismus blockieren. Sie alle sind Nettoempfänger in der EU, sie erhalten mehr Geld aus dem EU-Haushalt, als sie einzahlen.[15] Insofern stellt sich die Frage, ob eine konsequente Verweigerungshaltung gerechtfertigt erscheint. Die EU muss sich also die Frage stellen lassen, ob sie sich das auf Dauer gefallen lassen möchte.

In Deutschland muss es allerdings eine Einschränkung geben beim BGE. Wer Asyl erhält oder vorübergehend geduldet wird, hat keinen Anspruch auf das BGE, sondern lediglich auf eine Grundsicherung, die dem heutigen Niveau entspricht. Die Auszahlung der Grundsicherung muss an die Integrationsleistung gekoppelt werden, zum Beispiel an den Besuch und den erfolgreichen Abschluss von Sprachkursen, ebenso wie an verpflichtende Qualifizierungs- und Weiterbildungsmaßnahmen. Eine harte Law-and-Order-Politik stellt sicher, dass Kriminelle ihr Aufenthaltsrecht schnell verwirken. Delikte müssen hart geahndet werden, bei schweren Straftaten auch mit der sofortigen Abschiebung. Sofern sie aber die entsprechenden Integrations- und Qualifizierungsleistungen erbringen, sich nichts zuschulden kommen lassen und den Eintritt in den Arbeitsmarkt schaffen, bauen Flüchtlinge jedoch auch das Recht auf das BGE nach und nach auf, zum Beispiel in einem Zeitraum von fünf Jahren ununterbrochener Erwerbstätigkeit. Dasselbe Prinzip gilt für Zuwanderer, die aus dem EU-Raum nach Deutschland kommen oder über das kürzlich von der Bundesregierung auf den Weg gebrachte Einwanderungsgesetz. Auch sie erhalten erst nach einer gewissen Anzahl von Arbeitsjahren das Anrecht auf das volle BGE.

6. Bildung – Interdisziplinarität und digitale Mündigkeit

In einem »New Deal« sollte der pädagogischen Ausbildung unserer Kinder ein zentraler Stellenwert zukommen. Dabei spielen ökonomische Belange durchaus eine Rolle. Schließlich kommt der Ausbildung großes Gewicht dabei zu, ob und wie man sich später auf dem Arbeitsmarkt etabliert. Aber es geht auch um die freie Entfaltung von individueller Persönlichkeit, sozialer Intelligenz, Interessen, Talenten und natürlich von Kreativität. All diese Faktoren werden den Menschen stets von Algorithmen unterscheiden, mögen diese auch noch so intelligent und leistungsstark sein. Ein menschliches Bewusstsein oder eine ganzheitliche Persönlichkeit werden Künstliche Intelligenzen niemals besitzen. Wenn man so will, sind dies genau jene Eigenschaften, die dem Menschen stets den entscheidenden Wettbewerbsvorteil gegenüber den Maschinen gewähren.

Insofern sollten wir der anthroposophischen Persönlichkeitsentwicklung in der schulischen und universitären Ausbildung mehr Raum geben. Gleichzeitig müssen die Lehrpläne auch den Anforderungen und Interessen der Wirtschaft gerecht werden. Ebenjene Gratwanderung gilt es in einer umfassenden Reform unseres Bildungswesens zu berücksichtigen. Wir sollten uns dabei von dem Leitgedanken tragen lassen: Was gut ist für den Menschen als Ganzes, ist auch gut für die Gesellschaft als Ganzes.

Was wir definitiv nicht mehr benötigen, ist die reine Vermittlung von Fakten. In einer Welt, in der das Internet einen Großteil des Wissensbestands der gesamten Welt zur Verfügung stellen kann, macht es keinen Sinn mehr, Noten für reine Wissensnachweise zu verteilen. Es geht vielmehr um Kompetenzen, sich in dem schier unendlichen Wissenskosmos unseres Planeten zurechtzufinden, sich eigenständig Zugänge zu erarbeiten zu verschiedenen Wissens- und Fachdisziplinen und diese in Zusammenhänge einzubetten. Das bedingt eine komplette Überarbeitung der Lehrinhalte sowie der Lehrmethodik. Neben Mathe, Deutsch und Englisch sollte sich die Informatik bereits in der Grundschule als viertes Hauptfach etablieren und, darauf aufbauend, ein gesunder Mix aus Naturwissenschaften, Geisteswissenschaften, Sprachen und Kreativarbeit.

Die Informatik wird deswegen so wichtig, weil sie mittlerweile ebenfalls zu einer Art Weltsprache geworden ist. Nur wer sie spricht, versteht und in einem gewissen Rahmen anwenden kann, wird die Struktur unserer Welt von morgen überblicken und sich in ihr zurechtfinden. Die Digitalisierung strahlt schon heute in nahezu all unsere Lebensbereiche hinein, in all unsere gesellschaftlichen Systeme, sodass Mündigkeit im Sinne digitaler Selbstbestimmung und Eigenverantwortung ein wichtiges aufklärerisches Moment der Persönlichkeitsbildung wird. Das bedeutet nicht, dass wir unsere Kinder gezielt zu Nerds erziehen sollten oder sie zu digitalen Kriegern der Arbeitswelt hochrüsten müssen. Doch genauso wie Lesen, Schreiben und Rechnen heute unverzichtbare Kulturtechniken darstellen, so wird in den kommenden Dekaden auch das Coden, also das Programmieren, eine werden.

Zudem sollten wir unseren Kindern wieder mehr Zeit geben, sowohl in der Schule als auch im Studium. Das wird auch gar nicht anders gehen. Denn in der Arbeitswelt der Zukunft werden generalistische Spezialisten gefragt sein, also Personen, die sich in einem bestimmten Gebiet sehr gut auskennen und über hoch spezialisierte Kompetenzen verfügen, gleichzeitig aber einen interdisziplinären Blick haben. Heutzutage benötigen Maschinenbauer dringend Informatikkenntnisse, ebenso wie Manager. Hingegen kommen Informatiker ohne Grundkenntnisse der Ökonomie sowie der Wirtschaftspsychologie ebenfalls nicht weit, und in die Geisteswissenschaften müssen sicherlich Grundlagen aus allen Bereichen einfließen.

Das bedingt nicht nur längere Studienzeiten, sondern auch eine umfassende Reform der Curricula. Möglicherweise macht es Sinn, vor den Beginn des Bachelors eine Art generalistisches Vorstudium über zwei Semester zu platzieren, in dem sich die Studenten aus bestimmten Wahlpflichtbereichen nach ihren persönlichen Interessen und Neigungen ihren individuellen Fächerkanon zusammenstellen können. Im Bachelor und Master erfolgt dann die studienfachspezifische Ausbildung, wobei auch hier immer wieder fachfremde Disziplinen den Lehrstoff ergänzen. Die heutige Form des sogenannten Studium generale ist ein erster Ansatz, reicht jedoch nicht aus. Wahrscheinlich wird es sinnvoll sein, außeruniversitäres Engagement zu fördern und zu belohnen, ganz egal, ob in der Arbeitswelt, in ehrenamtlichen Tätigkeiten, bei Bildungsreisen oder sonstigen Projekten. Wer nachweisen kann, dass diese einen Bezug zum Studium haben oder einen Beitrag zum Wissens- und Kompetenzaufbau leisten, der sollte sich dies in seinen Credit-Points anrechnen lassen können.

Wer am Ende seines Studiums angelangt ist, bringt idealerweise die richtige Mischung aus Persönlichkeit, Wissen, Anwendungskompetenzen und Interdisziplinarität mit, um auf dem Arbeitsmarkt zu reüssieren, volkswirtschaftlichen Mehrwert zu generieren – und sich den rasant wandelnden Bedingungen des Berufslebens flexibel anpassen zu können.

7. Steuerfreiheit für die private Altersvorsorge

Unglückseligerweise haben wir Deutschen es seit dem Bestehen der Bundesrepublik versäumt, die volkswirtschaftlichen Wohlstandszuwächse unseres Landes zu unserem privaten Vorteil zu nutzen. Im Vergleich zu unserer wirtschaftlichen Stärke besitzen wir viel zu wenig Pro-Kopf-Vermögen. Die breite Masse der Deutschen lässt ihr Geld viel zu wenig für sich arbeiten. Unsere Präferenz für vermeintlich sichere Geldanlagen steht uns im Weg und behindert einen planvollen Vermögensaufbau. Das Problem wurde vielen erst in der aktuellen Nullzinsphase bewusst, aber es besteht schon seit mehreren Dekaden. Die Zinsen befinden sich bereits seit Jahrzehnten in einem langfristigen Abwärtstrend.[16] Solange unser staatliches Rentensystem uns noch ein hohes Maß an Sicherheit mit auskömmlichen Zahlungen für unseren Lebensabend garantierte, war das deutsche Faible für Sparkonten und Lebensversicherungen kein Problem. Die Zeiten auskömmlicher Zahlungen aus der gesetzlichen Rentenversicherung sind allerdings längst vorbei.

Es ist daher dringend geboten, dass wir Deutschen lernen, uns an den Wohlstandszuwächsen zu beteiligen, die die Marktwirtschaft der Welt beschert. Dazu bieten sich insbesondere Aktien an. Egal, ob als Einzelwerte oder gebündelt in Form von Index- und Investmentfonds. Sie lassen Anleger an der Wertschöpfung unserer Wirtschaft teilhaben und ermöglichen vielfältige Chancen auf langfristig hohe Gewinne. Die Börse ist sowohl Seismograph der künftigen wirtschaftlichen Entwicklungen als auch das Spiegelbild des globalen Siegeszugs der Marktwirtschaft. Sowohl die Ökonomie als auch die Kapitalmärkte streben langfristig nach oben. Dies wurde seit den 1970er-Jahren zwar immer wieder von kurzfristigen Crashs und Krisen unterbrochen, doch der langfristige Aufwärtstrend ist nach wie vor intakt. Viele Schwellenländer entwickeln sich in einer rasanten Dynamik, und das weltweite Wirtschaftswachstum liegt immer noch deutlich über 3 Prozent im Schnitt – trotz stagnierender Produktivität in den Industrieländern. Das sind gute Voraussetzungen, dass die weltweiten Börsen auch in den kommenden Jahrzehnten reüssieren. Wirtschaft und Börse sind zwei untrennbar miteinander verbundene Systeme.

Der Börsenphilosoph André Kostolany verglich die Beziehung der beiden mit der Analogie von Hund und Herrchen, die zusammen spazieren gehen. Der Hund rennt immer wieder vor, doch sobald er sieht, dass er sich zu weit von seinem Herrchen entfernt hat, läuft er zurück. »Am Ende kommen sie beide am gleichen Ziel an. Doch während der Mann schön langsam einen Kilometer zurückgelegt hat, ist der Hund herum gerast und hat vier Kilometer zurückgelegt. Der Mann ist die Wirtschaft und der Hund ist die Börse«, schreibt Kostolany in seinem Klassiker *Die Kunst, über Geld nachzudenken*.[17]

In Deutschland hat sich für das Zusammenwirken von Wirtschaft und Börse kein Bewusstsein entwickelt. Immer wenn das Interesse der Deutschen an der Börse aufflammte, ging das stets mit der Lust auf den schnellen Gewinn einher, mit kurzfristiger Gier, die viele Menschen dazu verleitete, sich und ihr Geld in planlose Kamikaze-Manöver zu stürzen. Doch die Träume vom großen Reichtum zerplatzten in schöner Regelmäßigkeit zusammen mit den Kursblasen, die sich an den Börsen in Phasen maßloser Übertreibungen immer wieder bildeten. Die Telekom-Anteilsscheine – Mitte der 1990er-Jahre als neue Volksaktie gepriesen – rauschten Anfang der 2000er-Jahre zusammen mit dem Neuen Markt

Kapitel 4

in den Kurskeller. Später verbrannten sich viele Deutsche in der Finanzkrise 2008 mit Zertifikaten die Finger, die ihnen ein allzu aggressiver Bankenvertrieb zuvor aufs Auge gedrückt hatte.

Die Banken wollten damals schnelles Geld verdienen, ebenso wie ihre Kunden. Das ist problematisch, denn die Interessen von Banken und Kunden laufen einander zuwider. Für Finanzintermediäre ist es vorteilhaft, wenn die Kunden viele Handelsgeschäfte tätigen – dann verdienen sie Provisionen. Für die Kunden allerdings ist es oft vorteilhafter, wenn sie sich einem langfristigen Anlagehorizont verschreiben, auf ein Minimum an Handel beschränken und eine Buy-and-hold-Strategie beherzigen.

Kurz vor dem Ausbruch der Finanzkrise kam ein weiterer Missstand im Privatkundengeschäft der deutschen Banken hinzu. Manche Berater drängten ihre Kunden in Wertpapiere, ohne sie über die Risiken ausreichend aufzuklären. Viele Kunden schlossen Geschäfte ab, die sie nicht ausreichend überblickten – einerseits mangels Finanzwissens, andererseits weil sie nach möglichst hohen Renditen gierten, ohne sich darüber im Klaren zu sein, dass Rendite und Risiko untrennbar miteinander verbunden sind. Wenn sich Informationsasymmetrien und divergierende Interessen mit Gier und mangelndem Risikobewusstsein paaren, entsteht selten etwas Gutes. Die unzähligen Gerichtsprozesse, die Privatanleger gegen ihre Kreditinstitute in den vergangenen Jahren geführt haben, sind der beste Beweis dafür.

Die heutige Vertriebskultur vieler Banken ist mittlerweile deutlich moderater als noch vor zehn Jahren. Dennoch nehmen immer mehr Anleger in Deutschland das Heft des Handelns selbst in die Hand. Insbesondere die Online-Banken profitieren von dem Trend zur finanziellen Selbstbestimmung und haben Millionen neuer Kunden gewonnen. Der Börsenaufschwung der vergangenen zehn Jahre hat das Interesse an der Börse wieder etwas beflügelt. Im Internet sind viele Blogs und Podcasts entstanden, die sich mit dem Thema befassen. Börsenbücher und -magazine erfreuen sich regen Zuspruchs, und auf YouTube hat sich eine vitale Community herausgebildet, die sich intensiv mit den Anlagemöglichkeiten auf den Kapitalmärkten auseinandersetzt. »Do it yourself« lautet das Motto vieler, wenn es um ihre Geldanlage geht.

Diese Entwicklung ist sehr erfreulich, aber sie fristet nach wie vor ein gesellschaftliches Nischendasein. Das muss sich dringend ändern. Die langfristigen Chancen auf individuellen Wohlstand, die die Börse bietet, müssen sich rasch den Weg aus der Nische in den gesellschaftlichen Mainstream bahnen. Wir Deutschen brauchen endlich eine Börsenkultur, die sich in der Mitte unserer Gesellschaft etabliert. Wir müssen uns zu einer Nation planvoller Investoren entwickeln und damit einen Mittelweg finden zwischen risikoscheuer Geldhorterei ohne Rendite und kurzfristiger Zockerei ohne Strategie, aber mit immensem Risiko. Nur so können wir die Probleme von Altersarmut konsequent bekämpfen und soziale Ungleichheiten verringern.

Im Dezember 2018 brachte Friedrich Merz eine interessante Idee ins Spiel. Er sprach sich für eine steuerlich geförderte private Altersvorsorge aus, die auf Aktien basiert. Merz forderte einen jährlichen Steuerfreibetrag für Aktiensparpläne. Die Aktien dürften erst im Alter verkauft werden, die Erträge würden bei der Auszahlung allerdings steuerfrei bleiben. Der Vorschlag wurde in der Öffentlichkeit hämisch kommentiert und brüsk abgelehnt. Merz, der als Aufsichtsratsvorsitzender der deutschen Tochter des Vermögensverwalters Blackrock amtiert, wurden Interessenkonflikte vor-

Kapitel 4

geworfen. Andere kritisierten, sein Vorschlag sei zynisch, schließlich hätten die 4,2 Millionen Beschäftigten im Niedriglohnsektor kein Geld, um es anzulegen. Merz' Konzept wäre nichts weiter als ein Steuergeschenk für Reiche durch die Hintertür. Zugegeben, dass ein Aufsichtsrat des größten Vermögensverwalters der Welt einen solchen Vorschlag unterbreitet, während er für einen Parteivorsitz kandidiert, zeugt nicht von Fingerspitzengefühl. Die öffentliche Reaktion bewies jedoch abermals, dass konstruktive Vorschläge jenseits des Mainstreams viel zu schnell abgebügelt werden.

Die Idee war im Kern durchaus vernünftig. Allerdings ist auch der Einwand nicht von der Hand zu weisen, dass es für Menschen in prekären Arbeitsverhältnissen nicht leicht ist, genügend Geld dafür aufzubringen. Wenn man die Idee allerdings im Kontext des bedingungslosen Grundeinkommens weiterspinnt, könnte das dem Konzept steuerbegünstigter Aktiensparpläne einen kräftigen Schub verpassen. Dann könnten auch Menschen mit geringem Einkommen sich ein zweites finanzielles Standbein für ihren Ruhestand aufbauen. Das BGE würde vielen am unteren Rand der Gesellschaft zu mehr frei verfügbarem Einkommen verhelfen, das diese entsprechend investieren könnten.

Die steuerliche Abzugsfähigkeit der Beiträge sowie die komplett steuerfreien Auszahlungen im Alter – egal, ob als monatliche Rente oder einmalige Summe – würden viele Menschen sicher dazu animieren, einen solchen Sparplan in Erwägung zu ziehen. Der Steuervorteil im Alter sollte nur an eine Bedingung gekoppelt sein: das Geld während der Ansparphase nicht zu entnehmen. Erst ab einem bestimmten Mindestalter, zum Beispiel ab dem 60. Lebensjahr, dürfte man darüber verfügen. Auch auf die laufenden Erträge hätte man während der Ansparphase keinen Zugriff. Dividenden,

Game Over? Nein, Aufbruch!

Zinsen und Kursgewinne würden automatisch wieder angelegt. Der Anleger profitiert damit von dem Zinseszinseffekt. Die Vorteile des Konzepts liegen auf der Hand. Aktien bieten langfristig die höchsten Renditen im Vergleich mit anderen Anlageklassen. Die Durchschnittsrendite eines globalen Aktienportfolios lag im Zeitraum von 1900 bis 2017 inflationsbereinigt im Schnitt bei 5,2 Prozent pro Jahr.[18]

Natürlich existieren auch Risiken, und das wird wohl einer der größten Kritikpunkte an einem solchen System sein. An den Börsen kann es zwischenzeitlich immer wieder zu heftigen Kursrücksetzern kommen. In der Ansparphase selbst wäre das kein Problem, da man sein Geld ohnehin nicht entnehmen kann. Problematisch wäre allerdings ein Börsencrash kurz vor der Entnahme im Ruhestand. Aber auch hier ließe sich vorsorgen. Man könnte es den Anlegern gestatten, zwischenzeitlich immer wieder die Portfoliostrategie zu verändern und bei Bedarf auf eine Variante mit mehr Sicherheit umzustellen. Das ist heute bereits gang und gäbe bei vielen Banken, Vermögensverwaltern und Robo-Advisors, die solche Services oft sogar kostenfrei anbieten.

Damit würde sich ein solcher Börsensparplan für die Altersvorsorge auch wohltuend von der Riester- und der Rürup-Rente abheben, die in weiten Teilen schwer zu überblicken sind und teils mit restriktiven Regelungen einhergehen. Diese schränken ihre Attraktivität deutlich ein. Um eine kapitalmarktgedeckte Altersvorsorge für die breite Masse populär zu machen, ist Einfachheit der Schlüssel zum Erfolg. Hauptsache, das System ist möglichst simpel, gut verständlich, verursacht nicht allzu viel bürokratischen Aufwand – und bietet attraktive Chancen. Dann könnte ein solches System breiten Anklang finden in der Bevölkerung und die Gefahr der Altersarmut deutlich eindämmen.

NACHWORT – EIN KURZER BRIEF AN MEINE KINDER

Wenn ihr alt genug seid, dieses Buch zu lesen und seinen Inhalt zu verstehen, sind die 2030er-Jahre längst angebrochen. Ich hoffe sehr, ihr seid wohlauf, glücklich und vor allem gesund. Eure Mutter und ich jedenfalls werden alles dafür tun, dass es euch an nichts fehlt, dass ihr euch geborgen und sicher fühlt. Wir werden für euch da sein, euch beschützen und aus tiefstem Herzen lieben, egal, was passiert. Dieses Versprechen ist unumstößlich.

Heute, im Jahr 2019, kann ich euch eines leider nicht versprechen: dass die Umstände, in denen ihr aufwachst, genauso günstig sein werden wie die, in denen eure Mutter und ich groß geworden sind. Wir stehen vor einer Zeitenwende, in der sich alte Gewissheiten wahrscheinlich nach und nach auflösen werden. Gewaltige Diskontinuitäten kommen auf uns zu – und zwar in einer Phase, in der sich unsere Gesellschaft, die Politik, die Wirtschaft sowie unser Finanzsystem in einem äußerst fragilen Zustand befinden. Demokratie und soziale Marktwirtschaft ermöglichen eurer Mutter und mir sowie euren Großeltern über zwei Generationen hinweg ein komfortables Dasein in Frieden, Freiheit, Sicherheit und Wohlstand. Die Chancen, dass wir diese Errungenschaften an euch weitergeben können, haben sich leider reduziert.

Nachwort

Das bedeutet nicht, dass wir nicht gegensteuern könnten. Wir haben es nach wie vor selbst in der Hand, die kommenden Zeiten in eurem Sinne zu gestalten. Wir müssen nur endlich damit anfangen und proaktiv darauf hinwirken, dass ihr die gleiche faire Chance auf eine verheißungsvolle Zukunft habt wie eure Mutter und ich bei unserer Geburt. Das Fundament dafür bröckelt, aber es ist noch lange nicht zusammengestürzt. Wenn wir als Gesellschaft schnell mit den Reparaturarbeiten an unserem brüchig gewordenen System beginnen, stehen die Chancen gut, dass wir euch ein Erbe hinterlassen, das diesen Namen auch verdient.

Trotz aller widrigen Umstände bleibe ich optimistisch. Ich bin guter Hoffnung, dass wir eure Zukunftsaussichten in den kommenden Jahren verbessern werden. Auch wenn das teils radikale Kurswechsel erfordert, die wir binnen kürzester Zeit bewerkstelligen müssen. Die Angst, die Wut und die Ohnmacht, die momentan in weiten Teilen unserer Gesellschaft herrschen, können nicht darüber hinwegtäuschen, dass wir nach wie vor ein gestaltungs-, handlungs- und leistungsfähiges Land sind. Ich bin mir sicher, dass wir die kommenden Herausforderungen meistern werden. Ich hoffe, dieses Buch leistet einen kleinen Beitrag dazu und stößt einige notwendige Diskurse an.

Auch wenn ihr noch nicht geboren seid, möchte ich euch schon heute einen Rat geben, den ihr hoffentlich verinnerlicht und euer Leben lang beherzigt. Er ist so simpel wie einprägsam, und er wird euch in die Lage versetzen, alles und jedem zu trotzen und jede Situation in eurem Leben zu meistern. Die Basis für Resilienz, Optimismus und Gelassenheit steht schon in der Bibel, und es sind nur drei einfache Wörter, hinter denen sich eine ganze Lebensmaxime verbirgt. Diese drei Wörter lauten schlicht und ergreifend: Fürchtet euch nicht!

DANKSAGUNG

Ich danke Meike für uneingeschränkte Unterstützung, steten Zuspruch, schier unendliche Geduld und nie versiegende Empathie. Ohne deinen Rückhalt wäre dieses Buch nicht zustande gekommen.

Ich danke meinem Bruder, meiner Mutter & Bodo für unablässige Ermutigung, willkommene Aufheiterungen und unerschütterliche Loyalität.

Ich danke meinen Freunden, Bekannten & Kollegen für unzählige neugierige Nachfragen, kreative Anregungen, kritisches Feedback, inhaltlichen Widerspruch, sachdienliche Ergänzungen und zustimmendes Lob. Jedes einzelne Gespräch hat dieses Buch etwas reicher gemacht.

Ich danke dem Chefredakteur von *Focus-Money*, Frank Pöpsel, für die kreativen Freiheiten bei der inhaltlichen Gestaltung des YouTube-Kanals »Mission Money« (powered by *Focus-Money*). Ich grüße das Team von »Mission Money« und danke der gesamten Community für die Unterstützung und das Interesse an unseren Inhalten. Ich grüße zudem das gesamte Redaktionsteam von *Focus-Money*.

Ich danke dem Team des FinanzBuch Verlags, speziell Daniela Riepe, Daniel Bussenius, Julian Nebel und Georg Hodolitsch, für die sehr gute Zusammenarbeit, die herzliche Atmosphäre und die vielen guten Ideen!

ANMERKUNGEN

Angst

1 Zukunftsinstitut: Next Germany. Aufbruch in die neue Wir-Gesellschaft. 2018, S. 7 u. 15.

2 National Intelligence Council: Global Trends. Paradox of Progress. 2017, S. 29ff., online abrufbar unter: https://www.dni.gov/files/documents/nic/GT-Full-Report.pdf.

3 Hartmut Rosa: Resonanz statt Entfremdung. 10 Thesen wider die Steigerungslogik der Moderne. 2012, online abrufbar unter: http://www.kolleg-postwachstum.de/sozwgmedia/dokumente/Thesenpapiere+und+Materialien/Thesenpapier+Krise+_+Rosa.pdf.

4 Tobias Kollmann, Holger Schmidt: Deutschland 4.0. Wie die digitale Transformation gelingt. 2016, S. 56.

5 World Economic Forum: The Future of Jobs Report. 2018, S. 10, online abrufbar unter: http://www3.weforum.org/docs/WEF_Future_of_Jobs_2018.pdf, S. 10.

6 Carl Benedict Frey, Michael A. Osborne: The Future of Employment: How Susceptible are Jobs to Computerisation? 2013, S. 44, online abrufbar unter: https://www.oxfordmartin.ox.ac.uk/downloads/academic/The_Future_of_Employment.pdf.

7 Martin Schindler: Wie viele Jobs kostet die Automatisierung wirklich? 5. Oktober 2018, online abrufbar unter: https://business-user.de/arbeitswelt/wie-viele-jobs-kostet-die-digitalisierung-wirklich/.

8 Bitkom: Deutsche Wirtschaft kommt bei Digitalisierung voran, aber langsam. 2018, online abrufbar unter: https://www.bitkom.org/Presse/Presseinformation/Deutsche-Wirtschaft-kommt-bei-Digitalisierung-voran-aber-langsam.html.

9 Statistisches Bundesamt: Deutscher Außenhandel. Export und Import im Zeichen der Globalisierung. 2017, S. 5, online abrufbar unter: https://www.destatis.de/DE/Publikationen/Thematisch/Aussenhandel/Gesamtentwicklung/AussenhandelWelthandel5510006159004.pdf.

Anmerkungen

10   ARD Monitor: Warum die Schere zwischen Arm und Reich immer größer wird, online abrufbar unter: https://www.youtube.com/watch?v=cfzM0L7ZfEw.

11   Gunther Schnabl: Die Verteilungseffekte der Geldpolitik der Europäischen Zentralbank destabilisieren Europas Demokratien, Austrian Paper Nr. 18, 2017, S. 2ff.

12   Michael Hartmann: Elitesoziologie. Eine Einführung. 2004, S. 98.

Kapitel 1: Digitalisierung – wir verspielen die Zukunft unserer Wirtschaft

1   Statista: Anzahl der in Gebrauch befindlichen Smartphones weltweit nach Betriebssystem im Dezember 2017, online abrufbar unter: https://de.statista.com/statistik/daten/studie/246004/umfrage/weltweiter-bestand-an-smartphones-nach-betriebssystem.

2   Dr. Holger Schmidt: Wert der Plattform-Ökonomie steigt im ersten Halbjahr um 1 Billion Dollar. In: Netzökonom.de vom 24.6.2018, online abrufbar unter: https://netzoekonom.de/2018/06/24/wert-der-plattform-oekonomie-steigt-im-ersten-halbjahr-um-1-billion-dollar.

3   Boston Consulting Group: The most innovative companies 2018. Innovators go all in on digital. Stand Januar 2018, online abrufbar unter: http://image-src.bcg.com/Images/BCG-Most-Innovative-Companies-Jan-2018_tcm9-179354.pdf.

4   CbInsights: The Global Unicorn Club. Current Private Companies Valued At $1B+. Stand Januar 2019, online abrufbar unter: https://www.cbinsights.com/research-unicorn-companies.

5   Bundesministerium für Wirtschaft und Energie: Monitoring-Report Wirtschaft DIGITAL 2018. S. 12, online abrufbar unter: https://www.bmwi.de/Redaktion/DE/Publikationen/Digitale-Welt/monitoring-report-wirtschaft-digital-2018-kurzfassung.pdf.

6   Bitkom: Mehrheit hat noch nie etwas von digitalen Plattformen gehört. 24.1.2018, online abrufbar unter: https://www.bitkom.org/Presse/Presseinformation/Mehrheit-hat-noch-nie-etwas-von-digitalen-Plattformen-gehoert.html.

7   Bitkom: Deutsche Wirtschaft kommt bei Digitalisierung voran – aber langsam! 6.6.2018, online abrufbar unter: https://www.bitkom.org/Presse/Presseinformation/Deutsche-Wirtschaft-kommt-bei-Digitalisierung-voran-aber-langsam.html.

Anmerkungen

8 Roland Berger: Die digitale Transformation der Industrie. Was sie bedeutet. Wer gewinnt. Was jetzt zu tun ist. 2015, S. 10, online abrufbar unter: https://bdi.eu/media/user_upload/Digitale_Transformation.pdf.

9 Ulf Meinke: »Wir sind bescheiden, aber hungrig«. In: Morgenpost vom 12.2.2016, online abrufbar unter: https://www.morgenpost.de/wirtschaft/article207036239/Wir-sind-bescheiden-aber-hungrig.html.

10 Autonomes Fahren & Go: IHS-Studie zum Verkauf autonomer Autos 2040. 4.1.2018, online abrufbar unter: https://www.autonomes-fahren.de/ihs-studie-zum-verkauf-autonomer-autos-2040.

11 McKinsey & Company: Ten ways autonomous driving could redefine the automotive world. Juni 2015, online abrufbar unter: https://www.mckinsey.com/industries/automotive-and-assembly/our-insights/ten-ways-autonomous-driving-could-redefine-the-automotive-world.

12 Commerzbank: Branchenreport Automobilzulieferer in Deutschland. 2018, S. 18/19.

13 Statista Dossier: Trends in der Automobilbranche. 2018, S. 11.

14 Strategy: Digital Auto Report 2017: Exponentielles Wachstum neuer Mobilitätsdienste schafft bis 2030 Marktvolumen von über 2 Billionen Euro weltweit. In: Tagesspiegel vom 11.9.2017, online abrufbar unter: https://www.tagesspiegel.de/advertorials/ots/strategyund-digital-auto-report-2017-exponentielles-wachstum-neuer-mobilitaetsdienste-schafft-bis-2030-marktvolumen-von-ueber-2-billionen-euro-weltweit/20312800.html.

15 Jonas Rest: Die neue Automacht. In: Manager Magazin 10/2018, S. 46–55.

16 Electrive.net: CAM-Studie: Tesla treibt EV-Innovationen voran/Chinesen holen auf. 16.8.2018, online abrufbar unter: https://www.electrive.net/2018/08/16/cam-studie-tesla-treibt-e-mobilitaets-innovationen-voran-chinesen-holen-auf.

17 Spiegel Online: Volkswagen-Chef erwägt Zukäufe von Softwarefirmen. 22.8.2018, online abrufbar unter: http://www.spiegel.de/wirtschaft/unternehmen/volkswagen-chef-herbert-diess-erwaegt-zukaeufe-von-software-firmen-a-1224408.html.

18 Der Spiegel: Merkel sieht schwarz. 28/2017, online abrufbar unter: http://www.spiegel.de/spiegel/print/d-151986031.html.

19 Martin Seiwert, Stefan Reccius: So abhängig ist Deutschland von der Autoindustrie. In: Wirtschaftswoche vom 27.7.2017, online abrufbar unter: https://www.wiwo.de/unternehmen/auto/diesel-skandal-und-kartellverdacht-so-abhaengig-ist-deutschland-von-der-autoindustrie/20114646.html.

20 Ray Kurzweil: Homo S@piens – Leben im 21. Jahrhundert. 2000, S. 68.

Anmerkungen

21 Lori Ioannou: A decade to mass extinction event in S&P 500. In: CNBC, 5.6.2014, online abrufbar unter: https://www.cnbc.com/2014/06/04/15-years-to-extinction-sp-500-companies.html.

22 Michael Kroker: Digitalisierung: 43 Prozent der Firmen fürchten Ende ihres Geschäftsmodells in 3 bis 5 Jahren. In: Kroker's Look @ it (Wirtschaftswoche Blog) vom 15.11.2016, online abrufbar unter: http://blog.wiwo.de/look-at-it/2016/11/15/digitalisierung-43-prozent-der-firmen-fuerchten-ende-ihres-geschaeftsmodells-in-3-bis-5-jahren.

23 Philip Specht: Die 50 wichtigsten Themen der Digitalisierung. Künstliche Intelligenz, Blockchain, Bitcoin, Virtual Reality und vieles mehr verständlich erklärt. 2018, S. 181.

24 Ebd.

25 T3n.de: IBMs Künstliche Intelligenz schlägt menschliche Ärzte bei Diagnose. 8.8.2016, online abrufbar unter: https://t3n.de/news/ibm-watson-ki-krebs-diagnose-732886.

26 Accenture: Artificial intelligence is the future of growth, online abrufbar unter: https://www.accenture.com/us-en/insight-artificial-intelligence-future-growth.

27 Peter Buxmann, Holger Schmidt: Künstliche Intelligenz. Mit Algorithmen zum wirtschaftlichen Erfolg. 2018, S. 21.

28 Futurezone.de: China will Nummer eins bei Künstlicher Intelligenz werden. 22.7.2017, online abrufbar unter: https://futurezone.at/science/china-will-nummer-eins-bei-kuenstlicher-intelligenz-werden/276.494.976.

29 Volker Briegleb: Googles Künstliche Intelligenz: »Mobile first« war gestern. In: Heise online, 6.10.2016, online abrufbar unter: https://www.heise.de/newsticker/meldung/Googles-Kuenstliche-Intelligenz-Mobile-first-war-gestern-3341711.html.

30 Radina Gigova: Who Vladimir Putin thinks will rule the world. In: CNN, 2.9.2017, online abrufbar unter: https://edition.cnn.com/2017/09/01/world/putin-artificial-intelligence-will-rule-world/index.html.

31 Konstantin Pfliegl: Verwundbare Industrie 4.0. In: Com! Professional, 22.2.2018, online abrufbar unter: https://www.com-magazin.de/praxis/sicherheit/wichtigsten-sicherheitstrends-im-ueberblick-1476396.html?page=2_verwundbare-industrie-4.0.

32 PricewaterhouseCoopers: Künstliche Intelligenz als Innovationsbeschleuniger im Unternehmen. 2018, online abrufbar unter: https://www.pwc.de/de/digitale-transformation/ki-als-innovationsbeschleuniger-in-unternehmen-whitepaper.pdf.

Anmerkungen

33 Tobias Kollmann, Holger Schmidt: Deutschland 4.0 – Wie die digitale Transformation gelingt. 2016, S. 69.

34 Rory Cellan-Jones: Stephen Hawking warns artificial intelligence could end mankind. In: BBC, 2.12.2014, online abrufbar unter: https://www.bbc.com/news/technology-30290540.

35 Martin Holland: »Viel gefährlicher als Atomwaffen«. Elon Musk erneuert seine Warnung vor KI. In: Heise online, 12.3.2018, online abrufbar unter: https://www.heise.de/newsticker/meldung/Viel-gefaehrlicher-als-Atomwaffen-Elon-Musk-erneuert-seine-Warnung-vor-KI-3990782.html.

36 Fabian Vogler: Facebook knackt Ihre Psyche: So viel verraten Ihre Likes über Sie. In: Chip.de, 5.12.2016, online abrufbar unter: https://www.chip.de/news/Gratis-Tool-kennt-Sie-besser-als-Ihre-Mutter-Wissenschaftler-entwickeln-beeindruckenden-Persoenlichkeitstest_104782850.html.

37 Dr. Holger Schmidt: Deutsche Unternehmen geben mehr Geld für Digitalisierung aus. In: Linkedin, 25.10.2018, online abrufbar unter: https://www.linkedin.com/pulse/deutsche-unternehmen-geben-mehr-geld-f%C3%BCr-ausdr-holger-schmidt.

38 Eco Verband der Internetwirtschaft: Eco Geschäftsführer fordert mehr strategische Weitsicht für Digitalpolitik im 21. Jahrhundert. 14.11.2018, online abrufbar unter: https://www.eco.de/presse/eco-geschaeftsfuehrer-fordert-mehr-strategische-weitsicht-fuer-digitalpolitik-im-21-jahrhundert.

39 Konrad Adenauer Stiftung: Vergleich nationaler Strategien zur Förderung von Künstlicher Intelligenz. 2018, online abrufbar unter: https://www.kas.de/c/document_library/get_file?uuid=46c08ac2-8a19-9029-6e6e-c5a43e751556&groupId=252038.

40 Deutsche Wirtschaftsnachrichten: Studie: Deutsche Unternehmen unterschätzen Risiken der Digitalisierung. 9.4.2018, online abrufbar unter: https://deutsche-wirtschafts-nachrichten.de/2018/04/15/studie-deutsche-unternehmen-unterschaetzen-risiken-der-digitalisierung.

41 CLBO, DGFP, Groß & Cie, Personalwirtschaft: Digital Leadership. Die Zukunft der Führung in Unternehmen, online abrufbar unter: https://www.dgfp.de/fileadmin/user_upload/DGFP_e.V/Medien/Publikationen/2012-2016/Digital_Leadership_Studie.pdf.

42 Personalwirtschaft: Vor allem deutsche Unternehmen bei der Digitalisierung schlecht aufgestellt. 3.7.2018, online abrufbar unter: https://www.personalwirtschaft.de/fuehrung/artikel/bei-der-digitalisierung-sind-deutsche-unternehmen-schlechter-aufgestellt-als-im-internationalen-schn.html.

Anmerkungen

43 Creditshelf: Mittelstands-Studie: Deutsche Industrie tritt beim Aufbau von Digital-Know-how auf der Stelle. 14.12.2018, online abrufbar unter: https://www.presseportal.de/pm/118656/4143293.

44 Bitkom: 82.000 freie Jobs: IT-Fachkräftemangel spitzt sich zu. 13.12.2018, online abrufbar unter: https://www.bitkom.org/Presse/Presseinformation/82000-freie-Jobs-IT-Fachkraeftemangel-spitzt-sich-zu.

45 Statista: Anzahl der Studierenden im Fach Informatik in Deutschland nach Geschlecht in den Wintersemestern von 1998/1999 bis 2017/2018, online abrufbar unter: https://de.statista.com/statistik/daten/studie/732331/umfrage/studierende-im-fach-informatik-in-deutschland-nach-geschlecht.

46 Christian Baun: »Man kann nicht jeden desinteressierten Studenten zum Studienabschluss bringen!« Gastkommentar zu den gestiegenen Abbrecherquoten im Fach Informatik. In: Jan-Martin Wiarda – Blog, 21.12.2016, online abrufbar unter: https://www.jmwiarda.de/2016/12/21/man-kann-nicht-jeden-desinteressierten-studenten-zum-abschluss-bringen.

47 Tobias Kaiser: Die Deutschen überschätzen sich. In: Welt, 14.12.2018, online abrufbar unter: https://www.welt.de/wirtschaft/article185495950/Jobs-in-Gefahr-Die-Deutschen-ueberschaetzen-sich.html.

48 Dr. Paul Marsden: Sex, lies and A.I. Wie Deutsche zu künstlicher Intelligenz stehen. Implikationen für das Marketing. In: SYZYGY Digital Insight Report, Oktober 2017, online abrufbar unter: https://daks2k3a4ib2z.cloudfront.net/59c269cb7333f20001b0e7c4/59d7792c6e475e0001de1a2c_Sex_lies_and_AI-SYZYGY-Digital_Insight_Report_2017_DE.pdf.

49 Bundesministerium für Bildung und Forschung: Zukunftsmonitor IV: Wissen schaffen – Denken und Arbeiten in der Welt von morgen. März 2017, S. 3 und 9, online abrufbar unter: https://www.bmbf.de/files/zukunftsmonitor_Wissen-schaffen-denken-und-arbeiten-in-der-welt-von-morgen.pdf.

50 McKinsey & Company: Künstliche Intelligenz: Größeres Potential als die Dampfmaschine. 5. September 2018, online abrufbar unter: https://www.mckinsey.de/news/presse/2018-09-05-ki-studie-mgi-dampfmaschine.

51 Wirtschaftswoche: Diese Manager fordern das Grundeinkommen. 18.10.2017, online abrufbar unter: https://www.wiwo.de/unternehmen/it/bedingungsloses-grundeinkommen-diese-manager-fordern-das-grundeinkommen/20466480.html.

52 Daniel Eckert: Das große Jobsterben – und wie es sich aufhalten lässt. In: Welt, 26.11.2017, online abrufbar unter: https://www.welt.de/wirtschaft/article170973190/Das-grosse-Jobsterben-und-wie-es-sich-aufhalten-laesst.html.

53 Deutsche Bank Research: Digitale Wirtschaft. Wie künstliche Intelligenz und Robotik unsere Arbeit und unser Leben verändern. 22.5.2018, S. 12,

Anmerkungen

online abrufbar unter: https://www.dbresearch.de/PROD/RPS_DE-PROD/PROD0000000000468838/Digitale_Wirtschaft%3A_Wie_k%C3%BCnstliche_Intelligenz_un.pdf.

Kapitel 2: Schuldenexzesse, Zombiebanken, Eurokrise – die Finanzrisiken der 2020er-Jahre

1 Moritz Schularick: Staatsverschuldung in der westlichen Welt (1880–2009). 2011, S. 4, online abrufbar unter: https://www.jfki.fu-berlin.de/faculty/economics/team/Ehemalige_Mitarbeiter_innen/schularick/VSWG_Schularick_Staatsverschuldung_in_der_westlichen_Welt.pdf.

2 Deutsche Bundesbank: Finanzstabilitätsbericht 2018. S. 31, online abrufbar unter: https://www.bundesbank.de/resource/blob/766402/ae2c3a9afbc12eac760a9c48d119af44/mL/2018-finanzstabilitaetsbericht-data.pdf.

3 International Monetary Fund: Transcript of the Press Conference of The October 2018 Fiscal Monitor. 10.10.2018, online abrufbar unter: https://www.imf.org/en/News/Articles/2018/10/10/tr101018-transcript-of-press-conference-on-release-of-october-2018-fiscal-monitor.

4 Daniel Stelter: China ist das größte Risiko für die Weltwirtschaft. In: Manager-Magazin, 21.7.2018, online abrufbar unter: http://www.manager-magazin.de/politik/weltwirtschaft/china-ist-das-risiko-fuer-die-weltwirtschaft-nicht-trump-a-1220110.html.

5 Deutsche Bundesbank: Finanzstabilitätsbericht 2018, S. 32, online abrufbar unter: https://www.bundesbank.de/resource/blob/766402/ae2c3a9afbc12eac760a9c48d119af44/mL/2018-finanzstabilitaetsbericht-data.pdf.

6 David Herok, Gunther Schnabl: Europäische Geldpolitik und Zombifizierung. In: Austrian Institute Paper Nr. 21, 2018, S. 2.

7 Gunther Schnabl: Die Verteilungseffekte der Geldpolitik der Europäischen Zentralbank destabilisieren Europas Demokratien. In: Austrian Institute Paper Nr. 18, 2017, S. 2.

8 Oliver Nachtwey: Die Abstiegsgesellschaft. Über das Aufbegehren in der regressiven Moderne. 2017, S. 51ff.

9 Bundeszentrale für Politische Bildung: Aktienbestand und Aktienhandel. 26.6.2018, online abrufbar unter: http://www.bpb.de/nachschlagen/zahlen-und-fakten/globalisierung/52590/aktien.

10 Markus Krall: Der Draghi-Crash. Warum uns die entfesselte Geldpolitik in die finanzielle Katastrophe führt. 2017, S. 65ff.

11 Falk Illing: Vollkasko-Ökonomie. Angriff auf die Marktwirtschaft. 2014, S. 147.

Anmerkungen

12 Nikolaus Piper: Mit Keynes durch dick und dünn. In: Süddeutsche Zeitung vom 27.6.2017, online abrufbar unter: https://www.sueddeutsche.de/wirtschaft/wirtschaftspolitik-mit-keynes-durch-dick-und-duenn-1.3537191.

13 Colin Crouch: Ist der Neoliberalismus noch zu retten? 2018, S. 23–29.

14 Statista: Dossier Staatsverschuldung. 2018. S. 8.

15 Gunther Schnabl: Die Europäischen Wirtschafts- und Währungsunion im Lichte der deutschen Währungs- und Wirtschaftsreform des Jahres 1948. In: Austrian Institute Paper Nr. 22, 2018, S. 9.

16 Falk Illing: Vollkasko-Ökonomie. Angriff auf die Marktwirtschaft. 2014, S. 68ff.

17 Europäische Kommission: Die Vorteile des Euro, online abrufbar unter: https://ec.europa.eu/info/about-european-commission/euro/benefits-euro_de.

18 Jörg Bibow, Heiner Flassbeck: Das Euro-Desaster. Wie deutsche Wirtschaftspolitik die Eurozone in den Abgrund treibt. 2018, S. 221.

19 Bundesvereinigung der Deutschen Arbeitgeberverbände: Deutsche Exportstärke schlecht für Europa? Juli 2018, online abrufbar unter: https://www.arbeitgeber.de/www/arbeitgeber.nsf/res/DtExportstaerke.pdf/$file/DtExportstaerke.pdf.

20 Martin Hesse, Armin Mahler: »Wir leben in einer perversen Welt«. In: Der Spiegel 10/2018, online abrufbar unter: http://www.spiegel.de/spiegel/clemens-fuest-und-heiner-flassbeck-wir-leben-in-einer-perversen-welt-a-1196235.html.

21 Falk Illing: Die Eurokrise. Analyse der europäischen Strukturkrise. 2017, S. 181f.

22 Joseph Huber: Der Euro. Grundlagen, Krise, Aussichten. 2018, S. 7.

23 Hans-Werner Sinn: Fast 1000 Milliarden Euro Target-Forderungen der Bundesbank. Was steckt dahinter? In: ifo Schnelldienst Ausgabe 14/2018, 26.7.2018, S. 26ff., online abrufbar unter: https://www.cesifo-group.de/DocDL/sd-2018-14-2018-07-26.pdf.

24 Daniel Stelter: McKinsey ist optimistisch, dass die Produktivität wächst. In: Think beyond the obvious, 26.2.2018, online abrufbar unter: https://think-beyondtheobvious.com/stelters-lektuere/kommt-das-produktivitaetswachstum-zurueck-mckinsey-ist-optimistisch.

25 Daniel Stelter: Eiszeit in der Weltwirtschaft. Die sinnvollsten Strategien zur Rettung unserer Vermögen. 2016, S. 70.

26 Oliver Nachtwey: Die Abstiegsgesellschaft. Über das Aufbegehren in der regressiven Moderne. 2017, S. 17, und Statista: Veränderung des weltweiten Bruttoinlandsprodukts, 2018.

Anmerkungen

27 Michael Heise, Arne Holzhausen, Rolf Schneider: Die Produktivitätsschwäche der Industrieländer: Erklärungsansätze und Handlungsbedarf. In: Allianz Economic Research, Working Paper Nr. 194 vom 24.11.2015.

28 Patrick Bernau, Corinna Burdas: »Sprechen Sie bitte nie wieder von Massenarbeitslosigkeit«. In: FAZ, 21.11.2018, online abrufbar unter: https://www.faz.net/aktuell/wirtschaft/richard-david-precht-und-jens-suedekum-im-streitgespraech-15895783.html.

29 Felix Herrmann, Dr. Martin Lück: Warum ein Handelskrieg unseren Wohlstand gefährdet. Blackrock Investment Institute vom April 2018, S. 4.

30 Statista: Wert der deutschen Exporte nach China von 2002 bis 2017. Online abrufbar unter: https://de.statista.com/statistik/daten/studie/152360/umfrage/deutsche-exporte-nach-china/

31 Dirk Müller: Machtbeben. Die Welt vor der größten Wirtschaftskrise aller Zeiten. 2018, S. 184 ff.

32 Gerald Braunberger: Jeder Kreditboom endet in einer Finanzkrise? Von wegen! In: FAZ vom 5.1.2018, online abrufbar unter: https://www.faz.net/aktuell/finanzen/finanzmarkt/nur-jeder-vierte-kreditboom-fuehrt-zur-krise-15373824.html.

33 Deutsche Bundesbank: Finanzstabilitätsbericht 2018, S. 7, online abrufbar unter: https://www.bundesbank.de/resource/blob/766402/ae2c3a9afbc12eac760a9c48d119af44/mL/2018-finanzstabilitaetsbericht-data.pdf.

34 Hans Christian Müller, Juraj Rosenerger: Achtung Zombies. In: Handelsblatt 210/2018, S. 24f.

35 Creditreform: Insolvenzen in Deutschland. 2017, online abrufbar unter: https://www.creditreform.de/nc/aktuelles/news-list/details/news-detail/insolvenzen-in-deutschland-jahr-2017.html.

36 Dr. Juliane Gerstenberger, Samantha LoBosco, Dr. Michael Schwarz: Sorge vor Zombie-Unternehmen im Mittelstand unbegründet. In: KFW Research vom 31.7.2018, S.3, online abrufbar unter: https://www.kfw.de/PDF/Download-Center/Konzernthemen/Research/PDF-Dokumente-Fokus-Volkswirtschaft/Fokus-2018/Fokus-Nr.-220-Juli-2018-Sorge-vor-Zombieunternehmen-im-Mittelstand-unbegruendet.pdf.

37 David Herok, Gunther Schnabl: Europäische Geldpolitik und Zombifizierung. In: Austrian Institute Paper Nr. 21, 2018, S. 5.

38 Julia Rotenberger: Die Angst vor Zombiefirmen wächst – 4 Gründe, warum sie gefährlich sind. In: Handelsblatt, 30.5.2018, online abrufbar unter: https://www.handelsblatt.com/finanzen/banken-versicherungen/insolvenzen-die-angst-vor-zombiefirmen-waechst-4-gruende-warum-sie-gefaehrlich-sind/22625906.html.

Anmerkungen

39 Deutsche Bundesbank: Finanzstabilitätsbericht 2018, S. 74ff., online abrufbar unter: https://www.bundesbank.de/resource/blob/766402/ae2c3a9afbc12ea-c760a9c48d119af44/mL/2018-finanzstabilitaetsbericht-data.pdf.

40 Deutscher Bundestag: Notleidende Kredite in der Eurozone. Antwort der Bundesregierung auf die Kleine Anfrage der Abgeordneten Frank Schäffler, Christian Dürr, Bettina Stark-Watzinger, weiterer Abgeordneter und der Fraktion der FDP. Drucksache 19/2663, 2.8.2018, S. 2, online abrufbar unter: http://dipbt.bundestag.de/dip21/btd/19/036/1903600.pdf.

41 Dr. Markus Krall: Der Draghi-Crash. 2017, S. 181.

42 Andreas Peichl, Martin Ungerer: Mythos oder Realität. Werden die Armen immer ärmer und die Reichen immer reicher? In: ifo Schnelldienst Ausgabe 10/2017 vom 24.5.2017, S. 3ff., online abrufbar unter: https://www.cesifo-group.de/DocDL/sd-2017-10-peichl-ungerer-ungleichheit-2017-05-24.pdf.

43 Donata Riedl: Die Reichen werden immer reicher. In: Handelsblatt, 16.1.2018, online abrufbar unter: https://www.handelsblatt.com/politik/deutschland/einkommen-in-deutschland-die-reichen-werden-immer-reicher/20852252.html.

44 Schuldenuhr Europas, online abrufbar unter: https://www.smava.de/eurozone-schulden-uhr.

45 Bundesministerium für Wirtschaft und Energie: Fakten zum deutschen Außenhandel. Oktober 2018, S. 14, online abrufbar unter: https://www.bmwi.de/Redaktion/DE/Publikationen/Aussenwirtschaft/fakten-zum-deuschen-aussenhandel.pdf.

46 Janis Beenen: Dax-Vorstände verdienen 71 Mal so viel wie ihre Mitarbeiter. In: Süddeutsche Zeitung, 5.7.2018, online abrufbar unter: https://www.sueddeutsche.de/wirtschaft/dax-vorstaende-gehalt-1.4041588.

47 Handelsblatt Grafik: Was die Deutschen verdienen. In: Handelsblatt 232/2018, S. 55.

48 Statistisches Bundesamt: Arbeitsmarkt. In: Statistisches Jahrbuch 2018, S. 353ff., online abrufbar unter: https://www.destatis.de/DE/Publikationen/StatistischesJahrbuch/Arbeitsmarkt.pdf.

49 Sasan Abdi-Herrle, Carsten Luther: Mehr Aktienbesitz, weniger Altersarmut? In: Die Zeit, 4.12.2018, online abrufbar unter: https://www.zeit.de/wirtschaft/2018-12/altersvorsorge-friedrich-merz-steuervorteile-aktien.

50 Holger Zschäpitz: Niedrigzins-Politik wird zum rein deutschen Problem. In: Welt, 2.5.2018, online abrufbar unter: https://www.welt.de/finanzen/article175981142/Niedrigzinsen-Deutsche-Sparer-stehen-in-Europa-alleine-da.html.

Anmerkungen

51 Marcel Fratzscher: Mythos der bösen Geldpolitik. In: Die Zeit, 6.4.2018, online abrufbar unter: https://www.zeit.de/wirtschaft/2018-04/europaeische-zentralbank-geldpolitik-zinspolitik-fratzscher/komplettansicht.

52 Daniel Baumann: Arbeitnehmern sind 1,4 Billionen Euro entgangen. In: Frankfurter Rundschau, 23.4.2018, online abrufbar unter: http://www.fr.de/wirtschaft/frax/frax-arbeitnehmern-sind-1-4-billionen-euro-entgangen-a-1491787.

53 UBS: Global Real Estate Bubble Index. 2018, S. 6.

54 Statista: Entwicklung des Mietpreisindex für Deutschland in den Jahren von 1995 bis 2017. Online abrufbar unter: https://de.statista.com/statistik/daten/studie/70132/umfrage/mietindex-fuer-deutschland-1995-bis-2007/.

55 Immowelt.de: Die Mieten in Deutschland explodieren. Berlin heute doppelt so teuer wie 2008. Pressemitteilung 23.8.2018, online abrufbar unter: https://presse.immowelt.de/pressemitteilungen/marktberichte/artikel/artikel/die-mieten-in-deutschen-metropolen-explodieren-berlin-heute-doppelt-so-teuer-wie-vor-10-jahren.html.

56 Welt: So viel kostet die Nullzinspolitik die deutschen Sparer. 21.5.2017, online abrufbar unter: https://www.welt.de/wirtschaft/article164769805/So-viel-kostet-die-Nullzinspolitik-die-deutschen-Sparer.html.

57 Hans-Werner Sinn: Fast 1000 Milliarden Euro Target-Forderungen der Bundesbank. Was steckt dahinter? In: ifo Schnelldienst Ausgabe 14/2018, 26.7.2018, S. 26ff., online abrufbar unter: https://www.cesifo-group.de/DocDL/sd-2018-14-2018-07-26.pdf.

58 Marc Friedrich, Matthias Weik: Geld der Sparer ist gefährdet. Wie die Pläne der EZB die Konten unsicherer machen. In: Focus, 15.7.2018, online abrufbar unter: https://www.focus.de/finanzen/experten/weik_und_friedrich/einlagensicherung-was-die-plaene-bedeuten_id_9114715.html.

59 Johannes Becker, Clemens Fuest: Der Odysseus-Komplex. Ein pragmatischer Vorschlag zur Lösung der Eurokrise. 2017, S. 204.

60 Thomas Mayer im Gespräch mit Lilliane Billerbeck: »Der Markt für Vermögenswerte ist momentan auf Drogen«. In: Deutschlandfunk Kultur, 29.12.2017, online abrufbar unter: https://www.deutschlandfunkkultur.de/inflation-der-vermoegenspreise-der-markt-fuer.1008.de.html?dram:article_id=406993.

61 Roland Tichy: Hans-Werner Sinn – »Deutschland befindet sich längst in einem inflationären Prozess«. In: Tichyseinblick.de, 22.2.2017, online abrufbar unter: https://www.tichyseinblick.de/wirtschaft/hans-werner-sinn-deutschland-befindet-sich-laengst-in-einem-inflationaeren-prozess.

Anmerkungen

Kapitel 3: Willkommen im Ungleichland der scheiternden Eliten

1 Interhyp: Wohnträume 2015. So möchten die Deutschen leben. S. 6 ff. online abrufbar unter: https://www.interhyp.de/medien/pdf/wohntraumstudie-interhyp-2015.pdf.

2 Heinrich Böll Stiftung: Sehnsuchtsort Mittelschicht. 15.2.2011, online abrufbar unter: https://www.boell.de/de/navigation/soziales-diskussion-was-ist-los-mit-der-mittelschicht-11189.html.

3 Hans Böckler Stiftung: Abstiegsängste in Deutschland. Ausmaß und Ursachen in Zeiten des erstarkenden Rechtspopulismus. Working Paper Forschungsförderung Nr. 58, Februar 2018, S. 9ff., online abrufbar unter: https://www.boeckler.de/pdf/p_fofoe_WP_058_2018.pdf.

4 Carsten Knop: Die Menschen trauen den Eliten nicht mehr. In: FAZ, 17.1.2017, online abrufbar unter: https://www.faz.net/aktuell/wirtschaft/weltwirtschaftsforum/vor-dem-wef-umfragen-zeigen-niedriges-vertrauen-in-eliten-14670396.html.

5 Bundeszentrale für politische Bildung: Armut. 1.7.2017, online abrufbar unter: https://www.bpb.de/nachschlagen/zahlen-und-fakten/globalisierung/52680/armut.

6 Oliver Nachtwey: Die Abstiegsgesellschaft. Über das Aufbegehren in der regressiven Moderne. 2016, S. 127.

7 DIW Berlin: Einkommensverteilung in Deutschland. Spreizung der Bruttoeinkommen hat seit der Wiedervereinigung zugenommen. 16.1.2018, online abrufbar unter: https://www.diw.de/sixcms/detail.php?id=diw_01.c.575256.de.

8 Institut der Deutschen Wirtschaft: Die Einkommens- und Vermögensungleichheit Deutschlands im internationalen Vergleich. 11.5.2018, online abrufbar unter: https://www.iwkoeln.de/studien/iw-kurzberichte/beitrag/judith-niehues-die-einkommens-und-vermoegensungleichheit-deutschlands-im-internationalen-vergleich-387559.html.

9 Deutsche Bundesbank: Vermögen und Finanzen privater Haushalte in Deutschland. Ergebnisse der Vermögensbefragung 2014. In: Monatsbericht März 2016, S. 2f., online abrufbar unter: https://www.bundesbank.de/resource/blob/604904/bb345ad5999c923eebdbd4fcce69914d/mL/2016-03-vermoegen-finanzen-private-haushalte-data.pdf.

10 Tobias Kaiser: 30 Prozent der Deutschen ohne Geldreserven. In: Welt, 14.11.2017, online abrufbar unter: https://www.welt.de/wirtschaft/article170591292/30-Prozent-der-Deutschen-ohne-Geld-Reserven.html.

Anmerkungen

11 Friedrich Ebert Stiftung: Vermögensungleichheit und die Bedeutung von Erbschaften und Schenkungen. Juni 2015, S. 3, online abrufbar unter: https://library.fes.de/pdf-files/wiso/11473.pdf.

12 CDA: Wie viel Ungleichheit verträgt Deutschland? 26.9.2018, online abrufbar unter: https://www.cda-bund.de/aktuelles/wie-viel-ungleichheit-vertraegt-deutschland.

13 Markus M. Grabka, Wolfgang Lauterbach, Miriam Ströing: Hochvermögende in Deutschland unterscheiden sich nicht nur anhand ihres Vermögens von anderen Bevölkerungsgruppen. In: DIW Wochenbericht 42/2016, S. 9f., online abrufbar unter: https://www.diw.de/documents/publikationen/73/diw_01.c.545209.de/16-42-1.pdf.

14 Jens Südekum: Digitalisierung und die Zukunft der Arbeit. In: WPZ Analyse Nr. 19, 26.7.2018, S. 12, online abrufbar unter: http://www.wpz-fgn.com/wp-content/uploads/PA19DigitalisierungZukunftArbeit20180726.pdf.

15 Frank Stocker: Der eigene Erfolg hängt sogar vom Urgroßvater ab. In: Welt, 5.3.2018, online abrufbar unter: https://www.welt.de/wirtschaft/article174228489/Aufstieg-aus-einfachen-Verhaeltnissen-bleibt-ein-Traum.html.

16 Michael Hartmann: Die Abgehobenen. Wie die Eliten die Demokratie gefährden. 2018, S. 48ff.

17 Michael Hartmann: Eliten in Deutschland und Frankreich. 19.11.2018, online aubrufbar unter https://www.youtube.com/watch?v=mb8bju1Ju4w.

18 Anja Engelke: Fünf Millionen Deutsche haben innerlich gekündigt. In: FAZ, 29.8.2018, online abrufbar unter: https://www.faz.net/aktuell/beruf-chance/beruf/merheit-der-arbeitnehmer-haben-innerlich-schon-gekuendigt-15753720.html.

19 Wolfgang Merkel: Kosmopolitismus vs. Kommunitarismus: Ein neuer Konflikt in der Demokratie. In: Philipp Harfst, Ina Kubbe, Thomas Poguntke (Hrsg.): Parties, Governments and Elites. The Comparative Study of Democracy. 2017, S. 9–23.

20 Zukunftsinstitut: Next Germany. Aufbruch in die neue Wir-Gesellschaft. 2018, S. 15.

21 Rainer Zitelmann: Die Gesellschaft und ihre Reichen. Vorurteile über eine beneidete Minderheit. 2019, S. 175.

22 Georg Meck, Bettina Weiguny: Der Eliten-Report. 2018, S. 23f.

23 Jens Masuhr: Wurm oder Winner. In: Focus-Money 4/2019, S. 24–27.

24 Michael Hartmann: Eliten in Deutschland und Frankreich. 19.11.2018, online abrufbar unter: https://www.youtube.com/watch?v=mb8bju1Ju4w.

25 Michael Hartmann: Elitesoziologie. Eine Einführung. 2004, S. 140ff.

Anmerkungen

26 John Rawls: Eine Theorie der Gerechtigkeit. 1975, S. 83.

27 Benedikt Herles: Die kaputte Elite. Ein Schadensbericht aus unseren Chefetagen. 2013, S. 59.

28 Hugo Müller-Vogg: Der Weg zu »Mein Weg«, online abrufbar unter: http://hugo-mueller-vogg.de/files/hugo_mller-vogg_der_weg_zu_mein_weg.pdf.

29 Tilo Jung: Richard David Precht – Jung & Naiv Folge 293, 22.1.2017, online abrufbar unter: https://www.youtube.com/watch?v=dFUhaaR2MSs.

30 Ferdinand Knauß: Merkel am Ende. Warum die Methode Angela Merkels nicht mehr in unsere Zeit passt, 2018, S. 140f.

31 Wolfgang Streeck: Merkel – ein Rückblick. In: FAZ, 16.11.2017, online abrufbar unter: https://edition.faz.net//faz-edition/feuilleton/2017-11-16/merkel-ein-rueckblick/80165.html.

32 Markus Feldenkirchen, Dirk Kurbjuweit: Die zerhackte Zeit. In: Der Spiegel 2/2011, online abrufbar unter: http://www.spiegel.de/spiegel/print/d-76229580.html.

33 Giovanni di Lorenzo: Verstehen Sie das, Herr Schmidt? In: Zeitmagazin 10/2010, online abrufbar unter: https://www.zeit.de/2010/10/Fragen-an-Helmut-Schmidt.

34 Florian Harms, Tatjana Heid: Merkel erklärt ihren Plan für Deutschlands digitale Zukunft. In: T-Online.de, 14.11.2018, online abrufbar unter: https://www.t-online.de/nachrichten/deutschland/gesellschaft/id_84778790/angela-merkel-im-interview-ihr-plan-fuer-deutschlands-digitale-zukunft.html.

35 Francis Fukuyama: Das Ende der Geschichte. Wo stehen wir? 1992.

36 Nassim Nicholas Taleb: Antifragilität. Anleitung für eine Welt, die wir nicht verstehen. 2013.

37 Statista: Die 20 Länder mit dem größten Bruttoinlandsprodukt (BIP) pro Kopf im Jahr 2018 (in US-Dollar), online abrufbar unter: https://de.statista.com/statistik/daten/studie/166224/umfrage/ranking-der-20-laender-mit-dem-groessten-bruttoinlandsprodukt-pro-kopf.

38 Credit Suisse: Global Wealth Report 2018. S. 7f.

39 Johannes Pennekamp: Rentenansprüche verdoppeln das Vermögen der Deutschen. In: FAZ, 7.7.2016, online abrufbar unter: https://www.faz.net/aktuell/wirtschaft/arm-und-reich/diw-studie-rentenansprueche-verdoppeln-das-vermoegen-der-deutschen-14329684.html.

40 Tobias Peter: Von 2036 an droht eine Explosion der Altersarmut. In: Frankfurter Rundschau, 26.6.2017, online abrufbar unter: https://www.fr.de/politik/2036-droht-eine-explosion-altersarmut-11045133.html.

Anmerkungen

Kapitel 4: Game Over? Nein, Aufbruch! Was wir tun können

1. Statista: Bestand an offen gemeldeten Arbeitsstellen in Deutschland im Jahresdurchschnitt von 2007 bis 2018, online abrufbar unter: https://de.statista.com/statistik/daten/studie/2903/umfrage/jahresdurchschnittswerte-des-bestands-an-offenen-arbeitsstellen.

2. Arvid Kaiser: Teilzeit-Republik Deutschland – das ist das wahre Jobwunder. In: Manager Magazin, 3.1.2019, online abrufbar unter: http://www.manager-magazin.de/politik/konjunktur/arbeitsmarkt-rekord-erwerbstaetigkeit-weniger-prekaere-jobs-a-1246271-3.html.

3. RP Online: Deutsche Sparer haben 2018 fast 40 Milliarden Euro verloren. 16.1.2019, online abrufbar unter: https://rp-online.de/wirtschaft/finanzen/rekordverlust-durch-niedrigzinsen-sparer-haben-2018-fast-40-milliarden-euro-verloren_aid-35684965.

4. Max Borowski: Abschwung, Rezession oder Krise? In: ntv, 31.12.2018, online abrufbar unter: https://www.n-tv.de/wirtschaft/Abschwung-Rezession-oder-Krise-article20769559.html.

5. Anne Kunz, Franz Stocker: »Die EZB ist in der Wirklichkeit angekommen«. In: Welt, 24.1.2019, online abrufbar unter: https://www.welt.de/finanzen/article187663642/Geldpolitik-Die-EZB-ist-endlich-in-der-Wirklichkeit-angekommen.html.

6. Timo Baudzus, Mario Lochner: »Die nächste Krise wird sehr gefährlich.« In: Focus-Money 30/2018, S. 46 – 50.

7. Nils Kreimeier, Jenny von Zepelin: Identitäts-Plattform Verimi ohne nennenswerte Relevanz. In: Capital, 19.6.2018, online abrufbar unter: https://www.capital.de/wirtschaft-politik/identitaets-plattform-verimi-ohne-nennenswerte-resonanz.

8. Christoph Bornschein: Weltherrschaft und Bandenbildung. In: Manager Magazin 1/2019, S. 44.

9. Michael Freitag: Autonome Front. In: Manager Magazin 2/2019, S. 18.

10. Richard David Precht: Jäger, Hirten, Kritiker. Eine Utopie für die digitale Gesellschaft. 2018, S. 124, 259.

11. Marie Rövekamp: Sorge vor der Faulheits-Falle. In: Tagesspiegel, 30.4.2018, online abrufbar unter: https://www.tagesspiegel.de/wirtschaft/diskussion-um-bedingungsloses-grundeinkommen-sorge-vor-der-faulheits-falle/21227606.html.

12. Christoph Butterwegge: Streit ums bedingungslose Grundeinkommen. Kristallisationspunkt gesellschaftspolitischer Kontroversen. In: Focus, 7.10.2018, online abrufbar unter: https://www.focus.de/politik/experten/butterwegge/

Anmerkungen

gastbeitrag-von-christoph-butterwegge-streit-ums-bedingungslose-grundeinkommen-kristallisationspunkt-gesellschaftspolitischer-kontroversen_id_9718434.html.

13 Thomas Straubhaar: Radikal gerecht. Wie das bedingungslose Grundeinkommen den Sozialstaat reformiert. 2017, S. 97ff.

14 Ebd., S. 112.

15 Statista: Europäische Union: Operative Haushaltssalden der Mitgliedsstaaten im EU-Haushalt im Jahr 2017, online abrufbar unter: https://de.statista.com/statistik/daten/studie/38139/umfrage/nettozahler-und-nettoempfaengerlaender-in-der-eu.

16 FMH Finanzberatung: Detaillierte Darstellung von Zinsverläufen bis zu 20 oder 30 Jahre. 2019, online abrufbar unter: https://index.fmh.de/fmh-index/zinsentwicklung/detailversion.

17 André Kostolany: Die Kunst, über Geld nachzudenken. 2000, S. 81f.

18 Gerd Kommer: Souverän investieren für Einsteiger. Wie Sie mit ETFs ein Vermögen bilden. 2019, S. 50.

ÜBER DEN AUTOR

Timo Baudzus, geboren 1982, ist einer der profiliertesten Finanz- und Börsenjournalisten des Landes. Er ist Redakteur des Wirtschaftsmagazins *Focus-Money* und eines der Gesichter des erfolgreichen YouTube-Kanals »Mission Money« mit mehr als 80.000 Abonnenten. Die dortigen Videos erreichen regelmäßig sechsstellige Aufrufzahlen und prägen den ökonomischen Diskurs in Deutschland.

In der Wirtschafts- und Finanzszene ist er bestens vernetzt. Erfolgreiche Formate wie »Das Börsianische Quartett«, »Roast my Depot« sowie »Das Streitgespräch« entstanden unter seiner Federführung.

Der ehemalige Banker besitzt einen Masterabschluss in Journalistik (TU Dortmund) und arbeitete für die Welt am Sonntag sowie die Funke-Mediengruppe.

Weitere Texte des Autors zum aktuellen Wirtschafts- und Zeitgeschehen finden Sie unter www.timobaudzus.de.

Das Märchen vom reichen Land

Daniel Stelter

Wir leben in Deutschland in der scheinbar besten aller Welten, doch schon bald werden wir feststellen, dass wir nicht das reiche Land sind, das uns Medien und Politik glauben machen wollen. Denn der Boom der hiesigen Wirtschaft ist nicht unser Verdienst, sondern in erster Linie eine Folge der tiefen Zinsen, des schwachen Euro und des Verschuldungsexzesses im Rest der Welt.

In seinem neuen Buch zeigt Daniel Stelter, einer der klarsten und profiliertesten Denker in Sachen Ökonomie: Wenn wir weitermachen wie bisher, wird nicht nur unsere Wirtschaftskraft in den kommenden Jahren rapide sinken, sondern nachfolgende Generationen werden die finanziellen Lasten, die uns heutige Politiker aufbürden, nicht stemmen können. Doch der Bestsellerautor entlarvt nicht nur das Märchen vom »reichen Land« als eben solches, er zeigt auch konkrete Wege auf, wie wir dem Albtraumszenario entgehen können.

256 Seiten | Hardcover | 22,99 € (D) | 23,70 € (A) | ISBN 978-3-95972-153-0

Wenn schwarze Schwäne Junge kriegen

Markus Krall

Keine Veränderung, kein Risiko, keine Volatilität bitte! Der Wunsch nach einem „weiter so wie bisher" scheint allumgreifend. Doch ohne Risiko gibt es keinen Fortschritt, kein Lernen, keine Erkenntnis. Wir klammern uns am Istzustand fest und verschließen unsere Augen vor den Problemen, die auf uns zukommen. Das ist ein Rezept für Katastrophen.

Markus Krall, Bestsellerautor und einer der profundesten Kenner der Risiko-Landschaft deckt in seinem neuen Buch auf, wo unentdeckte, unterdrückte oder kaschierte Risiken lauern, wo die sich entladenden Verwerfungen in Wirtschaft und Politik, die rasende technologische Entwicklung und die geostrategischen Fehlentwicklungen zu potenziellen Katastrophen führen können.

Ein packender Parforce-Ritt durch eine Welt, die schon morgen nicht mehr dieselbe sein wird.

320 Seiten | Hardcover | 17,99 € (D) | 18,50 € (A) | ISBN 978-3-95972-151-6

Systemausfall

Bernd Lucke

Ein vereintes Europa ist eine tolle Idee. Doch die Realität sieht anders aus: Die EU taumelt von einer Krise zur nächsten – Staatsschuldenkrise, Eurokrise, Flüchtlingskrise, Brexit. Der prominente AfD-Aussteiger und Europaabgeordnete Bernd Lucke analysiert schonungslos: Fast alles ist selbstverschuldet. Schlechte Gesetzgebung, schwere Fehlentscheidungen und eine erschreckende Betriebsblindheit schufen den Nährboden der Krisen. Je mehr Aufgaben die EU übernahm, desto weniger Gestaltungsspielraum verblieb bei Deutschland. Aber was in Deutschland gut eingespielt war, klappte auf EU-Ebene nicht. Ein Systemausfall folgte dem anderen. Politisches Versagen und Vertrauensverlust gingen Hand in Hand. So kam es zur Gründung der AfD. Und dann zu ihrer Radikalisierung.

Bernd Lucke bietet einen packenden Blick auf die Schattenseiten der Europäischen Union. Aber er zeigt auch auf, wie wir ihre Errungenschaften erhalten und zur europäischen Idee zurückkehren können. Zudem analysiert er die Interna der AfD und spricht ungeschminkt über die dort wirkenden Kräfte.

280 Seiten | Hardcover | 22,99 € (D) | 23,70 € (A) | ISBN 978-3-95972-256-8